異文化間を移動する子どもたち

帰国生の特性とキャリア意識

岡村郁子
Okamura Ikuko

明石書店

序

　人口減少等に伴う経済成長の停滞と海外市場の活発化を背景に、日本の国際競争力の強化に向けて、グローバル人材育成はオールジャパンで取り組むべき急務となっている。2009年には文部科学省と経済産業省が「グローバル人材育成委員会」を立ち上げ、その報告書に「グローバル型能力」育成を国家戦略の一環として推進することを述べた。さらに2011年の日本経済団体連合会による「グローバル人材育成に関する提言」では、グローバル人材を「日本企業の事業活動のグローバル化を担い、グローバル・ビジネスで活躍する日本人及び外国人人材」と定義した上で、企業・大学・政府に求められるそれぞれの取り組みが述べられ、大学在学中の海外留学が大いに推奨されるところとなった。

　こうした流れの中で、親の海外赴任に帯同して海外で一定期間を過ごしてから日本に帰国した、いわゆる「帰国生」に対する見方も変化をみせている。すでに1980年代より、帰国生を「国際人」(松原・伊藤, 1982)や「多文化人間」(星野, 1983)として評価する動きはみられたが、2000年代に入り、「グローバル人材」として経済界からの期待が寄せられるようになった。2000年の日本経済団体連合会による意見書「グローバル化時代の人材育成について」では、帰国生を「海外生活を通して獲得した資質や能力を活かしてグローバルに活躍する人材」とする見解が示され、「豊かな海外経験を持つ帰国生は、わが国と海外とのネットワーク強化に貢献する貴重な人材」であると述べられている。また、2011年に「産学公によるグローバル人材育成のための戦略」として出された提言には、「国際感覚や高い語学力を有する優れた学生を確保する」という観点から、大学における帰国子女枠の充実が掲げられた。幼時より異文化下での生活経験を持つ帰国生は「グローバル社会のキーパーソン」であり、海外生活およびその上に積み重ねた帰国後の経験を通じて獲得した資質や能力を活かしてグローバルに活躍する人材として注目されているといえる(平野, 2011)。

　ここで日本における帰国生受入れの流れとその教育について振り返ってみた

い。日本社会が戦後の混乱を抜けて高度経済成長期に入り、民間大手企業や政府機関が本格的な海外進出を始めたのは、半世紀余り前からのことである。1960年代には飛躍的に多くの日本人が海外に駐在するようになり、それに伴って海外で学ぶ子どもたちの数も急増した。帰国した子どもたちの受入れは、当初は民間の私立学校に頼っていたが、1965年に国立大学附属中学校に帰国子女教育学級を設置、1967年には文部省が「海外子女教育研究協力校制度」を定め、徐々に帰国生受入れ体制が整ってきた。1990年代の海外子女・帰国子女教育研究では、この時期を「草創期」としている（小島, 1997）。

1970年代に入ると帰国生の数はさらに増加し、「拡充期」といわれる時期に入る。当時、帰国生は救済の対象と捉えられ、受入れ現場では日本社会や日本の学校への適応を目的とした教育が行われた。1987年には『たったひとつの青い空─海外帰国子女は現代の棄て児か─』（大沢, 1986）を原作とするNHKのドラマ『絆』（中島丈博作）が放映され、価値観の多様性を排除する日本社会の問題を指摘して大きな反響を呼んだ。この頃から、帰国生に対する視点は、救済から特性の保持・伸長教育へと移行し始め、徐々に「国際的視野を持つ国家的人材の卵」（裳岩, 1987）と捉える認識が広がった。この時期は「充実期」とされ、帰国生のイメージが「かわいそう」から「かっこいい」へと大きく変わった時期である。さらに1990年代以降は「安定期」として、一般生との相互交流による国際理解教育・共生教育が志向されるようになった。

そして2000年代に入り、冒頭に述べたようなグローバル人材育成施策からの要請を受け、帰国生教育は現在、まさに「活用期」を迎えているといってよいのではないだろうか。しかしながら、帰国生の「グローバル人材」としての能力の活用についての動きが、なかなか目に見えてこないのはなぜだろうか。一点には、帰国生がどのような特性を持つのか、あるいは持たないのかが、明確にされていないことが理由であろう。従来の先行研究によれば、帰国生の特性として堪能な語学力、積極性やコミュニケーション能力、リーダーシップなどが挙げられるが、それが現在の帰国生に当てはまるかどうかは検証の余地がある。またこうした「外から見た」特性は、漠然とした、しかし社会に根強い、帰国生に対するステレオタイプにつながりかねない。経済的、社会的に帰国生を取り巻く環境が大きく変化する現在、帰国生自身の声を聞き、彼らが自ら

の異文化経験を通して何を得たと考えているのかを、明確に把握する必要があるだろう。

二点目には、その特性を活用することについての帰国生自身の意識が明らかでないことが挙げられよう。帰国生は、親の都合で自らの意思のない幼少期に渡航し、そこには家族との日常がある。それが当たり前の生活になれば、異文化経験を通して何らかの力を身につけたとしても、その特性を自覚的に活用しようとする意識は低くなるかもしれない。自らの意思により、その経験を将来的に活かすための何らかのビジョンを抱いて渡航する「留学生」とは、ここに大きな違いがあると考えられる。

さらに三点目としては、その特性を教育現場や社会においてどのように活かすのか、また、活かすために何が必要で、何が欠けているのかが明確でないことがあるだろう。帰国生がその特性を活かすことに自覚的でないならば、その気づきを促し、活用していくために、学校や家庭で何かサポートできることがあるのだろうか。

筆者はこのような問題意識に基づき、帰国生自身がその異文化経験を通じてどのような特性を得たと認識しているのか、また、その特性を活用することに対してどのような意識をもち、それらの意識が帰国生のキャリアに対する考え方にどのような影響をもたらすのか、さらには家庭や学校、社会でどのようなサポートが必要なのかを明らかにすることを目的として研究を進め、本書にまとめた。以下に計10章の概要を述べる。

第1部「帰国生をめぐる動向と現状」では、帰国生を取り巻く環境について検討し、歴史的変遷をふまえて何がどう変化しているのかを明らかにした。まず第1章では、帰国生の異文化移動の背景を成す日本人海外駐在員を取り巻く環境の変化を、年代を追って概説した。第2章においては、文化移動をする子どもたちが海外でどのような教育を受けているのか、その地域や年代による変化とともに詳説した。第3章では、日本へ帰国した子どもたちが、どのように日本の学校に受け入れられているのか、歴史的な動向をふまえて述べる。第4章では、帰国生教育に関する先行研究について検討を行った。

第2部「帰国生の異文化経験の活用に関する実証的分析」では、帰国生が異文化体験を通して得たと考えている特性について、さらに、それら帰国生の特

性を活用することについて帰国生自身はどのように考えているのか、帰国生自身への調査結果によって検証した。第5章では、帰国中学生に対する質問紙調査により、帰国後に在籍しているクラスに対する意識を明らかにし、その意識の中の「在外経験の肯定的活用」に関連する要因について検討した。第6章からは対象を帰国高校生に移し、質問紙調査の分析により、彼らが異文化体験を通じて得たと考えている特性とは何かを明らかにし、その関連要因を探った。第7章においては、同じく量的調査によって、帰国高校生が異文化経験を通して得た特性を活用することに対する意識はどのようなものかを検証した。第8章では、帰国高校生が自らの将来のキャリアについてどのような意識をもっているのかを明らかにし、異文化体験の活用に対する意識とキャリアに対する考え方の関連を分析した。第9章においては、帰国大学生に対するインタビュー調査を取り上げ、彼らが帰国生としての経験を活かすことに対してどのような意識をもつのかを調べ、類型化を試みた。第10章では、第2部で得られた本研究の知見について、第1部で明らかになった帰国生の現状および第4章で示した先行研究や関連する理論に照らして、総合的な考察を付した。なお、一連の分析においては、コミュニティ心理学の見地から、帰国生受入れの体制による差異に着目するとともに、学校や家庭によるサポートによる影響についても検討を行っている。

　本書は、1970年代から80年代初頭のいわゆる「適応」に関する研究としての位置づけはもたないが、もし斉藤（1988）や江渕（1988）がいうように、環境が個人を変え、個人が環境を変えていくダイナミックな相互作用が真の意味での適応であるならば、これも広義の適応研究であるといえよう。帰国生教育研究の成果が環境に働きかけ、環境を変えていく。それこそが、帰国生のための研究であり、筆者の真に目指すところである。

序

本書における用語の定義

「帰国生」
　文部科学省の「学校基本調査」の定義によれば、「帰国生」とは「海外勤務者等の子女で、引き続き１年を超える期間海外に在留し、年度間（４月から翌年３月31日）に帰国した児童・生徒」である。本研究でもこれに倣い、「海外勤務者等の子女で、引き続き１年を超える期間海外に在留し、帰国した児童生徒」を「帰国生」とするが、帰国後の年数についてはその年度間に限定せず、それぞれの調査段階で調査対象校に在籍する者全員を指すこととした。本調査の対象校に帰国児童生徒特別枠を使って入学する際には「帰国後２年以内」と資格を定める学校が多く、したがって、中学生・高校生ともに帰国後５年までの児童生徒が主な対象となる。ただし、調査対象高校９校のうち５校には、中学校段階で入学し、そのまま一貫校の高校へ進んだ者もおり、その場合は帰国後８年までの者が含まれている。
　このように本研究における「帰国生」はその帰国後年数に幅があるが、これを属性分析における変数の一つとして分析に活用した。
　こうした子どもを指す呼称については「帰国生」のほか「帰国子女」などさまざまなものがあり、その詳細は第３章１項に述べる。なお、第４章をはじめ、先行研究を参照する際には原典に倣い「帰国子女」「帰国児童生徒」などの呼称のままで表記を行う。

「帰国生受入れ校」
　帰国生受入れは、公立学校であれば全国どの学校においても可能であるが、本書における「帰国生受入れ校」とは、「帰国生受入れ枠をもち、何らかの形で帰国生に対する配慮を行っている（または行う用意のある）学校」を指すこととする。海外子女教育振興財団によれば、2012年現在、何らかの形で帰国生受入れを行っている学校数は、小学校90校、中学校239校、中等教育学校11校、高等学校416校、大学・短期大学395校、その他９校であり、本書の調査対象となる学校はこの範疇に入っている。受入れ校の詳細については、第３章２項で

7

述べる。

「帰国経験」

　上で述べたとおり、親の仕事などにより家族に帯同して1年以上海外で過ごし、日本へ帰国した経験」をもつのが帰国生であり、本論文では、在外中から帰国後の一連の異文化経験を併せて「帰国経験」と称している。

目　次

序 ……………………………………………………………………………………… 3

第1部　帰国生をめぐる動向と現状

第1章　海外移動する日本人とその家族

第1節　近年の日本人海外駐在員を取り巻く社会環境の変化 …………16
　　1　海外長期滞在者数の動向 ……………………………………… 16
　　2　海外長期滞在先の変化の要因とその影響 ………………… 21
第2節　日本人海外駐在派遣の歴史………………………………………22
　　1　最初の海外駐在派遣から鎖国まで ………………………… 22
　　2　明治期から第二次世界大戦まで …………………………… 23
　　3　第二次世界大戦から高度経済成長期を経て現在まで ……… 25

第2章　異文化間を移動する子どもたち〈1〉
──海外で学ぶ日本人児童生徒の教育

第1節　海外で学ぶ日本人児童生徒の現状…………………………………30
　　1　在外日本人児童生徒の人数の推移 ………………………… 30
　　2　海外で学ぶ日本人の子どもたちの就学形態の推移 ……… 32
第2節　日本政府による在外教育施設の概要………………………………36
　　1　日本人学校 …………………………………………………… 37
　　2　補習授業校 …………………………………………………… 40
　　3　私立在外教育施設 …………………………………………… 45
第3節　海外の現地校における教育の概要…………………………………46
　　1　現地校の授業内容 …………………………………………… 47
　　2　現地校の学校行事 …………………………………………… 48
　　3　現地校のクラブ活動など …………………………………… 48
　　4　父母のPTA活動への参加 ………………………………… 49
第4節　海外の日本人児童生徒を取り巻く環境の変化……………………49

9

第3章　異文化間を移動する子どもたち〈2〉
──日本における帰国生教育

第1節　日本における帰国生教育の歴史……………………………………52
1　「帰国生」の呼称について …………………………………… 52
2　日本における帰国生受入れの歴史 …………………………… 53

第2節　日本における帰国生教育の現状……………………………………54
1　帰国生の人数の推移 …………………………………………… 54
2　帰国生受入れ校の現状 ………………………………………… 62

第3節　帰国生教育をめぐる状況の変遷……………………………………68
1　帰国生を取り巻く社会的環境の変化 ………………………… 68
2　在日外国人児童生徒の増加 …………………………………… 70
3　グローバル社会における帰国生への期待 …………………… 71

第4章　帰国生教育研究の動向

第1節　帰国生教育研究の流れと分類………………………………………74
第2節　海外・帰国生教育研究の三つのレベル……………………………78
第3節　「単一文化的視点」から「比較文化的視点」にわたる先行研究 …80
1　帰国生の「適応」に関する研究 ……………………………… 81
2　異文化経験とアイデンティティ形成および適応ストラテジーに関する研究 … 87
3　帰国生の特性伸長に関する研究 ……………………………… 91

第4節　「異文化間的視点」に立つ先行研究 ………………………………95
1　「受入れ側の問題」としての帰国生教育 …………………… 95
2　国際理解教育に関する研究 …………………………………… 98
3　サードカルチャーキッズ（TCK）およびクロスカルチャーキッズ（CCK）
…………………………………………………………………… 100

第5節　帰国生教育研究の新しい動きとグローバル人材としての帰国生 102
1　グローバル人材としての帰国生 ……………………………… 102
2　帰国生の進路形成と親の教育戦略に関する研究 …………… 106

3　帰国生に対する企業からの視点 ……………………………………… *108*

第6節　本研究の課題と意義……………………………………………… *110*

第2部　帰国生が異文化経験を通じて得た特性とその活用

第5章　帰国中学生の「異文化経験を活かす」ことに対する意識

第1節　目的と方法……………………………………………………… *114*
　　1　質問紙作成 ……………………………………………………… *114*
　　2　調査対象者および調査の時期と手続き ……………………………… *115*
　　3　調査対象者の全般的な傾向 ……………………………………… *115*
　　4　分析の手順 ……………………………………………………… *118*

第2節　結　果…………………………………………………………… *118*
　　1　帰国中学生の在籍クラスに対する意識 …………………………… *118*
　　2　帰国中学生のクラス意識に関連する要因 ………………………… *121*
　　3　帰国中学生の在外経験の活用に対する意識 ……………………… *125*

第3節　考　察…………………………………………………………… *127*
　　1　「クラス意識因子」の受入れ形態による差異 …………………… *127*
　　2　帰国中学生の「在外経験の肯定的活用」に関連する要因 ……… *128*

第6章　帰国高校生が異文化経験を通じて得た特性と関連要因

第1節　目的と方法……………………………………………………… *131*
　　1　質問紙作成 ……………………………………………………… *132*
　　2　調査対象者および調査の時期と手続き …………………………… *133*
　　3　調査協力者の全般的な傾向 ……………………………………… *134*
　　4　分析方法 ………………………………………………………… *135*

第2節　結　果…………………………………………………………… *135*
　　1　帰国高校生が異文化経験を通じて得た特性 ……………………… *135*
　　2　帰国高校生の特性に関連する要因 ……………………………… *137*
　　3　学校および家庭によるサポートが帰国高校生の特性に与える影響 ……… *138*

第3節　考　察……………………………………………………………… *143*

第7章　帰国高校生の特性の活用に対する意識と関連要因

第1節　目的と方法……………………………………………………… *148*

第2節　結　果…………………………………………………………… *149*

　1　帰国高校生の特性の活用についての意識　…………………… *149*

　2　帰国高校生の特性の活用に関連する属性要因　……………… *150*

　3　帰国生であることに対する肯定度と「活用型因子」の関連　………… *152*

　4　帰国高校生の「特性因子」と「活用型因子」の関連　………… *155*

第3節　考　察…………………………………………………………… *158*

第8章　帰国高校生が考えるキャリアとしての特性の活用

第1節　目的と方法……………………………………………………… *162*

第2節　結　果…………………………………………………………… *163*

　1　帰国高校生のキャリアとしての特性の活用に対する意識　…………… *163*

　2　「特性因子」がキャリアに及ぼす影響　……………………… *164*

　3　キャリアとしての特性の活用に対する意識の関連要因　………… *166*

第3節　考　察…………………………………………………………… *167*

第9章　帰国大学生が異文化経験を通じて得た特性とその活用

第1節　目的と方法……………………………………………………… *170*

第2節　結　果…………………………………………………………… *172*

　1　帰国大学生の考える「帰国生の特性」………………………… *172*

　2　特性の活用に対する意識　……………………………………… *174*

　3　特性の活用についての意識の差異の形成要因　……………… *180*

第3節　考　察…………………………………………………………… *185*

第10章　研究結果の総括と総合的考察

第1節　研究結果の総括……………………………………………………… 189

　　1　第1部の研究結果の総括　……………………………………………… 189

　　2　第2部の研究結果の総括　……………………………………………… 191

第2節　新たな知見と本研究の意義………………………………………… 195

第3節　総合的考察…………………………………………………………… 201

　　1　帰国中学生と帰国高校生の「異文化経験を活かす」ことに対する意識の差異

　　　………………………………………………………………………………… 201

　　2　帰国生受入れ環境としての学校と家庭による影響　……………… 209

　　3　帰国高校生のキャリアに対する意識　……………………………… 219

第4節　本研究の意義と今後の課題………………………………………… 224

　　引用・参考文献　………………………………………………………… 226

　　稿末資料　………………………………………………………………… 239

あとがき………………………………………………………………………… 260

　　著者紹介　………………………………………………………………… 264

13

第1部　帰国生をめぐる動向と現状

第1部　帰国生をめぐる動向と現状

第1章　海外移動する日本人とその家族

　帰国生について語るとき、その前提として海外移動する日本人家族をめぐる問題について検討する必要がある。なぜなら、帰国生は自らの意思によらず、保護者の海外赴任に伴って渡航し、帰国する存在であるからである。本章では、まず第1節として、帰国生教育の問題の背景ともなる、近年の日本人海外駐在員を取り巻く社会環境の変化を概説し、第2節において、そこへ至る日本人海外駐在派遣の歴史について年代順に述べたい。

第1節　近年の日本人海外駐在員を取り巻く社会環境の変化

1　海外長期滞在者数の動向

　海外に居住する日本人（海外在留邦人）は、統計上、3か月以上在留している「長期滞在者」と、在留国の永住資格を持つ「永住者」から成る。外務省領事局が毎年発表している「海外在留邦人数統計調査」によると、海外在留邦人数は、1984年には478,168名（長期滞在228,914名、永住249,254名）であったが、2011年では1,182,557名（長期滞在782,650名、永住399,907名）となり、27年間で約2.5倍に増加した。永住者と長期滞在者の別でみると、永住者の数は249,254名から399,907名と1.6倍の増加に過ぎないのに対し、長期滞在者の数は226,914名から782,650名へと約3.5倍に増加した。ことに2000年までは年平均20,000名程度の増加であったのが、2000年以降は年平均25,500名と、長期滞在者数は飛躍的な伸びを示している【図1-2】。

16

第1章　海外移動する日本人とその家族

　【表1-1】および【図1-1】は、同じく外務省の統計（2012）をもとに、2000年から2011年までの地域別在留邦人数の増加率と、各年の地域別内訳を示したものである。この11年間だけで全世界に在留する邦人数は45.7%増加しているが、アジア地域における在留邦人数の増加率は103.4%、すなわち倍以上に増えていることがわかる。全体の割合とすれば、北米地域の在留日本人数が多いことに変わりはないが、その増加率は37.0%にとどまり、全体の増加率と比較して、その伸びは大きいとはいえない。

　次に、【図1-3】に示す海外在留邦人数の地域別内訳をみてみよう。総数では北米地域が一貫してトップを占めており、2011年では454,835名（38.5%）であった。このうち、永住者のみでは①北米（47.8%）、②南米（19.0%）の順に多く、この2地域で全永住者数の7割近くを占めている。一方、永住者を除いた長期滞在者の割合は、①アジア（39.5%）、②北米（33.7%）、③西欧（17.0%）の順で、この3地域の合計で全滞在者数の9割以上にのぼる。すなわち、永住者と長期滞在者では居住地域が異なり、アジア地域では在留日本人の9割が長期滞在者、逆に南アメリカではそのほとんどが永住者であるといえる。

　永住者を除いた長期滞在者数の1984年から2011年の地域別推移をみると、さらに劇的な変化をみることができる。【図1-4】に示すように、2006年を境に、長期滞在者数のトップが北米からアジアに移ったのである。1992年の段階では、アジアの長期滞在者は北米の約半数に過ぎなかったが、約20年でその数は3倍以上に増え、さらに増加の一途をたどっている。

　さらに、海外長期滞在者の職業別内訳をみると、全体の約60%が民間企業勤務、留学生・研究者が約25%である【表1-2】。地域別では、アジアや中米・カリブ・中東、中東欧、南米には民間企業社員が圧倒的に多く、北米や西欧には民間企業社員と留学・研究者が同程度おり、オセアニアには留学・研究者、アフリカには政府関係者が多いという傾向がある。割合でみると、近年急増を遂げているアジア地域の長期滞在者の71.5%が民間企業勤務者であるのに対し、北米では民間企業勤務者は47.8%で半数に満たず、35.0%が留学・研究者となっている。独立行政法人労働政策研究・研修機構が2008年に実施した「第7回海外派遣勤務者の職業と生活に関する調査結果」によれば、海外に長期滞在する民間企業の関係者（配偶者、子女を含む）は2006年現在約230,000名で、そのうち

17

第1部　帰国生をめぐる動向と現状

【表1-1】 2000年-2011年　海外在留邦人数の地域別増加率と内訳

	2000年在留邦人数（％）	2011年在留邦人数（％）	増加人数（名）	増加率
全世界	811,712	1,182,557	370,845	45.7%
アジア	163,108（20.1%）	331,796（28.1%）	168,688	103.4%
オセアニア	51,909（6.4%）	95,198（8.1%）	43,289	83.4%
北米	332,042（40.9%）	454,835（38.5%）	122,793	37.0%
中米・カリブ	7,025（0.9%）	10,167（0.9%）	3,142	44.7%
南米	99,496（12.3%）	82,029（6.9%）	−17,467	−17.6%
西欧	142,202（17.5%）	182,836（15.5%）	40,634	28.6%
中・東欧・旧ソ連	4,572（0.6%）	8,112（0.7%）	3,540	77.4%
中東	5,326（0.7%）	9,452（0.8%）	4,126	77.5%
アフリカ	5,992（0.7%）	8,102（0.7%）	2,110	35.2%
南極	40（0%）	30（0%）	−10	−25.0%

（外務省　海外在留邦人数調査2013を基に筆者作成）

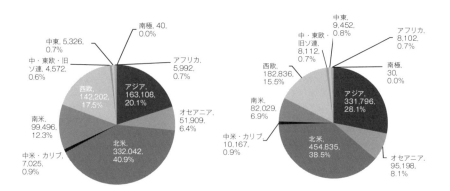

【図1-1】 2000年および2011年　海外在留邦人数の地域別人数と内訳

（外務省　海外在留邦人数調査2013を基に筆者作成）

第1章　海外移動する日本人とその家族

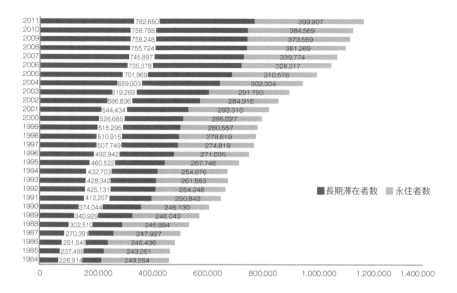

【図1-2】海外在留邦人数（長期滞在者・永住者）の推移（1984-2011）
（外務省　海外在留邦人数統計を基に筆者作成）

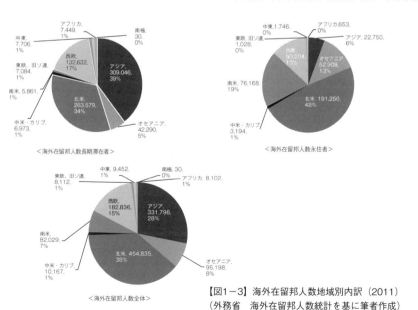

【図1-3】海外在留邦人数地域別内訳（2011）
（外務省　海外在留邦人数統計を基に筆者作成）

19

第1部　帰国生をめぐる動向と現状

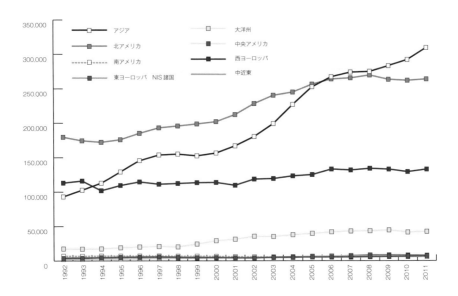

【図1-4】　海外長期滞在者数の地域別推移（1992-2011）
(外務省　海外在留邦人数調査2013を基に筆者作成)

【表1-2】　海外長期滞在者の職業別地域別構成

地　域	民間企業	報道	自由業	留学・研究者	政府	その他	計
全世界	422,321	3,291	40,806	174,210	24,103	117,919	782,650
アジア	220,938	945	11,035	20,260	7,150	48,718	309,046
大洋州	8,656	35	2,526	16,257	1,050	13,766	42,290
北米	125,924	1,541	12,628	92,288	4,060	27,138	263,579
中米・カリブ	3,645	10	652	733	1,092	841	6,973
南米	2,897	12	545	439	1,138	830	5,861
西欧	49,758	595	12,408	42,386	4,502	22,983	132,632
中・東欧,旧ソ連	3,625	62	400	1,297	1,052	648	7,084
中東	4,976	29	200	296	936	1,269	7,706
アフリカ	1,902	62	412	254	3,093	1,726	7,449
南極	0	0	0	0	30	0	30

(出典：外務省　海外在留邦人数調査2013)

半数以上はアジアに派遣されている。前年同期に比べて増加している 17,900 名の 75.2％はアジア地域における増加であり、彼らのほとんどは、日本から海外に進出している日系企業に勤務しているとされる。

なお、2011 年の長期滞在者の国別人数では、多い順に、①アメリカ合衆国（241,910 名）、②中華人民共和国（138,829 名）、③タイ王国（48,970 名）、④英国（47,686 名）、であり、上位 2 国の順位は前年度より変わらないものの、3 位、4 位の英国とタイが逆転した形となった。都市別の長期滞在者数では、①上海（56,313 名）、②ロサンゼルス（43,507 名）、③ニューヨーク（42,375 名）、④バンコク（35,243 名）、⑤大ロンドン市（29,215 名）となっており、前年の順位と比べると、2 位、3 位のニューヨークとロサンゼルスが逆転した（外務省, 2013）。

2　海外長期滞在先の変化の要因とその影響

海外長期滞在先の北米からアジアへの首位の変化には、近年の日本の対外経済活動の動向に伴う、日本人海外駐在員のプッシュ要因とプル要因の変化が影響している。1960 年代、高度経済成長期を迎えた日本は、欧米の先進諸国をターゲットに工業製品の輸出を開始した。商社などの大手企業はこぞって海外駐在員を派遣し、現地との直接貿易の実務に当たらせた。彼らは堪能な語学力を有する、選ばれた一部のエリートであった。1970 年代に入り、各企業が諸外国に現地法人や代理店を設けるようになると、海外駐在員はそれぞれの代理店各社と日本本社間の様々な利害調整を任され、営業担当者ばかりでなく、財務・経理の担当者も派遣されるようになった。

さらに 1980 年代になると、現地に日本企業の子会社や相手国企業との合弁会社を設立し、日本本社の製品を直接海外市場に販売するケースが増加する。1990 年代には、これら海外の子会社や合弁会社は、単に販売するだけではなく、製造拠点としての役割も担うようになる。多くの企業が工場を海外移転して、生産から販売までを一貫して海外で行うようになったことから、現場の技術者から人事・総務担当者までが赴任するようになった。工場関係の海外赴任では、従来の本社から海外の大都市という異動ではなく、日本の地方都市から海外の地方都市への駐在派遣が増加していることも特徴である。こうした一連の流れにおいて、日本に近く、比較的人件費が安いアジア諸国に製造拠点および販売

第1部　帰国生をめぐる動向と現状

拠点を設けることでコストカットを狙う企業が増えたことから、海外駐在派遣先も、従来の欧米への駐在員派遣に代わり、アジア地域の国々への派遣が急増したのである（鈴木, 2011）。

このようなプッシュ要因の変化により、現在では、製造・販売・管理といった日本国内と変わらない様々な部門に属する社員が、海外の現地法人に出向して現地の社員とともに働くケースが多くなっている。かつては、限られた語学堪能な一部のエリート社員のものであった海外赴任だが、現在ではどんな社員にも派遣の可能性があるといえるだろう。

こうした状況を受けて、海外赴任者への企業からのサポートも様変わりしている。日本経済が好況であった1990年代初頭までは、多くの企業は海外駐在家族に対し、住居費の援助、一時帰国費用、渡航前研修費用、子どもの現地での学校手当、本人や家族の語学研修費用等に加え、派遣先地域によっては「ハードシップ手当」（生活水準・様式や社会環境、気候風土の違い等から生じる肉体的・精神的負担等を勘案して現地通貨で支給されるもの）など、手厚い海外赴任手当を施していた。しかしながら、多くの企業が厳しい経営環境下にある現在、海外勤務も一般社員のキャリア形成の一環と考え、海外赴任者への手当を見直す企業も多くなっている（鈴木, 2011）。

第2節　日本人海外駐在派遣の歴史

1　最初の海外駐在派遣から鎖国まで

日本人海外駐在派遣の歴史は、日本と諸外国との国交の歴史に他ならない。史実に残る最初の海外派遣というべきものは、後漢時代の中国に朝貢し、光武帝より「漢倭奴国王」の爵号を受けたとされる紀元57年であろう（石井他, 2007）。その後、紀元600年には初の遣隋使が派遣され、続く630年からの遣唐使は、200年以上にわたって唐の文化や制度、そして仏教を日本へ伝え、律令制度の確立にも大きな役割を果たした。吉備真備や山上憶良は留学生として唐に渡り、多くの知識や技術を伝えたが、阿倍仲麻呂のように帰国することができずにその生涯を異国に過ごした者もある（東野, 2007）。

22

その後も日宋貿易、日明貿易など中国との外交は盛んに行われたが、15世紀には東南アジアに日本人コミュニティも築かれるようになった。タイ（当時のシャム）のアユタヤ、ベトナムのホイアン、マレー半島のパタニ王国、カンボジアのプノンペン、フィリピンのマニラなどの「日本人町」には10万人以上の日本人が滞在していたといわれる。とりわけ、1600年前後タイ（シャム）のアユタヤ日本人町の頭領を務めた山田長政は、日本と現地の国交や貿易に寄与した人物として知られている（小和田, 2001）。

1543年、ポルトガルによる鉄砲伝来をきっかけに、17世紀初期にかけて行われたのが南蛮貿易である。1549年にフランシスコ・ザビエルにより日本にキリスト教がもたらされてから鎖国までのいわゆる「キリシタンの世紀」においては、ヨーロッパへも日本使節団が派遣され、スペイン、ポルトガルおよびローマを訪問した。しかし、その後間もなくして豊臣秀吉によるキリスト教弾圧が始まり、1639年から1854年、日本は200年以上におよぶ鎖国時代を迎えるのである（山本, 2009）。

2　明治期から第二次世界大戦まで

1854年に鎖国を解いた日本は、1868年の明治維新直後からの数年間、多くの留学生を文部省から公費で海外へ派遣した。彼らはもともと上流階級の出身者が多く、帰国後は主要な帝国大学の教授や公的責任のある地位に就くなど、日本社会のエリート層であった。彼らの中には、子女の教育も兼ねて家族を帯同した者も多く、「保護者の海外赴任に伴って海外移動する子どもたち」という意味において、この子どもたちは今日の帰国生の先駆的存在ということができよう。また1871年から1873年には、岩倉具視を正使とし、大半の政府高官や留学生を含む総勢107名の使節団が、アメリカ合衆国、ヨーロッパ諸国に派遣された。この使節の目的は、日本の近代化のためのモデルとアイディアを探すことであった（Jansen, 1980）。

一方で、貧しい労働者階級の日本人が、移民としてアメリカ西海岸やハワイへ渡航していたことにも注目すべきである。当時の風潮として、ヨーロッパには文化や知識、制度などを学びに、北米には労働する「移民」として渡航するというのが一般的であり、1868（慶応4）年の「元年者」に始まり、1885年に

第1部　帰国生をめぐる動向と現状

は出稼ぎ人名簿に住所・氏名・年齢・性別・族籍・職業等の記載が残る「官約移民」により本格化した（神, 1997）。1910年までに西海岸に13万人の日本人が居住し、半数は農業に従事していた。1920年代にアメリカが日本人移民に対する受入れを制限し始め、さらに第二次世界大戦後は、日本の経済成長により日本からの経済移民が消滅し、日本人移民者は激減した。第二次世界大戦後には日系人は文化的にアメリカに同化、さらに中産階級化し、現在では白人などの他人種・他民族との混血も進んでいる（Densho, 2010）。

　1880年代半ばから20世紀初頭にかけて、綿紡績業を皮切りに日本の工業化が始まり、1901年に官営八幡製鉄所が開業すると、製鉄業や造船業も世界の水準に追いつくようになった。工業化がスタートするとともに、日本企業の多国籍化が始まり、まず、商社など貿易関連企業の海外事業拠点が建設された。1894年から1895年の日清戦争後には、植民地への資源投資が行われるようになり、ついで1904年から1905年の日露戦争後には満洲をはじめとする中国大陸への資源開発および鉄道投資が進められた。また、紡績企業などの製造業の中国への投資も開始された（桑原, 2007）。

　1914年に第一次世界大戦が勃発、日本も連合軍として参戦したが、この戦争中にはヨーロッパへの軍需品の輸出が増え、日本は空前の軍事特需に沸いた。特に、造船、製鉄、繊維分野が目ざましい発展を遂げ、商社はこのチャンスを積極的に活かし、国内のみならず海外へも事業を拡大させていった。この時期、多くの商社は、中国、台湾、ニューヨーク、ロンドン、シンガポールなどに事務所を開いた。第一次世界大戦後には日本の主要な紡績企業の大半が、中国に在華紡と呼ばれる紡績工場を建設した。在華紡はその大半が中国における地位を確立し、中国紡績業の主要な担い手として成長していった。これは現在の日本企業の海外事業所の原型を成すものと考えられよう（桑原, 2007）。

　今日にまで禍根を残すアジア諸国への侵略が始まったのも、この時代である。1910年の韓国併合を皮切りに、日本は満州や東南アジアへ急速にその影響力を拡大していった。1930年代には軍国主義政権が誕生し、「大東亜共栄圏」構想への布陣が徐々に進行することとなる。当時すでに海外の植民地に200万人もの日本人がおり、1906年から1945年の間に751の日本人学校が設立されたが、これは日本人の子どもたちの教育というよりも、現地の反日派の人々の再教育

のためという意味合いが強いものでもあった（小島, 1981）。

3　第二次世界大戦から高度経済成長期を経て現在まで

1941年に第二次世界大戦に参戦、1945年に敗北を喫した日本は、戦争により経済面・産業面でも壊滅的な打撃を受けた。しかしながら、連合軍による占領下にあった1951年までの間、明治維新の直後と同様に欧米の文化や技術を無条件に取り入れる政策を取り、急速な経済成長への道を歩み始める。1949年に民間輸出貿易が再開されたのに続き、翌1950年には民間輸入貿易もスタートし、同年に始まった朝鮮戦争による特需もあいまって日本は好景気に沸いた。主にアメリカ軍との取り引きは輸出入の大きな追い風となり、繊維原料や食料、金属機械の輸入と繊維製品の輸出が特に拡大した。今度は軍国主義ではなく、経済的な力を持って世界へ進出するようになった。

1956年に日本は国際連合に加盟し、戦後10年を経て、日本経済は新しい局面を迎えた。同年経済企画庁発行の年次経済報告、いわゆる「経済白書」の結語においては、以下のような記述がみられる。

　「いまや経済の回復による浮揚力はほぼ使い尽くされた。なるほど、貧乏な日本のこと故、世界の他の国々に比べれば、消費や投資の潜在需要はまだ高いかもしれないが、戦後の一時期に比べれば、その欲望の熾烈さは明らかに減少した。もはや『戦後』ではない。我々はいまや異なった事態に当面しようとしている。回復を通じての成長は終わった。今後の成長は近代化によって支えられる。そして近代化の進歩も速やかにしてかつ安定的な経済の成長によって初めて可能となるのである」（経済企画庁, 1956）。

ここになされた「もはや『戦後』ではない」との宣言は、すなわち、戦後の復興による好景気の終結を意味するものである。この時期より、日本は新たな近代化を目指して、さらなる安定的な経済成長を志向する時代に入った。1954年12月から1957年6月には「神武景気」と呼ばれる景気拡大期間が31か月連続し、日本経済は戦前の最高水準を取り戻す。続く1958年7月から1961年12月までの42か月間連続の景気拡大は「岩戸景気」と呼ばれ、日本は本格的な

25

第1部　帰国生をめぐる動向と現状

高度経済成長時代を迎えたのである【図1-5】。

　時を同じくして、1960年にアフリカでは17カ国が独立し、「非西洋」地域の台頭を思わせる動きが活発化し始めた。こうした世界の動きの中で、日本は西洋への劣等感を克服し、さらなる高度経済成長期へと進んでいく。数字で示すと、1955年から1973年まで、実質GDPの増加率は平均9.1%であった。1991年から2012年の成長率が平均0.9%であることから考えれば、この数字の大きさが実感できよう（内閣府, 2012）。

　この急成長を実現したのが、石油化学や造船、鉄鋼などの重化学工業の発展である。1960年代に入って掲げられた「所得倍増計画」をきっかけに、製鉄所やコンビナートが数多く作られ、ますます重工業は発展した。鉄鋼業、石油化学産業、合成繊維産業などのメーカーは、最新の設備を取り入れて技術革新に取り組み、欧米の先進諸国をターゲットに工業製品の輸出を開始した。この時期、大手企業はこぞって海外駐在員を派遣し、現地との直接貿易の実務に当たらせた。当時の駐在員は、堪能な語学力を有する、選ばれた一部のエリートであった（鈴木, 2011）。

　1964〜65年頃、日本は一時的に「証券不況」と呼ばれる経済の停滞期に陥り、多くの企業が倒産したり、商社同士の合併、吸収などの再編が行われたりした。しかし、この時期を経て、より総合力のある巨大な商社が誕生した。やがて「いざなみ景気」といわれる好景気を迎え、1970年頃にかけて、重化学工業のほか、自動車や合成繊維などの製品も海外へ進出を始めた（野口, 2008）。この時代になると、各企業が諸外国に現地代理店を設けるようになり、海外駐在員は語学力に加えて、それぞれの代理店各社と日本本社間の利害調整を任されることになる。

　さらに1980年代、企業は現地に子会社や相手国企業との合弁会社を設立し、日本本社の製品を直接海外市場に販売するようになった。1990年代以降、これら海外の子会社や合弁会社は、単に販売だけではなく、製造拠点としての役割も担うことになる。とりわけ、日本に近く、比較的人件費が安いアジア諸国に製造拠点および販売拠点を設けることでコストカットを狙う企業が増え、本章第1節の1で述べたように、海外駐在派遣先も従来の欧米からアジア地域の国々が急増した。このようなプッシュ要因の変化により、現在では、製造・販売・

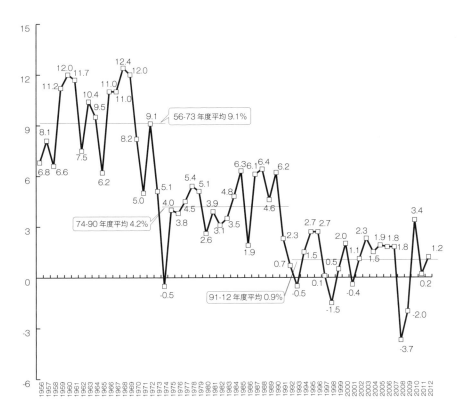

(注) 年度ベース。93SNA連鎖方式推計。平均は各年度数値の単純平均。1980年度以前は「平成12年版国民経済計算年報」(63SNAベース)、1981～84年度は年報(平成21年度確報)による。それ以降は、2013年1～3月期2次速報値〈2013年6月10日公表〉。

【図1-5】 経済成長率の推移(1956－2012)
(出典:内閣府経済社会総合研究所「国民経済計算(SNA)」)

管理といった日本国内と変わらない様々な部門に属する社員が、海外の現地法人に出向して現地の社員とともに働くケースが多くなっている(鈴木, 2011)。

＊＊＊＊＊＊＊＊＊＊＊＊＊＊＊＊＊＊＊＊＊＊＊＊＊＊＊＊＊＊＊＊

　本章で明らかになった各点からは、近年の海外駐在員の派遣先や派遣人数が急激に変化し、彼らを取り巻く社会経済的環境や駐在員の社会的な立ち位置も様変わりしていることがうかがわれる。こうした変化の最前線に立ち、最も大きな影響を受けるのが海外派遣駐在員であり、その駐在員の帯同家族であろう。1990年代以前の日本の帰国子女について大規模な研究を行ったアメリカ人研究者Goodman は、その著書「帰国子女―新しい特権階級の出現―」(1990, 長島他訳, 1992) において、「日本の歴史を通じて、帰国した者に対する待遇は、その人が帰国した時期に日本で優勢であった政治的・経済的状況、および帰国者自身の政治的・経済的な力によって決まった」と述べている。Goodman の研究は、それまでになかった「帰国子女エリート論」を導き出した点で大きな注目を集めた。1960～70年代に「救済の対象」とみなされた帰国生は、実は恵まれた特権階級にあり、特に大学における帰国生受入れ枠は、帰国子女の親たちの国家への働きかけにより作られた、エリート養成のためのシステムに過ぎないと指摘したのである。

　しかしながら、Goodman による研究から20年以上を経た今日、帰国生特別枠などいわゆる特権の一部は存続しているが、親が強大な発言力を持った時代はすでに去った。本章でみたとおり、日本経済の悪化に伴う大企業の撤退、中堅中小企業の海外進出の増加により、普通の家庭が海外へ赴任するケースが増大し、帰国生がいわゆるエリート層に限られた時代も過去のものとなった。赴任先もかつてのような欧米中心から、アジア圏への駐在が急増していることも、すでに述べたとおりである。

　本章第2節では日本人海外駐在の歴史を概観したが、顧みれば「歴史は繰り返す」という言葉が示すように、日本の対外経済活動は、まさに進出と撤退の連続であるといえる。哲学者であった宮川透は、明治維新以後、日本の海外戦略はほぼ30年ごとに、ヨーロッパ化と国粋主義、インターナショナリズムとナショナリズムのサイクルを繰り返しているとし、「日本への回帰」という言葉を用いてこれを説明した (宮川, 1965)。鹿鳴館時代から国粋主義への移行の過程、また、明治維新以前においてもキリシタンの世紀から鎖国に至るまでの過程など、行き過ぎた欧化主義の反動が次の時代に何をもたらしたのかは、歴

史的にみて明白である。1960年代前半の高度経済成長期から1970年代のいざ
なみ景気を経ての30年間の日本の海外進出、続く1990年代のバブル崩壊から
の長い経済不況による海外からの大企業の撤退とそれに代わる中小企業の進出、
欧米からアジアへの進出先の変化なども、その背景にあるものは異なるものの、
この30年周期の一環ということができるかもしれない。

＊＊＊＊＊＊＊＊＊＊＊＊＊＊＊＊＊＊＊＊＊＊＊＊＊＊＊＊＊＊＊＊

第1部　帰国生をめぐる動向と現状

<table>
<tr><td rowspan="3">第
2
章</td><td>異文化間を移動する
子どもたち〈1〉</td></tr>
<tr><td>──海外で学ぶ日本人児童生徒の教育</td></tr>
</table>

　第1章では、日本人海外駐在の歴史を遡り、海外駐在員を取り巻く環境の変化について概観した。第2章では、こうした社会経済による変化の影響を直接に被る日本人駐在員に伴って海外に渡る「異文化間を移動する子どもたち」の現状に目を移そう。まず第1節では、海外で学ぶ日本人児童生徒について、現地での在籍校および在外教育施設の現状やその在籍人数の推移などをみる。第2節では、日本政府による在外教育施設の概要として日本人学校、補習授業校および在外教育施設について述べる。第3節では、近年在籍者が急増している駐在先の現地校の教育について概観する。第4節では、海外の子どもたちを取り巻く社会経済的変化について述べる。

第1節　海外で学ぶ日本人児童生徒の現状

1　在外日本人児童生徒の人数の推移

　外務省統計および文部科学省の報告書によれば、2011年4月現在、海外に居住する学齢期の子どもの人数は66,960名、このうち小学生が約48,000名、中学生が約17,000名である。【図2-1】に示すように、1971年には約6,000名であったのが、1981年には30,000名、1991年には50,000名の大台を超え、40年間で10倍に増加した。

　2011年段階の海外の義務教育段階にある子どもの数を地域別にみると、1位はアジア地域で26,498名（41%）、2位が北米で21,280名（33%）、3位が欧州で12,069名（19%）となっている【図2-1】。年代別に滞在地域の推移をみる

30

第2章　異文化間を移動する子どもたち〈1〉

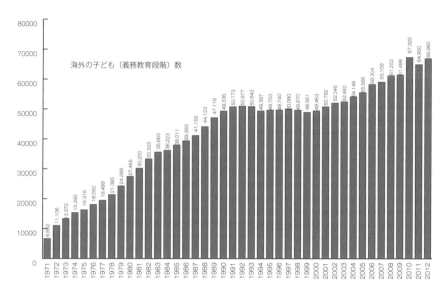

【図2−1】海外の子ども（義務教育段階）数の推移（1971−2012）
（外務省「管内在留邦人数調査統計」を基に筆者作成）

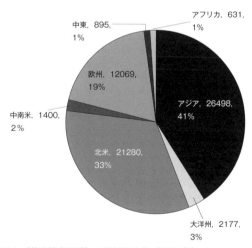

【図2−2】海外の子ども（義務教育段階）の地域別人数（2011年）
（外務省「海外在留邦人数調査」を基に筆者作成）

と2004年までは北米に滞在する子どもが圧倒的に多数であったが、2005年にアジア地域の滞在子ども数が北米を抜いて1位になり、その後も増加を続けている。アジア地域では1989年に10,907名であったのが2006年で21,954名と倍増しているのに対し、北米では1989年20,077名、2006年20,218名と、増減を繰り返しつつ、ほぼ横ばいの人数で推移している【図2−3】。

2 海外で学ぶ日本人の子どもたちの就学形態の推移

日本人の子どもが海外で学ぶ教育機関は、主に日本人学校、補習授業校や補習教室、現地校および国際校（インターナショナルスクール）の三つの就学形態に分けられ、どの教育機関に通うかは、現地の状況や家庭の方針により選択・決定される。補習授業校や補習教室に通う子どもは、必ず現地校もしくは国際校（インターナショナルスクール）にもあわせて通っているため、海外に在住する日本人の子どもたちの主な就学形態としては、①日本人学校のみ、②現地校

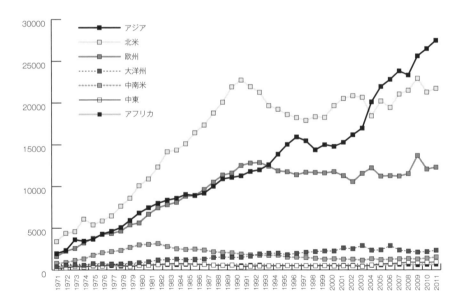

【図2−3】　海外の子ども（義務教育段階）数の地域別推移（1971−2011）
（外務省「管内在留邦人数調査統計」を基に筆者作成）

第2章　異文化間を移動する子どもたち〈1〉

【表2-1】　海外に在住する日本の子どもたちの就学形態（海外子女教育振興財団、2012a）

日本人学校	88校	日本国内の小・中学校または高等学校と同等の教育を行う目的で設置されている全日制の学校で、文部科学大臣が認定した学校*。
補習授業校	203校	主として現地校等に通学しながら、土曜日や平日の放課後を利用して日本国内の学校で学ぶ国語等を教育するために文部科学省、外務省から政府援助を受けている教育施設。
私立在外教育施設	9校	主として日本国内の学校法人等が海外に設置した全日制の学校で、文部科学大臣が認定した学校。
補習教室・その他	37校	文部科学省、外務省の援助対象校にはなっていないが、日本人学校・補習授業校と同様に日本人の子どもに対して日本語による教育を実施している教育施設。
現地校	—	所在国政府等が学校として認めた現地教育施設。教授言語はその国の言語。
国際学校	—	所在国に設置された外国人学校。主にインターナショナルスクール、アメリカンスクール等と呼ばれている。

＊注：認定制度とは、文部科学大臣が、在外教育施設の設置者の申請に基づき、在外教育施設が日本国内の小学校、中学校または高等学校の課程と同等の課程を有する旨の認定を行うもの。

＜設置者とは＞

①海外に在留する日本人が日本人の福利の増進を主たる目的として組織した団体。

②在外教育施設の設置を目的として申請施設の所在国の法令等に基づき設立される法人その他団体で、私立学校法（昭和24年法律第270号）第3条に規定する学校法人が当該申請施設の設置運営について関与しているもの。

③上記①、②に準ずる団体。

＜認定の申請＞

認定を受けようとする者は、申請施設の設置者の名称、住所、代表者の氏名及び申請施設の名称を記載した申請書に、在外教育施設の認定等に関する規程第17条第1項各号に掲げる書類を添えて、文部科学大臣に申請する。

＜在外教育施設として認定された学校の資格＞

①卒業者には高等学校または大学の入学資格が認められる。

②高等学校卒業程度認定試験の試験科目に相当する科目を修得した者については当該試験科目について試験を免除される。

③認定在外教育施設における勤続年数を校長、副校長及び教頭の基礎資格である在職年数とすることができる。

のみ、③国際校(インターナショナルスクール)のみ、④補習授業校・補習教室と現地校または国際校(インターナショナルスクール)、のいずれかである。【表2-1】は、海外に在住する日本人の子どもたちの就学形態を大まかにまとめたものである。このうち、日本人学校・補習授業校・私立在外教育施設の三つを「在外教育施設」とよぶ。各教育施設については、続く第2節においてさらに詳しく述べる。

【図2-4】は、外務省海外在留邦人数調査統計に基づく海外子女就学形態別人数の推移を、日本人学校、補習授業校＋現地校または国際校(インターナショナルスクール)、現地校または国際校(インターナショナルスクール)のみ、等の別に示したものである。これによれば、時代につれて子どもたちの就学形態に大きな変化があることが見て取れる。

1977年から1986年までは日本人学校に通う子どもの数が最も多かったが、現地校に通いながら週末は補習校に通う子どもが徐々に増加し、1987年にはその数が逆転した。1987年から1995年までは現地校＋補習校優位が続いたが、1996年から1999年までは再び日本人学校が最多を占めることとなる。これは、

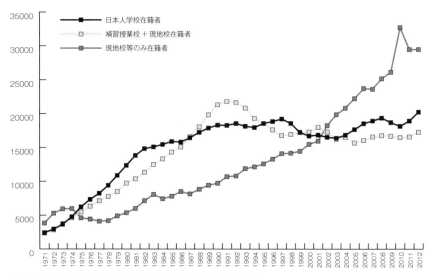

【図2-4】海外の子ども数(義務教育段階)の就学形態別推移
(外務省「海外在留邦人統計」を基に筆者作成)

第２章　異文化間を移動する子どもたち〈１〉

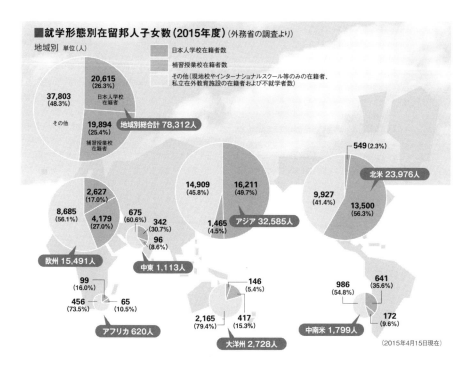

【図2-5】就学形態別子ども数　世界全体、地域別（アジア、北米）
（出典：海外子女教育振興財団, 2016）

日本人学校を第一選択とするアジア地域への海外駐在派遣が増加したためと考えられるが、以後、日本人学校在籍者数はほぼ横ばいで推移している。これに対して2002年からは現地校のみに通う子どもたちの数がそれ以外の就学形態を上回り、その在籍者数は10年間で約２倍となった。2011年現在、現地校等、および現地校＋補習校の選択をあわせると、ほぼ７割の子どもたちが、日本人学校ではなく現地校やインターナショナルスクールに通っていることになる（鹿野, 2012）。

【図2-5】に、世界全体および地域別の在籍学校別人数を示した。地域別の特色をみると、アジアでは半数以上が日本人学校に在籍しているのに対し、北米では現地校および現地校＋補習校に24,000名近い子どもたちが在籍し、日本

35

第1部　帰国生をめぐる動向と現状

入学校在籍者は約２％にあたる549名に過ぎない。図に示すように、ヨーロッパ、オセアニアでも現地校等に通う子どもたちが圧倒的に多くなっている。

　この現象について佐藤（2010）は、日本にとってアメリカは「同一化すべき対象」であり、これは日本が「アメリカのようになる」ことを目指してきた結果であると述べている。こうした日本人学校離れには他にもいくつかの理由があるが、これについては続く第２節「１．日本人学校」の項で詳しく述べる。

　第２節では、こうした子どもたちの在籍校（現地校、および日本政府による在外教育施設［日本人学校や補習校等］）の歴史と現状などについて、それぞれ詳しくみていこう。

第２節　日本政府による在外教育施設の概要

　前節で述べたとおり、日本政府は「主権の及ばない外国において、日本人の子どもが、日本国民にふさわしい教育を受けやすくするために、憲法の定める教育の機会均等及び義務教育無償の精神にそって、海外子女教育の振興のために様々な施策を講じ（文部科学省, 2011）」、在外教育施設を設置している。在外教育施設とは、日本人学校や補習校をはじめとした、海外に在留する日本人の子どものために、学校教育法（昭和22年法律第26号）に規定する学校における教育に準じた教育を実施することを主たる目的として海外に設置された教育施設であり、第２項にも述べたとおり、日本人学校、補習授業校、私立在外教育施設の三つがそれに当たる。

　広義の日本人学校には文部科学省の設置によるものと私立在外教育施設があり、補習授業校とあわせて「在外教育施設」と呼ばれている。補習授業校は毎週土曜日のみが授業日で、現地校やインターナショナルスクールに通う子どもが週末に通うことが多い。ただし、近年では大都市部への学習塾の進出により補習校よりも塾を選ぶ家庭も多く、補習校へは日本へ帰国する予定のない永住家庭や国際結婚家庭の子どもが日本語保持のために通うケースも増えている。日本人学校は基本的には義務教育段階にのみ対応しているが、上海日本人学校には2011年に高等部が新設された。

　なお、第二次世界大戦前、日本の対外政策の拡大期である1877年に、朝鮮

の釜山に最初の「日本人学校」が設立された。その後、上海、マニラ、ペルーなどに次々と拡大し、1906年から1945年の間にアジア諸国の日本植民地に751もの日本人学校が存在した（大久保, 1983）。これらは海外在住の日本人の子どもたちの教育を第一義としながら、現地の住民たちの中の反日派の人々の再教育も目的としていたとされる（小島, 1981）。1930年代後半のフィリピンの日本人学校では、純粋な日本人は在籍生中わずか16％であったとされる（大久保, 1983）。戦前の日本人学校は、現地の子どもを日本国民として育てるための植民地政策の一環であったことは明らかであり、この点で、本項で取り上げる日本人学校とは全く異なるものである。

　以下では、在外教育施設の3形態のそれぞれについて、その定義や設立形態、役割、教育内容等を、その歴史と現状をふまえて概説する。

1　日本人学校

(1)　日本人学校の概要

　海外において、国内の小学校、中学校または高等学校における教育と同等の教育を行うことを目的とする教育施設が日本人学校である。その教育課程は、原則的に国内の学習指導要領に基づき、教科書も国内と同じものを使用している。海外にいながら日本国内と同等の教育を受けられるが、カリキュラムには現地の言語や現地社会との交流が含まれることも多い。一般に現地の日本人会等が主体となって設立され、その運営は日本人会等や進出企業の代表者、保護者の代表などからなる学校運営委員会による。文部科学省により全日制の学校としての認定を受けており、文部科学省および海外子女教育振興財団などを通じて、国内の教員を現地へ派遣する制度がある。なお、日本人学校は義務教育課程の学校であるが、通学範囲内に住む日本人に入学が義務づけられているわけではない。

　2011年4月15日現在、世界51カ国・地域に88校の日本人学校が設置され、約19,000名が在籍している。小・中一貫教育で、海外にいながら日本の小・中学校と同じ教育が受けられるほか、現地の言語・文化・地理・歴史など現地事情に関わる学習を提供することができる（鹿野, 2012）。特にニューヨークのような大都市にある大規模な日本人学校は、日本から優秀な教員が派遣され、優

第1部 帰国生をめぐる動向と現状

れた教育を受けられることで有名な学校もある。また、現地校に長い間在籍しながら、帰国後の入試の関係や、日本での学校への適応などを考えて帰国直前になって日本人学校へ転籍する例も多くみられる。

(2) 日本人学校の歴史

　1956年にタイのバンコクに日本人学校である泰日協会学校が設置されて以来、アジアの国々を中心に多くの日本人学校が展開し、高度経済成長期には、日本企業の世界進出に伴ってヨーロッパや南北アメリカ、中東やアフリカなど、世界各地で日本人学校が設立された。1960年代には、香港、シンガポール、クアラルンプール、ジャカルタ、サンパウロ、1970年代にはデュッセルドルフ、ソウル、パリ、ブリュッセル、ロンドン、ニューヨーク、北京に次々と日本人学校が創立された。1990年代前半のバブル景気崩壊後は、第1章でみたように日本企業の撤退や現地法人化が進み、日本人駐在員の派遣が減少し、生徒不足で閉鎖される日本人学校が相次いだ。しかしながら1990年代後半からは、新たに中華人民共和国への日本企業の進出が進み、大連（1994年）、広州（1995年）、天津（1999年）、青島（2004年）、蘇州（2005年）に日本人学校が新設され、多くの生徒が在籍している。

(3) 「日本人学校離れ」の要因

　先にも述べたとおり日本人学校の運営は現地の日本人会等が主体となっているため必ずしも安定したものではなく、生徒数の確保は日本人学校にとっては死活問題である。しかしながら、日本人学校の在籍人数は、日本の景気や現地国の景気、現地国の政情の変化、日本企業の現地化の促進や進出企業の不振による現地拠点の閉鎖・撤退などによって大きな影響を受け、経営は必ずしも安定しない。日本企業の現地化の促進や、駐在員の若年化に伴う帯同子女の低年齢化、全般的な傾向としての晩婚化、少子化、単身赴任といった要因で子ども数自体も減少している。

　前節第2項でみたとおり、海外で学ぶ学齢期の子ども数は増加の一途をたどる中で日本人学校在籍者数は横ばいであり、「日本人学校離れ」が言われて久しい。この背景には以下に挙げるようないくつかの理由が考えられる。

第2章　異文化間を移動する子どもたち〈1〉

①英語圏の現地校ではESLクラスが設置され日本人への英語の補習体制が整っており、非英語圏であっても英語で学べるインターナショナルスクールが選べるようになったこと。特に、日本人長期滞在者数が著しい増加を示しているアジア圏では、教育の急速なグローバル化により、インターナショナルスクール数が増加している。加えて、現地校の国際化も進行し、英語で教育を受けられる「国際部」を設置する上海中学、協和双語国際中学、上海尚徳実験学校、世界外国語中学などの学校では、海外の有名大学進学を視野に入れ、インターナショナル・バカロレアプログラムの導入が進み、多くの日本人が進学している（姫田, 2011）。

②帰国枠入試が充実したこと。日本人学校出身者は出願資格がない、現地校出身者のみを対象とした英語による入試など、現地校出身者に対する日本の受入れ側の態勢が整ってきたことで、あえて日本人学校を選ぶ理由がなくなったといえる（佐藤他, 2012）。

③日本の学校における少子化対策の一つとして、特に私立学校が「国際化」を打ち出し、現地校出身の帰国児童生徒を積極的に受け入れることでイメージの醸成を図る学校が増えたこと（稲田, 2010）。

④企業からの補助が減り、高額な日本人学校の授業料を支払うことが難しいケースが増えたこと。とりわけリーマンショック以降、海外進出企業のコスト管理が厳しくなり、帯同する子どもの教育手当や補助金を見直すところが多くなっている。この結果、英語圏、および非英語圏でもドイツやフランス、北欧などの先進国においては、企業の負担が大きい日本人学校やインターナショナルスクールより、現地の公立学校へ通うことが推奨されるようになった（北川, 2009）。ただし、非英語圏のアジア地域では、英語を学ぶためにインターナショナルスクールに通わせたいと親が願っても、会社がその授業料を補助することができないために日本人学校を選択するしかないという状況も多く、アジア圏においては日本人学校在籍者が多い原因の一つとなっている。

このほか、遠方の日本人学校に通うよりも近場の現地校を選ぶ家庭、あえて

第1部　帰国生をめぐる動向と現状

日本人社会における人間関係の煩わしさを避けるためなど、家庭によっても様々な理由が複合している。

　なお、前節でみたように、北米では日本人学校に通う子どもは2％に満たないが、アジアでは6割が日本人学校に在籍している。【表2－2】に2006年度の日本人学校在籍者数10位までと、2002年度の順位との比較を示す。中国やタイ、シンガポールなどアジア圏の日本人学校が上位を占める中、9位のデュッセルドルフ、10位のロンドンのみが非アジア圏であるが、いずれも2002年度よりも在籍者数が減少している。アジア圏においても、とりわけ在籍者数が増えているのは1位の上海と8位の北京であるが、これは第1章でみたとおりアジアへの海外駐在派遣者数の増加を反映したものと考えられる。

2　補習授業校

(1)　補習授業校の概要

　補習授業校とは、現地の学校や国際学校（インターナショナルスクール）等に通学している日本人の子どもに対し、土曜日や放課後などを利用して日本国内の学校で教えられる教科の一部について日本語で授業を行う教育施設である。ごく一部に高等部を有する補習授業校もあるが、ほとんどは幼児部、小学部と中学部から成り立っている。平成23年4月15日現在、世界56カ国・地域に203校が設置され、約17,000名が在籍している（文部科学省，2012）。

　補習授業校は日本人学校と同様、現地の日本人会等が設置運営主体であるが、日本政府の認可校であれば、教科書無償配布などの文部科学省の援助や外務省の資金援助を受けることができる。ある一定の規模に達した認可補習校には、各都道府県の推薦を受けた公立学校の教員が文部科学省等を通して日本から派遣される。授業にあたる教員は日本から派遣される校長・教頭などのほかは現地採用で、その多くは、現地の人と結婚した日本人永住者や、平日は別の仕事に就いている社会人である。日本人学校と異なり、教員免許がなくても教員として採用されることが可能で、就業ビザを所持する日本人駐在員の妻や、留学中の大学院生などが教員を務めることもある。

　授業は小学部では午前中のみのところが多く、授業科目は国語、算数（数学）が中心であるが、高学年では希望者を対象に、社会科の授業を行うこともある。

40

第2章　異文化間を移動する子どもたち〈1〉

【表2-2】主な日本人学校在籍者数の比較

2006年度の順位と在籍者数			2002年度の順位と在籍者数	
1位	上海日本人学校	2,367	5位 ↘	903
2位	泰日協会学校（バンコク日本人学校）	2,288	2位 ←	1,855
3位	シンガポール日本人学校	1,658	1位 ↙	1,966
4位	香港日本人学校	1,548	3位 ↙	1,593
5位	ジャカルタ日本人学校	862	7位 ↘	815
6位	台北日本人学校	810	6位 ←	891
7位	クアラルンプール日本人学校	784	4位 ↙	913
8位	北京日本人学校	639	圏外 ↘	446
9位	デュッセルドルフ日本人学校	563	8位 ↙	673
10位	ロンドン日本人学校	466	9位 ↙	534

　中学部は土曜日全日をかけて、国語・数学・理科・社会科の4科目を教えている。また、一部では、授業時数や授業科目が日本人学校に準ずる「準全日制補習授業校」もあり、週3日程度の授業を行っている（オマーン、グァダラハラ、ダルエスサラーム、チェンナイ、マカッサル）。

　多くの補習授業校は週1日のみの開校であるため、補習授業校が独自の校舎を持つことはほとんどなく、現地校や日本人学校、教会などに借用料を支払って校舎を借り受けるケースが多い。したがって、補習校用の荷物を保管しておくスペースは限定されており、授業の都度、教員が教材を自宅や補習授業校のオフィスから持ち運びし、教室使用後は原状復帰しなければならない。

41

第1部　帰国生をめぐる動向と現状

(2)　補習授業校の歴史と役割の変化

　最初の補習授業校は、1958年にアメリカ合衆国ワシントンに設立された。補習授業校の多くは、企業の駐在派遣社員や国家公務員が、週末に領事館や日系企業の会議室などを会場とした私塾的なものに起源を持つ。帯同した子どもたちの日本語力の低下や帰任後の進学などを危惧した保護者ら自身がボランティア講師となり、できるだけ日本と同等の教育を行うことを目的として教育にあたっていた。

　2006年までボストン補習授業校の教頭を務めた関谷氏の分析を基に、補習校に通わせる保護者の希望を大別すると、以下の3点となる（関谷, 2008）。

①　帰国後に困らない程度の学力をつけ、スムーズに適応すること。

　　4～5年以上の長期滞在の後に帰国する家庭の要望として、日本の授業内容についていくことができ、かつ、高校、大学へ支障なく進学できる学力を望むものである。小学高学年から中学校にかけて在籍する者に多い。

②　日本語に接し、少しでもよいから日本語を習得すること。

　　主として永住者、国際結婚家庭の子女で日本語を第二言語とする子どもに対し、親が自分の母国語を覚えて欲しいと願って補習校へ通わせるケースである。日本にいる家族とのコミュニケーションができる最低限の日本語力を身につけてほしいとする要望が多い。

③　日本の友達に接し、日本語で話をして楽しむ場であること。

　　1～2年程度の短期滞在家庭に多い要望で、子どもにはできるだけ早く英語を身につけ、現地校で困らないようになってもらいたいと願い、補習校は週1回、日本の友達と会える楽しみの場と考えているものである。比較的低年齢の子どもに多い。

　補習授業校は、そもそも現地校で学ぶ子どもたちの「『日本』というエスニック・アイデンティティを強化する場」としての役目を果たしていたが（佐藤, 2012）、現在ではアメリカの大都市部を中心に補習授業校に通う子どもが減少している。大きな理由の一つは、本人及び親の負担が大きいことである。平日は現地校の授業や宿題で手一杯の子どもたちが、補習校前日には日本語の宿題に追われ、補習校生徒の保護者たちはこの状況を「魔の金曜日」と呼ぶほどで

第2章　異文化間を移動する子どもたち〈1〉

ある。加えて補習校への送迎も保護者の役目である。せっかくの週末を家族で心穏やかに過ごすために、平日の塾通いを選択する家庭が増加しているのである。また、補習校の講師のレベルはまちまちで必ずしも親の要求するレベルに達しないことも多く、加えて帰国後の受験指導には関知しないことも、補習校離れの一因となっている。近年、大都市部では日本の大手の塾が複数進出し、日本と同じ教育内容に加えて帰国枠受験の対策が受けられるようになった。このような選択肢が増えたことで、週末の負担を避けて平日に塾に通うことが第一選択になりつつある。

　この結果、近年はどの国でも補習授業校における国際結婚や永住家庭の子どもの占める割合が増加し、【表2-3】に示すように、いずれは帰国する「長期滞在者」が100％を占める補習授業校は全体の3割に過ぎない。この結果、「帰国を前提とした子どもに日本の教育の場を与える」という補習授業校本来の機能が急速に薄れつつある。上述した補習校に求める役割は、従来の①③から、現在は②へと移行し、その機能そのものが変化をみせているのである。

　なお、【表2-4】は2006年度の補習校在籍者数を多い順に10位まで示したものである。2002年度と比較すると、シカゴ、コロンバス、ボストンで微増しているほかは在籍者数が減少していることがわかる。特に、最大の規模を誇るロサンゼルスのあさひ学園、ロンドン及びニューヨーク補習授業校では大きく人数が減っており、アメリカやヨーロッパの大都市において、特に補習校離れが進んでいることがうかがわれる。

【表2-3】補習授業校における全生徒に占める長期滞在者の割合

（出典：「海外子女教育次行総括調査票」財務省，2007）

	校数	割合
1．長期滞在者100％の学校	65校	33.3％
2．長期滞在者99％～50％の学校	99校	50.8％
3．長期滞在者49％以下の学校	31校	15.9％

第1部　帰国生をめぐる動向と現状

【表2-4】主な補習授業校在籍者数の比較

2006年度の順位と在籍者数			2002年度の順位と在籍者数		
1位	あさひ学園（ロサンゼルス）	1,208	1位 ←		1,576
2位	サンフランシスコ補習授業校	1,115	2位 ←		1,270
3位	デトロイト補習授業校	806	4位 ↘		847
4位	ロンドン補習授業校	787	3位 ↙		1,146
5位	ニューヨーク補習授業校	564	5位 ←		738
6位	シカゴ補習授業校	492	6位 ←		476
7位	コロンバス補習授業校	474	7位 ←		469
8位	ボストン補習授業校	409	圏外 ↖		397
9位	シアトル補習授業校	405	9位 ←		409
10位	みなと学園（サンディエゴ）	395	8位 ↙		447

(3)　補習授業校の授業内容

　一般的な補習授業校の授業時数と内容は、以下のとおりである。

・幼児部4時間：「健康」・「人間関係」・「言葉」・「表現」

・小学部4時間：「国語」（3時間）・「算数」（1時間）・「社会」（4～6年、年間12時間）

・中学部6時間：「国語」「数学」（各2時間）・「社会」「理科」（各1時間）

・高等部6時間：文系：「国語」「社会」等（4時間）・理系：「数学」等（2時間）

　授業は全て国内で使用されている教科書や副教材（ドリルなど）を用いて行われるが、通常一週間をかけて扱う授業内容を土曜日の半日のみで教えるため、日本の学校に比べて宿題が多くなっている。

（4）　補習授業校の年間行事

　補習授業校では、日本の学校とほぼ同様に、入園・入学・始業式から卒業証書授与式、卒業生を送る会まで、日本式の行事が行われている。絵画コンクール、海外子女文芸作品コンクール、硬筆コンクール、スピーチ大会、幼児部や小学部では運動会、中・高等部では球技大会なども開催される。このほか、日本の伝統行事である七夕まつり、もちつき大会、書初め、コマ回し大会、節分、ひなまつりも、子どもたちの貴重な日本文化体験の場として提供されている。またPTAと共催でバザー、のみの市、コンサートなどのファンドレイジング活動も行われ、図書や備品購入費用などに充てられることが多い。

　授業参観や学級懇談会、保護者会、個人面談なども、日本と同じように行われる。PTA役員の選出もあり、クラスマザーといわれるクラス委員長をはじめ、図書、イベント、運動会、バザー、校内安全など、様々な委員会が学校の運営を支えている。また、「ウォッチング当番」という保護者ボランティアが、順番で朝の教員の職員会議中にクラスの監督にあたり、宿題の回収等を行っている。

3　私立在外教育施設

　日本国内の学校法人等が母体となり海外に設置した、全日制教育施設である。文部科学大臣から、国内の小学校、中学校、若しくは高等学校と同等の課程を有する旨の認定、または、相当の課程を有する旨の指定を受けており、日本の私立学校の分校という位置づけである。私立在外教育施設の中学部の卒業者は日本の高等学校の入学資格を、高等部卒業者は日本の大学の入学資格をそれぞれ有する。2011年5月1日現在、世界に9校が設置されており、早稲田大学、慶應義塾大学、一橋大学、立教大学、帝京大学など、日本国内の大学やその同窓会によって設立されたものが多い。

　これらの多くは高等学校のみ設置しているケースが多く、2011年現在、早稲田渋谷シンガポール校、慶應NY学院、帝京ロンドン学園、スイス公文学園（以上、いずれも高等部のみ設置）、立教英国学院（中・高等部）の5校と、文部科学省・外務省の援助は受けていないものの、如水館バンコク、駿台ミシガン国際学院、ロサンゼルス国際学園といった高校がある。ドイツ桐蔭学園は2012年

第1部　帰国生をめぐる動向と現状

3月、甲南学園トゥレーヌは2013年2月を以って、それぞれ閉校した。

　在外教育施設には、現地からの入学のほかに第三国から入学する生徒や、日本から留学生として入学する生徒の割合が非常に大きい。日本人学校には上海以外は高等部がなく、日本語で高校の教育を受けるには、中学卒業後に居住国を出て日本に帰国、または他国の私立海外分校に進学しなければならないためである。その需要を見込んで高等学校のみを設置する学校法人が多い。海外分校を選ぶ要因の一つは、エスカレーター式に日本の大学まで進めるという点である。一方、日本国内からの留学生にとっての利点は、エスカレーター式であることと、高校を休学せずに長期留学できる点である。卒業後は日本の本校に進学する生徒が多い。

第3節　海外の現地校における教育の概要

　現地校とは、所在国政府等が学校として認めた現地教育施設である。駐在先現地の子どもたちが通う学校で、主に公立学校であることが多い。先に述べたとおり、現在、特に英語圏においては、日本人学校よりも現地校へ通うことが第一選択となっている。日本人の子どもたちは、現地校でどのような教育を受けているのだろうか。

　日本人児童生徒の在籍の多いアメリカ合衆国およびイギリスと、近年急速に外国人児童生徒の受入れ数を伸ばしている中国の公立現地校の教育について、その概要と特色、現地の学校段階別教育の概況、現地の学校への日本人の就学状況の詳細を【稿末資料1】にまとめた（外務省, 2011）。現状では、アメリカとイギリスにおいては、小中学校段階では日本人の就学は問題なく行われており、中国では普通の現地校への外国人の入学は限定的であったが、最近では受け入れる学校が増加している。ただし、中国の義務教育は無償ではなく、特に外国人児童生徒に対しては外国人料金が適用されて中国人の児童生徒よりも高額となる。また、中国をはじめとするアジアの国々では外国人受入れ体制が整備されていない学校が多く、日本人児童生徒が受け入れられるのは、中国人児童生徒とは別に設置された「国際部」である。

　以下に、実際の現地校の教育内容について、アメリカ合衆国を例にとって概

第2章　異文化間を移動する子どもたち〈1〉

観したい。アメリカは州や学区によって教育制度が異なるが、ここで、ニューヨークの現地小学校のカリキュラムの一例を紹介しよう。

1　現地校の授業内容

アメリカの現地小学校は、日本でいう幼稚園年長組のキンダーガーデンが付属していることが多く、ほとんどの子どもたちはここから読み書きを習い始める。小学校は1年から5年生、その後中学校3年間、高校4年間までが義務教育で、学年はK（キンダーガーデン）から12年生までを通算する。小学校の授業は1年生から5年生まで、クラス担任が特別授業（体操、音楽、図工．ＥＳＬ、図書指導、コンピューター）を除く全ての科目を担当する。必須科目は、算数、社会、理科、国語、音楽、体操、図工であり、必要に応じて、以下のような特別教科と指導が行われる。

- ＥＳＬ：(English as a Second Language)＝英語を母語としない児童生徒のための特別英語指導。
- カウンセリング：心理面に問題があると思われる場合、スクール・サイコロジストが担任、両親と協力して、問題の解決にあたる。
- リソース・ルーム：補習の必要がある子どもたちに専門教師がわかりやすく指導する。
- リーディング：読む力が弱い子どもたちの特別指導。
- スピーチ：言葉の発達が遅れている場合や話し方に問題のある子どもの矯正指導。

授業の1時間単位は約45分であるが、教師の裁量によって長くなったり短くなったりする。休憩時間も学年やクラスあるいは教師によってまちまちである。授業と授業の間にもベルはならず、日本で授業前後に行う「起立、礼」の挨拶もない。時間割は教育委員会のカリキュラムにそって、集会や特別授業以外は教師が各自の裁量で決め、同じ学年でもカリキュラムの進め方が教師によって全く違うことも少なくない。

第1部　帰国生をめぐる動向と現状

2　現地校の学校行事

　現地校では年間を通じて様々な行事が開催され、保護者も招待される。小学校ではオーケストラやバンドのコンサートや各種集会（アセンブリー）に保護者が呼ばれたり、美術館、動物園などへのフィールドトリップ（遠足）に、ボランティアとして同行したりすることも多い。クラス担任から招待される形で授業参観も頻繁に行われている。また、低学年の場合、事前に担任に連絡をとり、子どもの誕生日当日にカップケーキなどを届けておくとクラスで子どもの誕生日を祝ってくれる。長期の休みのあと、新学期が始まると「Back to School night」という保護者会が行われ、校長や学級担任、各教科の担任からの説明がある。特にミドルスクールでは教科ごとで担任が違うので、教師と話をするよい機会となっている。

3　現地校のクラブ活動など

　アメリカの場合、小中学校ともアフタースクール・クラブという放課後の課外活動が行われる。PTA が学校のカリキュラムの補足や強化のために主催するクラブで、テニス、図工、手芸、体操、語学などのプログラムを10週間ほど続けて受講できる。PTA会費を納めていれば子どもを参加させることができるが、プログラムは有料である。また地域が提供するプログラムとして、毎週末季節ごとに、野球、サッカー、アメリカンフットボール、バスケットなどのスポーツの練習や試合が開催される。地域の父親がコーチを務めるプログラムで、年間を通じて地域の子どもたちや親同士が仲良くなるきっかけを提供してくれる。

　夏休み期間中には地域の自治体や YMCA などの主催で数週間にわたる日帰りのサマーキャンプ（Day Camp）が開催され、スポーツをはじめ音楽、アート、サイエンスなど様々なアクティビティが行われる。アメリカに来たばかりの日本人の子どもたちにとっては、現地の友達を作り、英語を使った集団生活になじむためのよい機会となっている。

4 父母のPTA活動への参加

アメリカなどの現地校では、ESLクラスで指導してせっかく英語を覚えても、移民と違って2～3年で帰国してしまう日本人児童生徒のために税金を使うことを快く思わない現地住民も多い。日本人が多く住むエリアでは、この問題が地域の社会問題として新聞などのメディアに取り上げられたこともある。日本人母親は、現地校のPTA活動の図書館ボランティア、各種PTA集会の軽食等の準備をするホスピタリティ・コミッティーへの参加、インターナショナルフェアへの出展など、現地校への奉仕活動を通じて、現地の親との融和に努めることも大きな役割となっている。

第4節　海外の日本人児童生徒を取り巻く環境の変化

本章の最後に、近年の海外在住の子どもたちを取り巻く環境の変化について述べておきたい。今日のインターネット環境の急速な発展によりあらゆる情報を瞬時に入手できるようになり、海外の子どもたちの接する文化環境は劇的に変化している。高額な国際電話の通話料を支払わなくても、インターネットに接続できさえすれば、e-mail はもちろん SNS、Skype や LINE などの通信手段によって、日本をはじめ世界中の国々と簡単に連絡を取ることができる。また、以前はレンタルビデオや日本から送ってもらうしか方法がなかった日本のテレビ番組なども、インターネット経由で視聴することができる。日本語放送の枠も世界の国々に広がり、オンタイムで試聴可能なものも多い。また、以前は高価だった日本の食品や書籍・雑誌なども入手しやすくなった。すしなどの日本食も世界の国々で広く浸透し、海外にいながら希望すれば日本とほぼ変わらない生活を送ることが可能である。

海外の子どもたちの言語環境も変化している。先に述べたように、日本人学校および補習授業校離れが進み、特に欧米地域では現地校に通学する子どもがほとんどであるにもかかわらず、子どもたちは日本語環境を捨ててはいない。帰国中学生を対象とした調査によれば、学校・家庭をあわせた全体の使用言

語は「やや現地語中心」「現地語中心」の小計が6割を超えているものの、家庭に限定すれば親との会話では92〜93%が日本語を使用している（岡村, 2008）。これは、海外子女教育振興財団により、家庭における母語使用の重要性を強調する方針（中島, 1998）が推奨されたことも一因といえる。以前は海外から帰国すると日本語が弱く、日本の学校生活についていけない子どもたちも多かったが、近年では日本語の補習を必要としない子どもたちが多数を占めるのが現状である。また、各国の大都市には大手学習塾の進出が目覚ましく、常に日本への帰国や帰国枠受験を意識して外国生活を送る「日本向き」の子どもたちが増加している。こうして、以前ほど現地への親和度が高くない、いわば、「現地の文化の衣をまといながらも、日本文化の衣も脱ぐことがない」子どもたちが増加しているのである。

　しかしながら、海外で成長した子どもたちにとって、日本文化は必ずしも自文化ではない。インターネットを通じてバーチャルで日本を経験していても、長く海外に滞在した子どもにとっては、日本への帰国は新たな外国を訪ねる感覚にも等しいであろう。現地校志向が高まったこともあり、日本の学校文化を知らない帰国生は年々増加している。また、国際結婚による子どもや、両親の長期滞在による海外生まれの子どもも多くなり、生まれて初めて日本へ「行く」帰国生も少なくないことにも注意が必要である。

＊＊＊＊＊＊＊＊＊＊＊＊＊＊＊＊＊＊＊＊＊＊＊＊＊＊＊＊＊＊＊＊

　本章で示したとおり、海外で学ぶ義務教育段階の子どもたちの数は、1971年から現在までの40年間で10倍に増加した。これはとりもなおさず日本経済の海外進出を示す数字であるが、その背景には第1章でみた日本人海外赴任を取り巻く社会的経済的な変遷があり、子どもたちの滞在先国や就学形態にもその影響が色濃く表れている。変化の最大の特徴は、海外赴任者の場合と同じく、滞在地域の北米からアジアへの移行であろう。

　海外で学ぶ子どもたちに関する近年のもう一つの大きな特徴は、日本人学校から現地校への移行、すなわち「日本人学校離れ」と、現地校やインターナショナルスクールに通いながらも補習授業校には通わない子どもの増加、すなわち「補習校離れ」である。2002年を境に「現地校やインターナショナルスクール

第2章　異文化間を移動する子どもたち〈1〉

のみ」に通う子どもの数が、「日本人学校」および「現地校やインターナショナルスクール＋補習授業校」に通う子どもたちを上回り、現在では全世界合計のほぼ7割が日本人学校以外の就学形態をとっている。英語圏では現地校でのESLクラスの設置も整っており日本人も在籍しやすいが、もともと日本人学校が第一選択であったアジア地域でも、現地校のグローバル化による国際部の設置やインターナショナルスクールの増加により、日本人学校以外を選択する家庭が増え、日本人学校離れにますます拍車がかかっている形である。

　補習授業校離れについても、特に大都市部を中心として、週末の家族の負担軽減と本格的な帰国枠入試への対応の「一挙両得」ともいえる大手学習塾の進出を機会として、歯止めがかからないのが現状である。これにより、補習授業校の役割自体が、いずれ日本へ帰国する子どもたちの教育から、永住家庭や国際結婚家庭の子どもたちの日本語や日本人アイデンティティ保持へと変化しつつある。

　このような状況に鑑み、在外教育施設の在り方を今一度問い直し、昨今のグローバル人材育成の文脈においてその役割を問い直すことも、重要な課題であるといえるだろう。

＊＊＊＊＊＊＊＊＊＊＊＊＊＊＊＊＊＊＊＊＊＊＊＊＊＊＊＊＊＊＊

第1部　帰国生をめぐる動向と現状

第3章 異文化間を移動する子どもたち〈2〉
——日本における帰国生教育

　本章では、日本に帰国してからの子どもたち、すなわち「帰国生」について、1960年代から現在に至るまでの彼らを取り巻く社会的経済的環境の変遷を概観し、そうした変化に伴って実際の帰国生受入れ体制がどのように移り変わってきたのかを明らかにしたい。

　まず第1節では、本論文における「帰国生」の定義を歴史に基づいて示すとともに、日本における帰国生教育の歴史を概観する。続く第2節では、帰国生受入れの現状について、人数の推移や小・中・高等学校・大学別の受入れ形態などに注目して明らかにする。第3節では帰国生教育をめぐる国の政策や社会的背景について概観し、グローバル化する日本社会における帰国生に対する期待について述べる。

第1節　日本における帰国生教育の歴史

1　「帰国生」の呼称について

　序に示したとおり、海外生活経験のある子どもの呼び方は様々であるが、「学校基本調査」では「子女」という呼称を用いる一方で、「帰国生児童生徒在籍状況等実態調査」では「保護者の仕事の都合で1年以上の間海外で過ごした小学校から高校までの児童生徒」を「帰国児童生徒」と定義している。このように、文部科学省においても「帰国子女」「帰国児童生徒」という呼称が混在しており、受入れクラスも学校により「帰国子女教育学級」「帰国生徒教育学級」「国際学級」等様々であるのが実情である。

52

第3章　異文化間を移動する子どもたち〈2〉

そもそも「子女」という言葉は、日本国憲法第26条『義務教育』の箇所に「保護者」の反対語的な意味で用いられたものである。古来、「子」は男子・「女」は女子・「子女」で子どもたち、という用法で使用された語であるが、「男」が保護する立場にあり、「女」が「子」と同様に保護される立場にある、という封建的家父長制の名残も感じられ、不適切であるという指摘がなされてきた。文部省が文部科学省に改編された2001年の組織変更に伴い「海外子女教育課」が「国際教育課」と名称を変え、それまでの海外子女教育・帰国子女教育及び外国人児童生徒教育に係る業務に加えて、初等中等教育に関する国際理解教育（外国語教育の振興を含む）および国際文化交流に係る業務を行うこととなった。これより、先に述べたように一部では「帰国子女」に代えて「帰国児童生徒」という呼称が使われるようになっている。ところが「海外で学ぶ日本人の子どもたち」については「海外生徒」「海外生」という言葉はなじみにくい上に、日本の法制に基づく初等中等教育に在籍しているわけではないので「児童」「生徒」は正確には適用できず、文部科学省も「海外子女」という呼称を使い続けている。ことに「海外・帰国子女」と総称する場合は、帰国生徒についても「子女」という言い習わしが避けられないことが伺われるのである。

このような経緯をふまえ、最近では文部科学省に先立ち学校や様々な民間の帰国生補助機関が「帰国子女」から「帰国生」「帰国生徒」と呼び方を変えており、本研究もそれにならって「帰国生」という言い方を用いることとした。なお、第4章の先行研究において、原文で「帰国子女」「帰国児童生徒」等と表記されているものについては、そのままの表現を用いた。

2　日本における帰国生受入れの歴史

第1章で述べたとおり、日本と海外を移動する子どもの先駆け的存在は、明治期の政府高官や留学生の海外行きに同行した子どもたちである。彼らはエリート家庭の出身であり、海外で教育を受けることも目的の一つとして帯同されたと考えられる。1900年代に入り多くの日本人の子どもたちが海外から帰国するようになると、彼らを受け入れるための学校を設立する必要が生じてきた。1940年、自らもオックスフォード大学で6年間を過ごした三井財閥の一員・三井高維は、東京の赤坂台町にあった私邸を開放して、海外勤務者の子どもたち

53

第1部　帰国生をめぐる動向と現状

の帰国後の教育のために啓明学園を創立した。現在は、東京近郊の昭島市拝島町にある旧三井別邸に移転している。

　1965年には、国立学校である東京学芸大学附属大泉中学校に、帰国生受入れのための最初の帰国子女学級が設立された。1967年には当時の文部省により、「帰国生子女教育研究協力校制度」を定め、協力校に指定された公立および私立の小・中・高等学校に助成金を与える制度を開始し、1977年までに34校の協力校と22の特別クラスが設けられた。1977年、文部省内に、帰国子女に関する基本政策文書を作成するためにビジネスマンと教育者の計17名によって構成される特別委員会が設置された（文部省, 1985）。この答申により、公立・私立両校において帰国生のため特別クラスを拡大することや、親が海外滞在中でも子どもたちが宿泊できる施設を提供できる私立高校の設立、9月入学の認可、大学による帰国生徒受入れ制度の確立などが勧告された。

　この勧告に応える形で、1978年に国際基督教大学高等学校、1979年に暁星国際高等学校、1980年に同志社国際高等学校が国からの補助金を受けて創設される。1979年には、国際的研究都市つくばに住む子どもたちの教育、帰国子女の受入れ校として、茗溪学園も設立された。また、大学においても、筑波大学を皮切りに1982年には京都大学、1984年には東京大学も帰国生徒受入れのための特別入試をスタートさせた。これらの特別枠を持つ大学は1984年には43校であったが、1986年には100校を超え、日本の大学に入学した帰国生のうち90％はこうした特別枠での合格であった（文部省, 1988）。

　このように、国としての最初の受入れ校の設置から1980年代までの約20年間で、全ての学校段階において帰国生受入れの体制が整備された。受入れの現状については、続く第2節第2項において詳しく述べる。

第2節　日本における帰国生教育の現状

1　帰国生の人数の推移

　日本への帰国児童生徒数の推移を【図3-1】に示す。1977年には帰国生の数は5,759名に過ぎなかったが、1992年には13,219名にまで増加し、2000年代に

第3章　異文化間を移動する子どもたち〈2〉

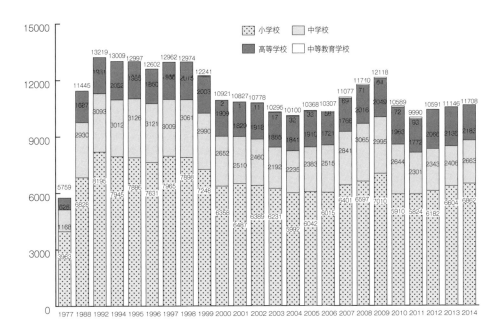

【図3-1】帰国児童生徒数の推移1977-2014（文部科学省「学校基本調査」を基に筆者作成）

は10,000名から12,000名程度で微増減を繰り返し、2009年の12,118名を二つ目のピークに再び減少に転じている。学校段階別にみると、1990年代は7,000名台後半で推移していた小学校段階の児童数が、2010年代に入って5,000名台に減少していることが特徴的であろう。また、2000年からは中学校と高等学校の一貫教育である「中等教育学校」が各地で設立され、帰国生の受入れの一端を担うようになり、その在籍者数も2011年で100名近くまで増えてきた。

　前章【図2-2】でみたとおり、海外の子ども（義務教育段階）の数は、40年間で約6,000名から60,000名へと約10倍に増加している一方、帰国生の数は1977年から2011年で約2倍にとどまっている。これは、海外の子どもの統計上の人数には、永住家庭の子ども、すなわち帰国しない子どもの数も含まれており（内訳は非公開）、その増加率がそのまま帰国児童生徒数に反映されないことが一因である。加えて、近年の少子化および晩婚化傾向で子ども自体の数が

55

第1部　帰国生をめぐる動向と現状

減っていること、海外勤務社員の年齢が上がっていること、単身赴任家庭の増加によって子どもを伴わないケースが増えていること、逆に若い世代の赴任者に伴う就学前段階の子どもがデータに表れていないことなどが、要因として考えられるだろう。

また、【図3-2】に示すように、1971（昭和46）年に全人口の24％を占めた子どもの割合が、2008（平成20）年には13％にまで低下していることから、海外に長期滞在する日本人家庭でも少子化が進んでいることも推察される。

このほか、帰国生数の減少の要因としては、海外派遣勤務者の在外期間の長期化や、子どもを帯同しない赴任や単身赴任の増加、さらには就学前の子どもの人数の増加なども考えられる。以下、順に、これらの変化とその要因についてみていこう。

（1）海外派遣勤務者の在外期間の長期化

独立行政法人労働政策研究・研修機構による「第7回海外派遣勤務者の職業

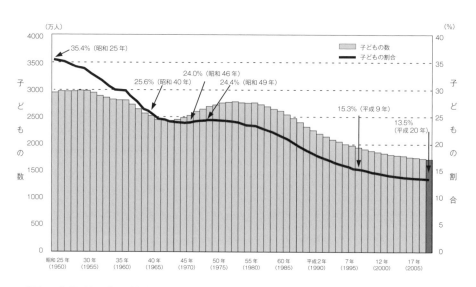

【図3-2】子どもの数及び総人口に占める割合の推移
出典：昭和25年から平成17年までの5年ごとは国勢調査人口（年齢不詳をあん分した人口）、
　　　その他は推計人口　　注）平成19年及び20年は4月1日現在、その他は10月1日現在

第3章　異文化間を移動する子どもたち〈2〉

と生活に関する調査結果」(2008)によれば、海外派遣勤務者の通算海外勤務年数の推移については、【図3-3】に示すように、明らかな長期化傾向がみて取れる。この調査は海外派遣勤務者4,242名に対して行ったもので有効回答は1,565名分のみであり、回答者の年齢にも偏りがあることから、これを以って全ての海外長期滞在者の傾向を表すものではない。しかしながら、【表3-1】に示す文部科学省の調査結果からも、さらに遡った1982年から1999年で明確な長期化が示されていることから、この30年間で、海外に長期滞在する子どもも増加傾向にあることが推測されよう。こうした滞在の長期化により、在外時は義務教育段階にあっても、帰国時はすでに高校生以上になるケースも多いことが考えられる。

(2)　子どもを帯同しない赴任や単身赴任の増加

　もう一つの理由として考えられるのは、子どもを帯同しない赴任や、単身赴任の増加である。前述の労働政策研究・研修機構の調査によれば、現地での家族状況について、「全員帯同」が49.7％、「一部帯同」が10.3％、「単身赴任」が34.2％、「独身」4.5％となっている。勤務地域別にみてみると、北米、ヨーロッパ、アフリカ、オセアニアでは「全員帯同」が高く、それぞれ68.5％、67.2％、72.0％、54.9％、「単身赴任」はそれぞれ15.0％、17.2％、12.0％、19.6％と2割を切って低くなっている。これに対して、アジア地域では「単身赴任」の割合が「全員帯同」よりも高く、中国では「全員帯同」が31.0％であるのに対し「単身赴任」が50.1％と半数を占め、アジア全域でも「全員帯同」が36.8％であるのに対し、「単身赴任」が47.2％となっており、勤務地域により、家族を帯同する割合に大きな差異がみられることがわかる。先にみたように、近年急激にアジア地域への赴任が増えていることから、これに伴い単身赴任家庭も増加し

【表3-1】海外赴任期間の推移

赴任期間	1982年	1999年
短期（3年以下）	35％	12％
中期（3年超7年以下）	57％	59％
長期（7年超）	8％	29％

(出典：文部科学省 第2回初等中等教育における国際教育推進検討会資料)

57

第1部 帰国生をめぐる動向と現状

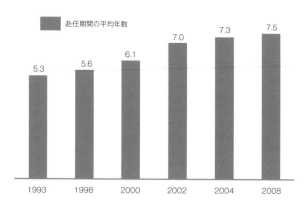

【図3-3】海外派遣勤務者の赴任期間平均の推移
(独立行政法人 労働政策研究・研修機構(2008)を基に筆者作成)

【表3-2】海外赴任者の家族の地域別帯同状況(2008)

	全員帯同	一部帯同	単身赴任	独身
全　体	49.7%	10.3%	34.2%	4.5%
北　米	68.5%	11.7%	15.0%	4.0%
ヨーロッパ	67.2%	11.9%	17.2%	3.3%
アフリカ	72.0%	16.0%	12.0%	0.0%
オセアニア	54.9%	25.5%	19.6%	0.0%
アジア全域 (うち中国)	36.8% (31.0%)	8.5% (7.7%)	47.2% (50.1%)	5.6% (8.2%)

(労働政策研究・研修機構(2008)を基に筆者作成)

第3章　異文化間を移動する子どもたち〈2〉

【表3-3】海外赴任者の家族の年齢階層別帯同状況（2008）

	全員帯同	一部帯同	単身赴任	独身
20歳代	52.6%	0.0%	0.0%	42.1%
30-34歳	74.8%	0.9%	9.6%	14.8%
35-39歳	79.9%	1.2%	11.5%	7.4%
40-44歳	76.1%	1.3%	17.2%	3.6%
45-49歳	43.8%	13.7%	38.6%	2.3%
50-54歳	23.4%	18.1%	56.0%	2.0%
55歳以上	17.7%	21.0%	58.1%	1.3%

（労働政策研究・研修機構（2008）を基に筆者作成）

ていることがうかがわれる【表3-2】。

　さらに【表3-3】に示す年齢階層別では、20歳代は「全員帯同」が52.6％、「独身」が42.1％と二極に分かれている。30～44歳では「全員帯同」の割合が4分の3に達し、非常に高い。しかし、その後「全員帯同」は急激に減少し、45～49歳では43.8％となっている。他方、「単身赴任」の割合は年齢の上昇とともに増加している。45～49歳では、「単身赴任」が38.6％に増え、そして、「一部帯同」も13.7％と増加している。

　この傾向は50歳代になるとさらに顕著になり、「全員帯同」は50～54歳で23.4％、55歳以上になると17.7％にまで減少する。他方で「単身赴任」が50～54歳で56.0％と半数を超え、55歳以上になると58.1％にのぼる。「一部帯同」も50歳代になると増加傾向を示し、50～54歳で18.1％、55歳以上では21.0％

59

と2割を占めている。年齢によって異なる子どもの成長や家庭の事情により、帯同状況が変化しているものと推察される。

家族を全員帯同または一部帯同している派遣者に対し、帯同している家族は誰なのかを聞いた結果、配偶者が98.8％、子ども全員（成人を含む）が62.9％、一部の子どもが5.6％であった。帯同する子どもについては赴任者の年齢別の違いが見られ、20歳代では子どもがいない者が多いこともあり「子ども帯同」の割合が低く、30歳〜40歳代においては「子ども全員帯同」の比率が7割から8割と高くなり、50歳代では「一部の子どもの帯同」が2割程度に増えてくる。すなわち、子どもが小さいときは全員帯同しても、高校生・大学生以上となると、一部の子どもと配偶者、あるいは配偶者だけと海外赴任するということになるという傾向がうかがえる。また一方で、【図3−4】に示すように、海外赴任者の平均年齢は上昇しており、単身赴任や一部帯同の割合の多い年齢層の派遣者が増えていることも、帰国生の数の減少の遠因と考えられるだろう。

増加傾向にある「単身赴任」の理由を見てみると、多い順から、①「子どもが受験期にあるため」32.5％　②「家族が海外での生活を希望しないため」28.2％　③「親等の介護や同居のため」25.2％という結果であった。子どもの教育問題が最大の理由となっていることが特徴的であり、「現地に子どもを

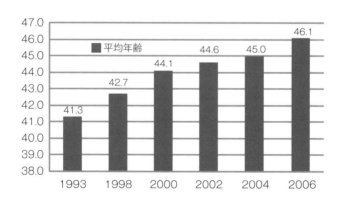

【図3−4】　海外派遣勤務者の平均年齢の推移
（独立行政法人労働政策研究・研修機構（2008）に基づき筆者作成）

通わせたい学校がないため」も17.9％と第4位に挙がっている。また、同じ17.9％で「配偶者の仕事のため」も第4位となっている。

　勤務地域別に見てみても、子どもの教育問題が大きな要因となっていることに変わりはないが、アジア地域、特に中国では「家族が海外での生活を希望しないため」が37.2％で理由の第1位になっている。一方、中南米では、「治安面での不安があるため」という理由が25.0％で、地域の状況を反映している。年齢階層別に見てみると、「子どもが受験期にあるため」という理由が40歳から54歳で高く、特に45〜49歳では57.6％と際立って高くなっている。また、「親等の介護や同居のため」という理由は、年齢とともに上昇し、55歳以上では37.2％と最も高くなっている。さらに、30歳代においては、「配偶者の仕事のため」という理由が高く、30〜34歳では45.5％、35〜39歳で32.1％となっており、この年代では「単身赴任」の最大の理由となっている。

(3)　就学前の子どもの人数の増加とその要因

　外務省の海外在留邦人数調査統計や、文部科学省の学校基本調査には、学齢期にある子ども数は示されているものの、未就学児（乳幼児期の子ども）数についての詳しい統計は管見の限り見当たらない。文部科学省の調査によれば、学齢に達しない3〜5歳の子どもの海外在留者数は2000年に11,789名であったのが2004年では19,052名と、7,000名以上増加している【図3-5】（文部科学省, 2004）。これらの人数は【図2-1】〜【図2-3】で示した、いわゆる海外の子どもの人数には入っていない。幼稚園在籍者やより小さい子どもを加えれば、海外に滞在する0歳〜18歳の子どもの数は、10万名を超えると考えられている。

　先に示した労働政策研究・研修機構の調査対象者では、海外派遣勤務者の平均年齢の上昇が示されたが、一方でアジア地域をはじめとして若い世代での赴任も多くなっていること、また、少子化や晩婚化の影響で、赴任者自身の年齢が高くても子どもが学齢に達しないケースも増えていると考えられ、統計上の数字に表れていない子どもが増加していることが推測される。

第1部　帰国生をめぐる動向と現状

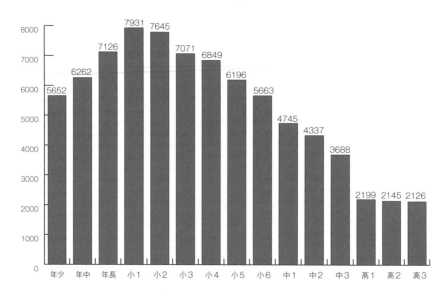

【図3-5】海外の子どもの学齢別人数（2004年）
（出典：文部科学省「第2回初等中等教育における国際教育推進検討会資料」）

2　帰国生受入れ校の現状

(1)　帰国生受入れの三形態

海外子女教育振興財団（2012a）によれば、2012年現在、何らかの形で帰国生受入れを行っている学校数は、小学校90校、中学校239校、中等教育学校11校、高等学校416校、大学・短期大学395校、その他9校である。

帰国生受入れには主に以下の三つの形態がある。

① 「帰国生クラス」「国際学級」：帰国生のみを集めたクラスへの受入れ
② 「一般混入」：一般児童生徒と同じクラスへの受入れ
③ 「段階的混入」：最初は帰国生クラスへ受け入れられ、翌年から一般クラスへ混入する（お茶の水女子大学附属、東京学芸大学附属大泉など）

①と③は国・私立校、②は全ての公立校と一部の国・私立校でみられる形態である。

62

第3章　異文化間を移動する子どもたち〈2〉

　公立校での帰国生受入れに際し、前述の文部科学省による「帰国・外国人児
童生徒受入促進事業」により定められた全国47 の指定地域においては、セン
ター校・モデル校を設けて帰国生受入れに取り組んでいるが、指定地域外では
帰国生に対する特別な配慮はない。ただし、文部科学省による予算が打ち切られ、
加配の教員がつかなくなった学校でも、東京・中野第三中学校のように、区の
指定を取り付けて予算を捻出している学校もある。

　各学校段階について、2008年時点での特色をみてみよう。中学校段階にお
いては、帰国生2,514名の 63.0% が公立学校に在籍しており、帰国生クラスが
設置されている国立校に受け入れられている帰国生は全体の 5.5% に過ぎない。
最も帰国生の多い東京都において、国や地域の帰国生受入れ重点校や支援校と
なっている公立中学校は 3 校に過ぎず、中野第三中学校をはじめ各30〜70名程
度の受入れである。帰国生の約 6 割は帰国生に対する特別な配慮のない一般混
入形態で受け入れられているのが現状である。

　一方、小学校段階においては、帰国生6,015名中、国立校在籍者126名（2.1%）・
公立校在籍者5,631名（93.6%）・私立校在籍者258名（4.3%）であった。 9 割を
超える帰国生が公立校に受け入れられているが、小学校の場合、公立校でも
50名以上の大人数の帰国生を受け入れている学校が 6 校あり、中学校に比べて
私立校での受入れが整っていない分、公立校の果たす役割が大きいといえる。
高等学校では、帰国生1,723名中、国立在籍者119名（6.9%）・公立在籍者555名
（32.2%）・私立在籍者1,049名（60.9%）となっており、小・中学校段階に比べて
私立校での受入れが充実していることがわかる。これは、先に述べたように、
帰国生受入れを目的として設立された私立高校が複数存在することが大きな理
由となっている。

(2)　帰国生受入れ校の数の変化

　稲田（2010a）は、小学校・中学校段階の帰国生受入れ校の数の変化について、
1989年、1999年、2009年発行の海外子女教育振興財団発行の学校便覧を基に分
析した。その結果、受入れ校として掲載されている小学校数は、120校、90校、
72校と減少傾向にあるのに対し、掲載中学校数は、130校、174校、219校と大
幅に増加している。いずれの学校段階においても、国公立校の受入れ校が減少

第1部　帰国生をめぐる動向と現状

し、私立校の数が増えているのが特徴的であり、受入れの多様化がうかがわれる。なお、2009年度からは、新たに中等教育学校（中学校及び高等学校段階に相当）が加わった。

2009年版掲載校について、在籍者数をみると、小学校では全70校のうち100名以上が1校、50～99名8校、10～49名25校、5～9名16校、0～4名20校、中学校全208校のうち、150名以上が3校あり、次いで100～149名が6校、50～99名19校、10～49名58校、5～9名27校、0～4名95校となっており、いずれも帰国生在籍者数が10名以下の学校が約半数を占めていた。中等教育学校では、全4校のうち50～99名が1校、10～49名が2校、0～4名が1校という結果であった。

2009年度における在籍者40名以上の多数校の特徴をみると、小学校12校では公立7校、私立4校、国立1校であり、公立校が帰国生受入れに大きな役割を果たしていることがわかる。この12校中10校は、1989年・1999年・2009年の三つの年度にわたっての掲載校であり、帰国生受入れの研究指定が盛んであった時期から受入れが行われている実績のある学校といえる。

一方、中学校においては、帰国生徒数100名以上の9校の全てが私立校であり、

【表3-4】小・中学校段階別受入れ校数の推移（出典：稲田，2010a）

		1989年度版掲載校		1999年度版掲載校		2009年度版掲載校	
		校数	%	校数	%	校数	%
小学校	国立	7	6	8	9	8	11
	公立	104	87	65	72	23	32
	私立	9	8	17	19	41	57
	合計	120	100	90	100	72	100
中学校	国立	11	8	11	6	9	4
	公立	55	42	32	24	15	7
	私立	64	49	131	75	195	89
	合計	130	100	174	100	219	100
中等教育学校	国立	—	—	—	—	2	25
	公立	—	—	—	—	2	25
	私立	—	—	—	—	4	30
	合計	—	—	—	—	8	100

第3章　異文化間を移動する子どもたち〈2〉

いずれも早い時期から帰国生の受入れを行っている学校が多い。これら9校には、帰国生のためのクラス・国際学級を持つ学校や、レベル別クラス編成や留学制度など英語や国際性を重点にした指導体制を持つ学校が多く、帰国生を受容・配慮する条件や学校全体としての環境があることが特徴として挙げられる。また、帰国児童生徒数の多さそれ自体が、多数の帰国生応募者を引き付ける要因になっていることも指摘されている（稲田, 2010b）。

さらに稲田（2010b）では、同じく海外子女教育振興財団発行の学校便覧に掲載されている帰国生受入れ高等学校の掲載数の推移についても分析を行った【表3-5】。ここでは、便覧の分類に従って、受入れ校を以下の形態に分けてその校数の推移が示されている。

　AⅠ群　帰国子女受入れを主たる目的として設置された高等学校
　AⅡ群　帰国子女受入れ枠を設けている高等学校ならびに特別な受入れ体制
　　　　　を持つ高等学校
　B群　　帰国子女の受入れに際し特別な配慮をする主に私立の高等学校

このうち、AⅠ群に属する5校は全て帰国生在籍数が100名を超える集中校であり、全校生徒に占める帰国生の比率はいずれも5割以上であった。

AⅡ群143校のうちでは、帰国生在籍150名以上3校、100〜149名7校、50〜99名15校、10〜49名41校、1〜9名58校、0名17校であり、公立校には在籍者少数校が多く見られた。

B群では、帰国生在籍50名以上の学校が5校（うち、156名1校、91名1校）、10〜49名が25校、1〜9名が86校、0名が32校であった。この群では、国立1校を除く全校が私立校であり、全国に分布しているが、在籍者多数校は大都市部に集中している(稲田, 2010b)。このように、高校段階では小中学校と異なり、

【表3-5】高等学校段階受入れ校数の推移（出典：稲田，2010b)

	1989年度版掲載校		1999年度版掲載校		2009年度版掲載校	
	校数	%	校数	%	校数	%
AⅠ群	4	2	5	2	5	2
AⅡ群	108	54	146	53	143	46
B群	87	44	126	45	160	52
合計	199	100	277	100	308	100

第1部　帰国生をめぐる動向と現状

帰国生が全校生徒の半数以上を占める「帰国子女受入れを主たる目的として設置された高等学校」の存在が注目に値する。

(3)　受入れ校の指導・教育方針

　帰国生受入れ校の中で、特に私立校においては、海外生活で獲得した語学力などの維持・伸長を目的とした学校、帰国生の語学力などを活かして帰国枠受験で大学進学率の上昇を目指す学校、日本語力が不十分で日本の学校での学習に不安がある生徒への補習を主眼とする学校など、帰国生のニーズにあわせた学校選択が可能である一方で、「受入れ校」を謳いながらも、帰国生受入れに特別な配慮のない学校もある。学校の特徴として「国際化」を打ち出す私立校が増加したことから、帰国生の受入れに熱心な学校も多くなっているが、この場合、特に英語力の高い帰国生を積極的に獲得しようとする傾向がみられる。【表3-6】は、同じく海外子女教育振興財団発行の学校便覧による「受入れ後の指導・教育方針・特色」の掲載内容について、実施している校数とその割合を、三つの年代別にまとめたものである（稲田, 2010a）。

　これによると、小・中学校ともに年代を追って顕著に増加しているのは「①英語指導」であり、2009年度版では小中学校とも 40%程度の学校で取り組まれている。ほかには「⑫一般生との交流・相互啓発」「⑪国際性の重視」も増加している。逆に年代とともに減少しているのは、「⑥面談、カウンセリング」「⑦アンケート・実態調査」「⑩国際理解教育」「⑬特性の伸長・保護」である。特に「アンケート・実態調査」を行っている学校は、小中学校ともに 2009年の段階ではゼロとなっており、過去20年間では行われていた帰国生の実態調査やアンケートが全く行われていないことが明らかになった。なお、「③一般生と同じ・混入方式での指導」は過去20年間で減少傾向にあるものの、帰国生に対する何らかの配慮をすると答えた学校でも「特別扱いはしないが、必要があれば補習を行う」という程度の記載にとどまる学校も多く、具体的にどの程度のサポートが行われているのかは、この項目だけでは明確とは言い難い。

　以上の結果から、この20年間における帰国生受入れ後の指導や教育方針等の変化として、帰国生に対する個別の実態を把握するための活動や、国際理解教育、特性の保持・伸長から、英語指導や国際性重視へとその重点が移ってき

第3章　異文化間を移動する子どもたち〈2〉

ていることがわかる。また、小中学校いずれにおいても、「帰国生受入れ」の枠を持つ学校のうち約半数では、一般生と同じ扱いで帰国生を受け入れていることが示された。

【表3-6】「受入れ後の指導・教育方針・特色」の掲載内容（出典：稲田，2010a）

内容		小学校			中学校			中等教育学校
		1989年版	1999年版	2009年版	1989年版	1999年版	2009年版	2009年版
①英語指導	数	23	29	29	28	56	92	3
	%	19%	32%	40%	22%	32%	42%	38%
②日本語指導・国語教育	数	28	31	20	19	24	16	1
	%	23%	34%	28%	15%	14%	7%	7%
③一般生と同・混入方式	数	71	53	27	77	93	103	3
	%	59%	59%	38%	59%	53%	47%	47%
④補習・個別指導	数	78	72	40	70	115	122	5
	%	65%	80%	56%	54%	66%	56%	56%
⑤取り出し授業	数	31	27	19	9	17	20	1
	%	26%	30%	26%	7%	10%	9%	9%
⑥面談、カウンセリング	数	33	32	9	37	34	18	0
	%	28%	36%	13%	28%	20%	8%	0%
⑦アンケート・実態調査	数	19	3	0	11	5	1	0
	%	16%	3%	0%	8%	3%	0%	0%
⑧生活指導・生活面の適応指導	数	13	23	10	18	17	9	0
	%	11%	26%	14%	14%	10%	4%	0%
⑨家庭との連絡・連携	数	10	9	8	8	6	5	0
	%	8%	10%	11%	6%	3%	2%	0%
⑩国際理解教育	数	65	51	11	23	22	15	0
	%	54%	57%	15%	18%	13%	7%	0%
⑪国際性の重視	数	9	4	10	7	16	43	4
	%	8%	13%	14%	5%	9%	15%	15%
⑫一般生との交流・相互啓発	数	11	7	12	4	16	21	2
	%	9%	8%	17%	3%	9%	10%	10%
⑬特性の伸長・保護	数	28	16	10	19	23	16	1
	%	23%	18%	14%	15%	13%	7%	7%
⑭寮の設置・寮での指導	数	0	0	0	2	7	7	1
	%	0%	0%	0%	2%	4%	3%	3%
掲載校数	数	120	90	72	130	174	219	8
	%	100%	100%	100%	100%	100%	100%	100%

第1部　帰国生をめぐる動向と現状

第3節　帰国生教育をめぐる状況の変遷

1　帰国生を取り巻く社会的環境の変化

　日本における帰国生に対する特別な教育的配慮が意識され始めたのは1960年代に入ってからである。ここで、1960年以降今日に至るまでの帰国生教育をめぐる国の政策や社会的背景について概観しておきたい。

　1965年、国立大学附属学校に帰国子女教育学級等が設置されたのを皮切りに、1967年には帰国子女教育研究協力校等が指定され、公・私立学校における受入れ体制の充実が図られた（江淵, 1988; 佐藤他, 1991）。1970年代に入ると、日本企業の急速な海外進出に伴い家族を帯同する海外赴任が一般化し、帰国生教育は「新しい教育問題」として注目を集めるようになった。帰国生は特別な配慮が必要な「救済の対象」として認識され、海外子女・帰国子女教育の振興を図るため、1971年には海外子女教育振興財団が設立された。1976年には「海外子女教育推進の基本的施策に関する研究協議会」が発足、1983年には全国各地に帰国子女教育受入推進地域が指定され、以降、増加を続ける帰国生の受入れに取り組んできた（佐藤, 1995; 小島, 1997）。帰国生に対するいじめや不適応の問題が社会問題として大きく取り上げられ、「適応」の問題を中心とした帰国生教育に関する研究が数多くなされたのもこの時期である。1990年代に入ると帰国生の問題が大きく取り上げられることは少なくなり、国の施策として帰国生と一般生との相互交流による国際理解教育・共生教育が志向されるようになった。小島（1997）は以上の流れを、草創期・拡張期・充実期・安定期の4段階に分類している。

　さらに、2000年代に入ると、帰国生教育をめぐる環境は大きく変化する。2001年には20年近く続いてきた帰国子女教育受入れ推進地域に関する指定が全て解除され、帰国子女教育に外国人児童生徒教育や国際理解教育を加えて「帰国・外国人児童生徒とともに進める教育の国際化推進地域事業」として発展的に統合された。さらに2006年度に文部科学省により実施された「帰国・外国人児童生徒教育支援体制モデル事業」は、2007年度には「帰国・外国人児童生

第3章　異文化間を移動する子どもたち〈2〉

徒受入促進事業」として引き継がれ、公立学校における帰国・外国人児童生徒
の受入れ体制の包括的な整備を行うことを目指している。帰国生教育はすでに
外国人児童生徒教育と一括りのものとして認識されているのである。これら
の事業において、帰国生教育については「海外における学習・生活体験を尊重
した教育を推進するために、帰国児童生徒の特性の伸長・活用を図るとともに、
その他の児童生徒との相互啓発を通じた国際理解教育を促進するような取組が
必要」との認識が示されているが、実際の現場での教育でこのような取り組み
がなされているのかどうかは明らかではないのが現状である。こうした状況の
もと、「帰国生問題はもう終わった」というのが研究者間でも暗黙の了解にさ
えなりつつある。

　こうした変化がもたらされた要因の一つは1990年の入国管理法の改正であ
る。これを機に南米などの日系人の日本定住が広く認められるようになったた
め、学校教育の現場は帰国生教育よりも緊急度の高い在日外国人児童生徒の教
育にシフトすることとなった。これについては、次の第3節の2において詳し
く述べる。

　2点目として、日本経済の悪化による海外、特に北米からの企業撤退が
相次ぎ、新たに帰国する生徒数が年々減少したことが挙げられる。3点目は、
Goodman による『帰国子女―新しい特権層の出現―』(1992) の邦訳が出たこ
とに端を発する、「帰国子女エリート論」の出現である。かつて「救済の対象」
とみなされた帰国生は、実は恵まれた特権階級であり、特に大学における帰国
生受入れ枠はエリート養成のためのシステムに過ぎないと指摘したのである。
Goodman はさらに、帰国生の親たちは社会的な影響力の強い集団であり、在
外児童生徒や帰国子女についての多数派の見解が生まれたのは「一つの社会問
題についての意識を創り出し、その問題に対して働きかけるよう日本政府に圧
力をかけてきた権威と権力を持った集団が存在した結果」と指摘した。その結
果、帰国子女は、日本の学校の子どもたちの中で、特殊なエリート集団と化し
たというのである。

　しかしながら、Goodman による研究から20年以上を経た今日、日本経済の
悪化に伴う大企業の撤退、中堅中小企業の海外進出の増加により、普通の家庭
が海外へ赴任するケースが増大し、帰国生がいわゆるエリート層に限られた時

第1部　帰国生をめぐる動向と現状

代も過去のものとなった。先にも述べたように、赴任先もかつてのような欧米中心から、中国や東南アジアなどへの駐在が増加し、在外年数の長期化・赴任者に帯同する家族の低年齢化などによる新たな問題も発生している。また、インターネットの普及による日本社会のグローバル化に加えて、地域によっては塾などの日本語環境の整備に伴い、常に日本への帰国や帰国枠受験を意識して外国生活を送るケースも多い。帰国生を取り巻く国内外の環境は激変し、帰国生教育に求められるものも刻々と変化しているのである。

2　在日外国人児童生徒の増加

　1990年の「出入国管理及び難民認定法」（以下「入管法」という）の改正、翌1991年の施行以来、日本に暮らす外国籍者の状況は大きく変化し、この20年間で約2倍に増加した。平成23（2011）年における外国人登録者数は約2,078,480名で、日本国在住者の約1.63%、190カ国の国籍に達している。国籍別にみると、中国（674,871名）、韓国・朝鮮（545,397名）、ブラジル（210,032名）、フィリピン（209,373名）、ペルー（52,842名）、アメリカ合衆国（49,815名）などとなっている（法務省, 2012）。

　これに伴い、外国人児童生徒数も増加している。文部科学省「学校基本調査」によれば、平成24年5月1日現在、公立の小学校、中学校、高等学校、中等教育学校及び特別支援学校に在籍する外国人児童生徒数は71,545名である。このうち、日本語指導が必要な外国人児童生徒は27,013名で、前回調査より1,498名減少したものの、高い数字を保っている。日本語指導が必要な外国人児童生徒の都道府県別在籍状況をみると、愛知県が最も多く5,878名、次いで神奈川県2,863名、静岡県2,488名、東京都1,980名、埼玉県1,188名、千葉県950名と、東海地方と首都圏で半数を占めている。

　これに加えて、「日本語指導が必要な日本国籍の児童生徒」の存在も忘れてはならない。ここには帰国児童生徒も含まれるが、ほかに日本国籍を含む重国籍の場合や、保護者の国際結婚により家庭内言語が日本語以外の場合などがあり、6,171名に上っている。このうち海外からの帰国児童生徒は1,509名であり、22年度の2,093名に比べて、13.6ポイント減少した。すなわち、現在の学校教育現場で日本語指導を必要とする33,184名のうち、帰国生は1,509名、わずか4.5%

70

第3章　異文化間を移動する子どもたち〈2〉

を占めるに過ぎない。なお、ここでいう帰国児童生徒の中には、前章で述べたような国際結婚家庭の子どもで、生まれて初めて日本へ「来る」者も含まれており、本論文で扱う、親の長期海外赴任に伴って移動する子どもの概念とは異なっている。その境界は統計上明確ではないが、本論文の定義による帰国生で日本語指導が必要な者は、この4.5％のうちのわずかな人数であると考えられる。

3　グローバル社会における帰国生への期待

　今日の急速なグローバリゼーションの流れの中で、帰国生に対する社会からの期待も変化を見せ始めている。社内公用語を英語にする企業の出現は耳目に新しいが、海外からの留学生を積極的に採用するなどの企業なども増加し、帰国生についても、「海外生活を通して獲得した資質や能力を活かしてグローバルに活躍する人材」として新たな注目を集めるようになった。経済団体連合会による意見書「グローバル化時代の人材育成について」(2000) においても、「豊かな海外経験を持つ帰国生は、わが国と海外とのネットワーク強化に貢献する貴重な人材」とする見解が示されている。

　文部科学省は、2005年に発表した「初等中等教育における国際教育推進検討会報告—国際社会を生きる人材を育成するために—」において、「3．海外子女教育の成果の活用と変化への対応」として、海外での教育を日本国内教育に活かすとともに、時代の変化や実態をふまえた海外子女教育・帰国児童生徒教育や、特性に配慮した帰国児童生徒教育の充実の必要性について言及している。この中で、帰国児童生徒に対する指導については、「その受入れを円滑に進めることと、海外での経験を通して育まれた特性をさらに伸ばすことの双方に配慮しつつ進めていかなければならない」と述べられている。さらに、帰国児童生徒が伸びやかに学校生活を送り、その特性を効果的に保持・伸長できるよう、各教育委員会等がその実情に応じて取り組むことが必要であるとし、例えば、帰国児童生徒の個に応じた指導の在り方に関する調査研究の成果をふまえ、帰国児童生徒の受入れに特色を置く学校の設置や、帰国児童生徒の培った特性、例えば語学力や積極性等の伸長に重点を置いた指導体制の充実などの工夫が考えられる、と提言した。

　また、経済産業省は、2008年より人材の国際化を目指し、日本企業における

71

第1部　帰国生をめぐる動向と現状

具体的な取組を後押しするために「日本企業が人材の国際化に対応している度合いを測る指標」として「国際化指標」の策定に向けた検討を開始した。

　こうした流れを受けて、グローバル人材として帰国生を採用する企業も大幅に増加している。日本在外企業協会は、1999年から「海外・帰国子女教育に関するアンケート」調査を隔年実施しており、2011年には会員企業237社中127社からの回答を得た。このうち、従業員の中に帰国子女が「いる」と答えた企業は54％あり、帰国子女の積極的採用については「したい」が20社（16％）、「したくない」が2社（2％）、「どちらでもない」が99社（82％）であり、採用を希望する会社は前回の7％から大きく増加した。積極的に採用したい理由としては「ビジネスのグローバル化に伴い、特に語学面で能力の高い人材を求めている」「異文化を理解し海外での適応能力の高さを評価する」などが挙げられた。また、平野（2011）は、帰国生をグローバル社会のキーパーソンととらえ、彼らこそ、グローバル社会で企業が求める人材となり得る可能性であると述べた。さらに、海外子女教育振興財団理事長の中村は、「グローバル人材となるポテンシャルを秘めた存在である海外子女・帰国子女についてあまり注目されてないのは、非常にもったいないことである」と述べ、国際化を軸に教育を変えていく必要について論じている（中村, 2011）。また、佐藤らによる「帰国児童・生徒教育に関する総合的な調査研究報告書」（海外子女教育振興財団, 2012）においても、家庭や学校、企業による「帰国生サポート」の必要性がクローズアップされている。

　このような社会的情勢の変化の中で、帰国生のどのような特性をどう活かすのか、それらの特性に影響する要因は何か、という問題が浮かび上がってくる。この点を明らかにすることは、さらなるグローバル化に向かう日本社会における喫緊の課題の一つであると考えられる。そして、それはあくまでも帰国生自身が、彼らが獲得した特性を自覚し、活かすことが前提とされなければならない。先に述べたように、帰国児童生徒の最近の傾向として、海外滞在期間の長期化、現地校のみに通った子どもの増加、幼少期からの海外渡航などの理由で、日本語指導や日本の学校生活への適応に一層の配慮を要する子どもが増えている。「グローバル人材」として帰国生をとらえるのみならず、彼ら一人一人の実態をふまえた指導の充実が求められるところである。

第3章　異文化間を移動する子どもたち〈2〉

＊＊＊＊＊＊＊＊＊＊＊＊＊＊＊＊＊＊＊＊＊＊＊＊＊＊＊＊＊＊＊＊

　本章で見てきたように、1960年代から70年代にかけて、帰国生は「救済の対象」であり、日本社会や学校生活への適応を主眼とする教育が施されていた。1990年代に入ると、在日外国人児童生徒の急増や「帰国子女エリート説」などによる影響を受けて、帰国生教育の問題は影が薄くなり、適応に代わって「国際理解教育」「共生教育」が言われるようになった。さらに2000年代には、国の政策上でも在日外国人教育と一括りに扱われるようになり、帰国生独自の問題はさらに見えにくくなってきている。近年のインターネット環境の整備などによりトランスナショナル化が急速に進み、海外にいながら日本の情報をリアルタイムで手にすることができ、日本と同様の生活を送ることが可能であるため、帰国後の適応もかつてほど困難なものではなく、「帰国生教育は終わった」とする見方があるのも理解に難くない。

　そして現在、グローバル人材育成の急速な進展の流れにおいて、帰国生に対して「グローバル人材となるポテンシャルを秘めた存在」としての期待感も見られるようになってきた。50年間の日本社会の変遷により、帰国生の立ち位置は大きく変化してきた。帰国生受入れの場においては、そのポテンシャルを開花させるための教育が求められているといえるだろう。

＊＊＊＊＊＊＊＊＊＊＊＊＊＊＊＊＊＊＊＊＊＊＊＊＊＊＊＊＊＊＊＊

第1部　帰国生をめぐる動向と現状

第4章　帰国生教育研究の動向

本章では、これまでの先行研究による成果を振り返り、今日の帰国生教育研究において何が解明されなければならないのかを明らかにしたい。さらに安定期以降、近年の急速なグローバル化の進展により「グローバル人材としての帰国生」という視点を含む帰国生教育研究の新しい動きについても詳述する。なお、本研究では序および第3章に述べた理由から「帰国生」という呼称を用いているが、本章においては、原文で「帰国子女」とされているものについては、そのままの表現を用いた。

第1節　帰国生教育研究の流れと分類

はじめに、1960年以降の帰国生研究の流れについて概観する。

前章でも述べたとおり、日本における帰国生に対する特別な教育的配慮が意識され始めたのは1960年代に入ってからである。1970年代には帰国生は主に救済の対象として認識され、「新しい教育問題」の登場として注目を集めるようになった。1980年代前半に入ると、「適応」の問題を中心に本格的な研究がなされるようになり、後半には帰国生の特性の保持・伸長を念頭においた多様な研究が展開された。さらに1990年代以降は一般生との相互交流による国際理解教育・共生教育が志向されるようになった。小島（1997）は以上の流れを、草創期・拡張期・充実期・安定期の4段階に分類している。

1991年にまとめられた、佐藤・中西他による「海外子女教育史」の資料編第Ⅳ章では、それまでの帰国生教育に関する研究を、①適応に関する研究、②異文化体験と人格形成に関する研究、③国際理解教育・現地理解教育に関する研

74

究、④言語とコミュニケーションに関する研究、⑤精神衛生と精神医学に関する研究、⑥海外子女と日本文化・社会の環境的特質に関する研究、⑦教育施設における教育活動に関する研究、⑧海外子女に関する総合的な実態調査、⑨その他の研究、という、九つのジャンルに分類してレビューを行った。①～③は、上に述べた帰国生を取り巻く日本の社会的環境の変化を考慮した分類であるが、④～⑨は、帰国生教育の学際性に依拠するものである。佐藤（1996）により指摘されているように、海外・帰国生教育研究はそのレベルや視点が多様であるため、心理学・社会学・教育学・文化人類学・言語学・精神医学など、様々な立場からの学際的な研究が展開されてきた。

　この間、1981年に設立された「異文化間教育学会」は、その趣旨として「特に海外・帰国子女教育や国際教育をはじめとする様々な教育分野における、この問題の研究に関心を寄せる人びとの学際的な研究ネットワークとして、関連する諸問題の学問的研究を促進するとともに、実践分野に貢献することを意図」することを述べている（異文化間教育学会、学会案内より）。1982年時点において、会員170名のうちほぼ三分の一の大学教員が、「帰国子女に特別の研究関心がある」と述べた（Goodman, 1992）のに対し、2013年度の異文化間教育学会大会における約80件（個人口頭、共同、ポスター）の発表のうち、帰国生教育をテーマとした研究は3件に過ぎない。1980年代、帰国生教育の問題がいかに社会の耳目を集めていたかがうかがわれよう。

　1990年代以降は、先にも述べた入管法の改正による在日外国人児童生徒の増加等に伴い、帰国生に対する社会の関心は徐々に失われ、教育現場の焦点は在日外国人児童生徒の教育にシフトした。1980年代に大きく取り上げられた帰国生に対するいじめなどの問題も落ち着きを見せ、新たに帰国する生徒数が年々減少したことや、Goodman（1990, 長島他訳 1992）による「帰国子女エリート論」の出現などもあいまって、2000年代に入ると、「帰国生問題はもう終わった」というのが、研究者間でも暗黙の了解にさえなりつつあった。しかしながら、この時期、従来ほど数は多くないものの、帰国生の動向の変化をふまえた研究がみられるようになった。インターネットの普及等による日本語環境の整備に伴い、現地への親和度がそれほど高くない帰国生も増加し、こうした「帰国生の質の変化」に伴って生じる新しい問題の所在も指摘され、従来の研究結

第１部　帰国生をめぐる動向と現状

果に当てはまらない帰国子女が生み出される可能性が論じられている。

　鹿野（2012）は、海外・帰国子女研究の方法論の志向を探るため、日本人の子どもの海外子女・帰国子女に関する研究論文を、データベースCiNii Articlesを用いて検索し、1960年から2012年の論文それぞれ208編、469編について主題別に分類した。なお、CiNii Articles は、日本の学術論文を中心とした論文情報を提供するサービスであり、学協会刊行物に掲載された論文と、国内の大学等が刊行する研究紀要、国立国会図書館の雑誌記事索引データベースなどを含む論文情報から検索されたものであり、図書は含まれていない。

　この結果、海外子女に関する文献では、①海外子女教育の課題・展望、②海外子女教育の施策、③海外日本人学校実践、④母語と第二言語能力・習得、⑤母語教育、⑥適応・不適応、⑦異文化接触と心理、⑧海外子女生活の実態・動向の計８項目、帰国子女に関する文献では、①帰国子女教育の課題・展望、②帰国子女教育実践・受入れ取組、③国際理解教育、④言語能力・習得・喪失、⑤日本語教育、⑥適応・不適応、⑦異文化接触と心理・態度変容、⑧アイデンティティ、⑨ライフスタイル・キャリア、⑩保健相談・精神衛生の計10項目にわたり、以下に示すような内訳となった。年代ごと各分類の論文本数と、合計に占める割合を、【表4-1】および【表4-2】に示す。

　この結果によれば、海外子女に関する研究論文文献数は、いずれの年代でもその約半数は「海外子女教育の課題・展望」に関するものであり、全体数は1990年代以降減少傾向にある。内訳をみると、1970年代に３件みられた「海外子女教育の施策」についての論文は、それ以降皆無である。「海外子女生活の実態・動向」についても、1980年代および90年代には６件ずつ挙げられているが、2000年代には存在しない。

　また、帰国子女に関する研究論文文献数は、年代を追うごとに増えている。内訳としては、1990年代以降「適応」に関する研究の割合が少なくなり、「保健相談・精神衛生」に関するものは2000年以降皆無である。「帰国子女教育実践・受入れ取組」に関する研究の割合も急激に減少したが、これは、帰国生受入れ指定地域が解消されたことなどにより、指定校による研究が少なくなったことが原因であろう。一方で、「異文化接触と心理・態度変容」や、「帰国生のライフスタイル・キャリア」に関する文献が多くみられるようになった。とりわけ、

2000年代に入ってからの、ライフスタイル・キャリアに関する文献数の増加は顕著である。

　研究論文にはこうした分類が有効である一方、帰国生受入れの現場においては、日本への適応から国際理解教育、特性伸長教育のステップを、一人の帰国生の変容の過程で起こり得る一連のものととらえた実践研究も行われている。尾崎（2011）では、中学校での帰国生徒の特性を伸長する教育デザインを考える際に、第１ステージを「適応教育」、第２ステージを「国際理解教育」、第３ステージを「特性伸長教育」と位置づけ、自分らしさの再発見や夢に向かう進路選択の全体構想を掲げている。

【表4-1】海外子女に関する研究論文数と分類別割合の推移（鹿野，2012を基に作成）

	1970－1979	1980－1989	1990－1999	2000－2011
①海外子女教育の課題・展望	11	24	14	16
	46%	52%	39%	59%
②海外子女教育の施策	3	0	0	0
	13%	0%	0%	0%
③海外日本人校実践	5	14	7	6
	21%	30%	19%	22%
④母語と第二言語能力・習得	0	1	3	3
	0%	3%	8%	11%
⑤母語教育	1	1	2	1
	4%	3%	6%	4%
⑥適応・不適応	3	0	1	1
	13%	0%	3%	4%
⑦異文化接触と心理	0	0	3	0
	0%	0%	8%	0%
⑧海外子女生活の実態・動向	1	6	6	0
	4%	13%	17%	0%
合計	24	46	36	27

第1部　帰国生をめぐる動向と現状

【表4-2】帰国子女に関する研究論文数と分類別割合の推移（鹿野，2012を基に作成）

	1960-1969	1970-1979	1980-1989	1990-1999	2000-2011
①帰国子女教育の課題・展望	1	1	14	29	25
	100%	6%	15%	25%	18%
②帰国子女教育実践・受入れ取組	0	13	31	33	25
	0%	72%	33%	28%	18%
③国際理解教育	0	0	4	0	2
	0%	0%	4%	0%	1%
④言語能力・習得・喪失	0	0	9	16	18
	0%	0%	10%	14%	13%
⑤日本語教育	0	1	3	0	8
	0%	6%	3%	0%	6%
⑥適応・不適応	0	3	12	11	10
	0%	17%	13%	9%	7%
⑦異文化接触と心理・態度変容	0	0	11	7	19
	0%	0%	12%	6%	14%
⑧アイデンティティ	0	0	1	3	5
	0%	0%	1%	3%	4%
⑨ライフスタイル・キャリア	0	0	3	10	24
	0%	0%	3%	9%	18%
⑩保健相談・精神衛生	0	0	5	8	0
	0%	0%	5%	7%	0%
合計	1	18	93	117	136

第2節　海外・帰国生教育研究の三つのレベル

　佐藤（1995; 1996）は、海外・帰国子女教育研究のレベルを、個人・集団（教師・仲間などの社会関係）・構造（教育制度・政策・システムなど）の三つのレベルに分け、また各レベルにおいて三つのアプローチの「視点」があることを見いだした。これらの視点はさらに文化概念にも反映されているとし、異文化間的視点にたった研究および実践の必要性を述べている。これらをまとめたものが【表4-3】である。第1の「単一文化的視点」は一つの文化的基準を基にした適応

モデル、第2の「比較文化的視点」は複数の文化間を比較してそれぞれの特徴を解明する視点、第3の「異文化間的視点」は複数の文化の接触・相互作用に焦点を当て、その結果生ずる葛藤や統合などにアプローチする。単一文化視点では個人のマジョリティ文化への同化・適応が焦点となるのに対し、比較文化的視点では複数の文化の違いが強調される。一方、異文化間的視点においては異なる文化が交差した時の相互作用の結果に焦点が置かれる。こうした視点の相違は、文化概念にも明確に反映しており、単一文化的視点や比較文化的視点では、文化を静態的・固定的にとらえるのに対して、異文化間的視点では文化は動態的であり、相互作用の中で変化するものとしてとらえられる。

　佐藤はこれら三つの視点下での研究モデルについて、構造レベル・集団レベル・個人レベルの三つの水準において各々の研究の視点を示した。異文化間的視点における「構造レベル」では、共生のための教育制度・構造およびカリキュラム計画、「集団レベル」では、教師文化の変容、学校文化・学級文化の葛藤・変容・統合、「個人レベル」では、バイカルチャリズム、アイデンティティの葛藤・統合などが、それぞれの研究モデルとなる。

　先に示した鹿野の分類にみるとおり、従来の先行研究は、表中の「個人レベル」から「集団レベル」にかけての「比較文化的視点」に立つものが多かった。本研究はそれらをふまえながら、受入れ現場における帰国生の生の声を聞くことで彼らの現実世界を把握するとともに学校・学級文化の変容、あるいは家庭におけるサポート体制の在り方に働きかけ、さらには帰国生教育に関する施策に対する示唆を得たいと考えている。表に示された「視点とレベルの枠」を取り払うことにより、従来の先行研究の欠点でもあった現場へのフィードバックの少なさを克服し、より受入れ現場への示唆に富む研究が可能になるであろう。

　次節以降、第3節では「適応」や「特性伸長」を主眼とする単一文化的視点から比較文化的視点にわたる研究について、第4節では帰国生教育を「受入れ側の問題」としてとらえ、帰国生自身の生の声に耳を傾けて彼らの現実世界を把握しようとする「異文化間的視点」に立つ研究について、第5節では近年のグローバル化を背景として「グローバル人材としての帰国生」をまなざす親や企業からの視点を含む帰国生教育研究の新しい動きについて、それぞれ述べていく。

第1部　帰国生をめぐる動向と現状

【表4-3】海外・帰国子女教育研究の視点（佐藤，1996）

		研究の視点		
		1．単一文化的視点	2．比較文化的視点	3．異文化間的視点
海外・帰国子女教育のとらえ方		適応モデル	特性伸長モデル	共生モデル
文化のとらえ方		静態モデル	比較モデル	可変モデル
研究モデル	Ⅰ構造レベル	○同化を強いる構造的特質・制度 ○固定化・画一化した学校文化 ○自文化中心主義	○日本と欧米との教育制度・構造の比較研究 ○海外の就学形態の比較研究	○共生のための教育制度・構造 ○カリキュラム計画（普遍的なカリキュラムへの志向）
	Ⅱ集団レベル	○いじめ ○差別化 ○日本的対人関係やコミュニケーションの特質	○帰国子女の特性 ○教師－生徒関係や生徒同士の関係の比較 ○学校文化の比較	○教師文化の変容 ○学校文化・学級文化の葛藤・変容・統合
	Ⅲ個人レベル	○同化 ○異文化剥がし ○日本語力 ○カルチャーショック	○異文化適応・不適応 ○アイデンティティ（文化的・個人的）の比較	○バイカルチャリズム ○アイデンティティの葛藤・統合など、海外・帰国子女の現実世界の把握
海外・帰国子女教育の実践		○同化教育 ○適応教育	○特性伸長教育 ○外国語保持教育	○相互交流教育 ○国際理解教育 ○二言語教育

第3節　「単一文化的視点」から「比較文化的視点」にわたる先行研究

　本節では、前節【表4-3】で示した佐藤（1996）のモデルによる「単一文化的視点」および「比較文化的視点」に立つ研究として、帰国生教育研究の初期である1980年代を中心に多くみられた「適応」に関する研究、および「帰国

生の特性伸長」について、先行研究のレビューを行いたい。「単一文化的視点」および「比較文化的視点」は、そのどちらが優れどちらが劣っているというものではなく（佐藤, 1997）、一つの研究において分かち難く混在する場合が多い。本節で取り上げる研究も、その双方の視点にわたるものとして位置づけられるものである。

1 帰国生の「適応」に関する研究

適応・不適応に関する研究は、帰国生が一刻も早く日本の生活になじむべき「救済の対象」ととらえられていた1980年代までに多く行われている。

「適応」の概念は学際的なもので、生物学的、心理学的、社会学的、文化人類学的、精神医学的な研究領域において、様々な角度から定義され、研究課題と結び付けられてきた（佐藤他, 1991）。北村（1973）は適応を「主体としての個人が、その欲求を満足させながら環境の諸条件のうちのあるものに調和的関係を持つ反応をするように、多少とも自分を変容させる過程である」と定義している。1970年代の帰国生教育研究には、こうした視点から展開されてきたが、斎藤（1988）は「適応という概念そのものの中に環境を固定して考える傾きがある」ことを指摘し、江淵（1988）は「適応とは元来適応主体である個人または集団と環境との間で展開する極めてダイナミックな相互作用過程である」と述べた。江淵（2002）はまた、「個人または集団が自分（たち）の習慣化された行動型がそのままでは通用しない状況に遭遇すること」を「異文化接触」とし、そのような状況において「生き延びる」ために、個人が新しい行動型の獲得によって既有の行動型の修正・再編を創造的に試みる過程またはその結果としての状態を「異文化適応」と定義づけている。従来の、調和的で受け身の適応概念と比較して、適応を環境との相互作用においてとらえ、より創造的でダイナミックなものと考える方向に変化してきているといえるだろう。

さらに江淵（1986; 2002）は、人間が適応しなければならない環境には少なくとも、①物理的・生物的環境（自然）②社会的環境（他の人間）③内面的環境（自己自身）の三つのレベルがあるとし、①・②をあわせて「外面的環境」と位置づけた。帰国生の適応問題を論じる場合はこうした外面的適応・内面的適応の二つのレベルに分けて考えられるべきであり、多くの研究はこの双方にわたって調査を

第1部　帰国生をめぐる動向と現状

行っている。調査の方法も、質問紙によるもの・インタビューによるもの・両者を組みあわせたもの・事例研究など様々である。また、調査対象者が帰国生本人であるか、保護者や教師であるかなど、研究目的によりいろいろな手法がとられている。

　ここでは、調査対象者別に、「外から見た適応に関する研究」と「帰国生自身を対象にした研究」に分けて、帰国生の適応に関する先行研究を概観したい。

(1)　外から見た適応に関する研究

　帰国生教育研究の初期において、帰国生の保護者を対象に、帰国生の適応について大規模な質問紙調査を行ったものに「帰国子女の適応に関する調査報告」（小林他, 1978）がある。この調査は、「在外・帰国子女の適応の型とその形成要因の発見を目的」とするもので、帰国した子どもたちの適応について「友達ができる」「身体的に慣れる」「授業についていける」などの観点から、その過程を「適応速進型・不適応型・無変動型・中進型・遅進型」の5つの類型にパターン化した。この研究は親からみた子どもの適応状態について、特に適応の早さに着目して判断したものであり、親によってその判断基準は大きく異なることが考えられる。鈴木（1984）は、「適応」に対する概念規定が十分でないままに「適応の類型化」を提示していることは、教育実践の場で指導に当たる教師に戸惑いを起こすことになりかねないこと、また「類型化を試みることを目的」としながらも「子どもを何々型とレッテルをはってはいけない」という自己撞着を起こさざるを得なくなると指摘している。この調査では「適応の早いものを良しとし、遅いのを悪しとすることではない」としながらも、その焦点が「適応の早さ」におかれている。この点について、小林の一連の研究報告（1979）においては「適応と不適応はそう簡単に区別し判断できるものではなく、早すぎる適応は不適応の徴しであり、不適応こそより高次の適応への王道なのかもしれない」との記述もみられ、初期の「適応」を主眼とした帰国生教育研究における「揺れ」がうかがわれるといえよう。

　塚本（1988）は、同じく帰国生の母親303名を対象に、帰国後の適応に要する時間についての分析を行った。小林の研究が質問紙調査であったのに対し、塚本の研究は帰国生の家庭での言説を自由記述形式で回答してもらうという形

式であるため、母親対象の調査であるが帰国生自身の適応の過程がつぶさに観察される結果となっている。この研究では適応すべき領域を「物理・生物的環境（人ごみ、交通量、気候、満員電車など）」「社会的環境」「内面的環境」の三つに分け、各領域別に、適応に要する期間と帰国時の年齢との関係を調べている。この結果、「物理・生物的環境」への適応には18ヵ月を要すること、帰国後の環境に対する不満には帰国年齢によって差異がみられること、「社会的環境」・「内面的環境」においては適応に長い時間がかかるが、両者の区別はつきにくいこと、などが述べられた。

　母親の他に教師も調査対象とした研究として、森吉（1999）は、帰国生の適応を「ストレス」との関連においてとらえ、帰国生徒とその保護者・担当教師を対象に面接・質問紙・事例研究の三つの手法を用いて縦断的な分析を行った。面接の結果から、再適応には「平穏無事型」「初期摩擦型」「初期葛藤—後期安定型」「初期平穏—後期葛藤型」の4パターンを見いだした。また質問紙調査の結果からは、帰国時年齢とストレス度・滞在年数とストレス度・家族の対応（共感性）と帰国後の満足度・学校生活と満足度・問題解決能力とストレス度、の各点の間に相関性がみられることが明らかにされている。さらに、帰国後の一時的なストレスや不適応状態は後の適応力をより高めるためのプロセスであり、適応の一現象であるという、「適応」に関する新しい概念を示した。

　これら帰国生の適応を「外から」見た研究は、帰国生本人の意識や適応感を問うたものではなく、あくまで保護者の判断によるものであるという点で限界があると指摘されている（斉藤, 1988）。しかしながら、保護者や教師であるからこそ見える客観的な事実にも価値があることも忘れてはならない。内外双方からの視点を活かした複合的な研究が必要であるといえよう。

(2)　帰国生本人を対象とした適応研究

　1970年代後半に行われた帰国生の「適応」についての研究においては、「適応の早さ」を重要視したり、適応・不適応を帰国生自身の問題のみに帰結させたりするものが多かったが、1980年代に入り、こうした従来の適応の概念に対して、個と環境の相互作用に着目したものが多く見られるようになった。小林（1981）は、先に述べた1970年代の大規模な調査をふまえ、適応について「人

が新たな環境に置かれて生じた障害に対して、部分的には自らを変化させ、部分的には障害を操作することで当面した環境で生きていく」ことであると定義し、適応・不適応は各人の個性とその周囲の環境との相互作用の結果であるため、そのプロセスは個々人によって異なると論じた。また、斎藤（1988）はそれまでの適応研究に対して「暗黙のうちに、帰国子女あるいは異文化を体験した子どもが日本に戻ったときには、適応障害や不適応を経験するのが普通のことであり、日本社会にできるだけ早く適応させることが望ましいという前提になっている」と批判し、適応の代わりに「ソーシャルスキル概念」を用いることを提案した。さらに帰国子女教育の新しい教育目標とされている国際人の育成についても、このソーシャルスキルモデルを基礎とした複文化的コンピテンスを提案している。

　1976年から海外子女・帰国子女問題に携わってきた星野は、長年の研究を顧みて「帰国生が親の文化に復帰"reentry"することは、単に当人の心がけやパーソナリティのみに帰することはできず、家族関係や両親の教育方針、帰国生受入れ校の体制、特に教師や学友の『異文化体験』の有無、ひいては日本の国民教育の狙いと方法における問題点に触れざるを得ないことを痛感」したと述べている(星野, 2010)。また、星野(1988)では、帰国生の適応教育の狙いについて、「日本の学校の一斉指導、集団訓練への順応や同調を意味するのではないと主張し、教科学習面の遅れを早く修復して教師や友人とうまくやっていくこと、生徒自身の率直な意見や批判を押しつぶしてひたすら受験体制に乗せてゆくことに焦点を当てていたのならば、それは再考するべきである」として、現状への警鐘を鳴らした。

　以上のような指摘を受けて、1990年代の研究では、より帰国生自身に寄り添い、その実態をとらえようとする研究が増加している。星野（1990）は、アメリカからの元帰国生2名の体験記を対象に用いて、海外在住の子どもたちが抱えていた困難について分析した。その結果、子どもたちは言語面、学習面、友人関係の三つの領域において異文化下での困難を感じていること、さらに自己評価の低下や寂しさから「文化疲労」に陥るケースについても指摘している。

　森本（1996）は帰国生へのアンケート調査から、帰国後の学校生活への適応の過程について、在外時に通っていた学校・帰国後の年数・在外時および帰国

後の交友関係などに着目して分析を行った。その結果、帰国後1年以内は、適応しているように見受けられても興奮状態にあるため自己を冷静に見つめることができず、1年を経過した頃に友人関係などで不適応感を感じるようになり、本当に適応するためには2年が必要である、と結論付けた。また言語能力を含む現地との親和度が高い子どもの方が、帰国後の学校生活・友人関係を高く評価していることが明らかになった。

　布施（1997, 1998）は、適応を日本語能力・学校生活・身体的変化・生活習慣などの各側面から明らかにするために、28項目から成る「帰国子女不適応尺度（RSA）」を開発し、帰国生がどういった状況で不適応感を覚えるかを調べた。結果として、帰国後の適応には「滞在期間」「学制（滞在時の年齢）」が有意な差をもたらすと述べている。これらの質問項目は身体的な状態を含む適応全般にわたるもので、学校での不適応についての質問項目はあるものの、学校生活に対する意識について詳しく調べたものではなく、「帰国生からの発信」をとらえるという点では限界があるといえよう。

　2000年代に入ると、従来ほど数は多くないものの、帰国生の動向の変化をふまえた研究がみられるようになった。前出の布施は2000年に「外国における日本文化の浸透度」に関する調査を行い、在外地での生活様式の変化に伴い、「これまでの研究結果に当てはまらない帰国子女」が生み出される可能性について論じている。この結果では在外年数も重要ではあるが、在住国・語学力・在住地域の日本人の割合や心的な距離などにより、在外時の環境は大きく変わることが述べられている。

　吉田他（2000）は、235名の中高生を対象に帰国子女のアイデンティティ形成に見られる要因に関する調査を行い、滞在年数や友達の数・言語能力が影響していることを明らかにしたが、これによれば、帰国生の在外時の親子間の会話は93％が日本語であり、帰国生のアイデンティティは概ね「日本寄り」であることが示された。また、南（2000）は、1980年代後半から90年代初頭にかけてアメリカに滞在した71家族131名の在外ないし帰国生とその家族を対象に質問紙・インタビューによる追跡調査を行った。この結果、年齢・在米期間・アメリカでの生活環境の3点の交互作用によりアメリカ化の度合いが決まるが、それは子ども一人一人により異なり、また日本的側面とアメリカ的側面のバラ

第1部　帰国生をめぐる動向と現状

ンスは一人の子どもでも在米中に変化するものであることを見いだした。

　羽下・松島（2003）は、適応とは「特定の状態」ではなく「その状態を目指している過程であり、その状態を生み出すための機構である」と定義し、帰国子女の適応過程を「自己イメージ」の形成との関連において考察している。高校生・卒業生を対象にした質問紙調査から、適応には帰国後の経過年数が大きく影響すること、周囲の提供する帰国子女イメージの取り込み方により、その適応に以下の4類型があることを示した。

①隠匿型：帰国子女イメージを取りこむ前によくみられる適応の型で、とりあえず周囲に合わそうとする適応類型
②一致型：帰国子女イメージと自分の認識にずれがなく、帰国子女としての自己イメージと周囲が投影する帰国子女イメージが一致している適応類型
③反発型：周囲の持つ帰国子女イメージを認識した時に、それが自分とずれているために周囲の押し付けるイメージに対抗する適応類型
④使い分け型：自分が周囲の持つ帰国子女イメージに当てはまるかどうかにはこだわらず、時と場合によって自分に都合のいいようにそのイメージを利用したり、しなかったりする適応類型

　以上、帰国生教育研究における「適応」に関する研究を概観した。「適応」をテーマにした研究は帰国生の問題が登場したごく初期から見られたことは先にも述べたとおりである。その概念は、初期の研究では外面的・受身的で静的なものであったが、1980年代の後半より、より内面に目を向けるようになり、同時に、適応を環境との相互関係による動的なものととらえる方向へと変化していった。本論文では帰国生の「適応」について直接的に論ずるものではないが、「適応」の概念が江淵（1988）や斎藤（1988）の意図するところの環境へも働きかける作用をも含むとすれば、それについての研究はまだ十分に果たされているとはいえないであろう。本章第4節においても述べるが、帰国生教育研究に環境との相互作用的な方向性を築くためには、教師や教室文化を変容させなければならない。そうした視点からの研究は、今後もさらに継続が必要であろう。これは、帰国生教育を「受入れ側の視点」からとらえる視点が不十分であることにもつ

86

第4章　帰国生教育研究の動向

ながっているといえる。この点については、後の第4節において再び述べたい。

2　異文化経験とアイデンティティ形成および適応ストラテジーに関する研究

　次に、海外在住の子どもたちの異文化下におけるアイデンティティ形成および適応ストラテジーに関する先行研究に目を向けてみよう。在外または帰国生のアイデンティティ形成の問題が「適応」とも深く関わりを持つことは自明であるが、ここでは主に異文化経験がアイデンティティ形成にもたらす影響や、アイデンティティ形成に深く関わる適応ストラテジーについて論じた研究について述べておきたい。

　箕浦康子は『子供の異文化体験』(1984, 2003)をはじめとした一連の研究により、文化はそれぞれ特有の意味体系を持つとともに、それらを吸収しやすい時期があり、それが適応を左右すると述べている。箕浦（1984）はロサンゼルス近郊に滞在していた日本人の子どもたちを対象に、文化的アイデンティティの形成時期や異文化への同化過程についてなど長期間にわたる詳しい調査を行った。この結果、対人領域の意味空間が体得される最も重要な時期は9歳から15歳であると結論付けた。文化的自己は9歳から11歳頃に芽生え、この時期に文化を越えても心理的困難をあまり感じないで切り替えることができる。一方11〜12歳から14〜15歳にかけては文化的自己がかなりはっきりと姿を現してくるため、自己概念は一文化パターンに固まり、柔軟性を失っていく。したがってこの時期に文化を移行して新しい文化の行動型や意味空間を身につけようとすると、心理的軋轢や不快感をかなり経験せざるを得ないという。成長期の子どもにとってはこの「感受期」を過ごした場所が自文化となり、それ以外の場所が異文化となる。したがって、どの時期に、どれくらいの時間、どこで過ごすか、すなわち「いつ文化の衣をまとうのか」が、子どもにとって自文化を決定するための大きな意味を持つ、とされている。

　さらに箕浦（1994）では10年余りのフィールドワークの結果、意味体系の内在化過程には2段階があり、第1段階は感受期前半（9歳−11歳）と感受期後半（11歳−14、5歳）、第2段階は感受期につくられた個人の意味空間がその後の様々な文化的インプットを受けて姿を変えていく時期であるとし、どちらの時期に文化間移動をするかによってもアイデンティティが変わってくると述べ

87

た。これに基づき1998年の研究では、青年期の文化間移動による「再体制化」における困難についても言及するとともに、文化の次元・領域により困難の程度が異なるであろうことも示された。

また箕浦（1987）は、異文化接触に関する研究は実態記述が多く理論面が弱いと指摘し、1988年には「象徴的相互作用論」を援用して、子どもが意味空間をいつどのように獲得するかを調査するために参与観察・面接法を併用し、個人と集団との関係性という視点から研究を行った。海外で成長した人が「『日本社会』をどう解釈し、社会化過程で身につけた在外地の文化と自国の文化の二つの意味体系の狭間にあって、自らの生きる世界をどう再編成していったかそのプロセス」を明らかにするため、「自分の出し方」「個人と集団の関係」に焦点をあてて分析を行った。その結果、在外地の意味空間への自己投入の深さや、在外中の日本の意味空間へのなじみの程度により異文化経験の帰国後の消長が規定されること、性格・帰国年齢・帰国後に日本社会のどの部分に接したかにより、変化のプロセスが大きく規定されると述べ、①両文化の緊張や葛藤の中で再編成を強いられた者、②巧みに操作によって自己評価を高めた者、③日本社会から規範的圧力を受けなかった者などのタイプに類型化している。

箕浦の研究では、親にとっての「仮住まい」である赴任地が子どもにとっての「本住まい」の地であるという概念が示されているが、現在の在外環境に鑑みると、子どもたちが在外地を「本住まい」ととらえられているかどうかは定かではない。前出の羽下・松島（2003）では、帰国生に対する質問紙およびインタビュー調査の結果から、帰国生が海外体験を「ブランク」、帰国して学校へ行くことを「復帰」と表現していることに注目し、現在の在外地の生活は子どもにとっても「仮住まい」に近いのではないかと指摘している。近年、特に大都市部において多くの帰国生は補習校・学習塾・通信教育も完備された環境にあり、国際電話やインターネット等の通信手段も整っていることから、在外中ずっと「日本向き」の生活をする子どもが増えていることは想像に難くない。箕浦自身も日本を取り巻く外部環境の変化や帰国生数の増加に伴う帰国者のシンボル操作のあり方が変わってきたことを指摘しているが（箕浦, 1988）、研究の始まりから30年近くが経過した現在の帰国生教育についての研究が新たに模索されるべきであろう。

箕浦の「臨界期（感受期）」説に対して、A.M.ニエカワ（1985）は、成人した22名の帰国生を対象にしたインタビュー調査をもとに、臨界期以前の異文化経験も「吹き抜ける」ことなく、言葉・性格・ものの見方・善悪などの価値観は恒久的に残って思考に働きかける（sleeping effect）と結論付けた。すなわち、臨界期以前に海外に滞在していなかった帰国生にも異文化経験の影響は残っており、帰国後にその体験を振り返り、再検討することで解釈が変わり、さらに異文化経験の影響は続くというのである。さらに、適応がうまくいっているようにみえる帰国生は人格の成熟が見られるとも述べている。

　ニエカワの研究以降、帰国後一定の時間が経過した「元帰国生」を対象とし、その異文化経験が時を経て個人の成長にどのような働きかけをしているかをテーマにした研究も増えてきた。中西他（1988）の研究では、帰国後、すでに社会人となった10名を追跡調査し、異文化経験の影響は、「むしろ、帰国後一定期間を過ごしたことにより、海外経験をし、受けてきた影響は、表面的に見て取れるというより、一人一人の生活、人生、あるいは人格の中で「エッセンス」のようなものとして残っている」と意味づけている。

　また、阿部・千年（2001）は、社会学の見地から、フォーカス・グループ・ディスカッション（FGD）[1]の手法を用いて、「元帰国生」へのグループインタビューを行った。研究対象は18歳から43歳で、帰国後平均年数は17.6年であった。この手法は結果を一般化するものではないが、分析の結果、「社会に適応するためのストラテジー」と「適応タイプ」がそれぞれ見いだされた。適応ストラテジーとしては、できるだけ早く適応しようとする「同化ストラテジー」、帰国子女のストラテジーにあわせようとする「キコク・ストラテジー」、そのどちらでもない「ノー・ストラテジー」の三つが、また、適応タイプとしては「キコク志向型」「日本志向型」「個人志向型」の3タイプが挙げられ、ストラテジーとタイプは厳密に一致するものではなかった。なお、この「適応タイプ」を規定する要因として、箕浦のいうところの「臨界期」に海外に在住していたかどうかが影響していたとされる。

　様々な国における日本人児童生徒のアイデンティティ形成について類型化を行った小島（1990）は、「日本文化の放棄」「日本文化の固執」「現地文化に同化」「現地文化からの遊離」を軸として4象限に構造化を試みた。この結果、先進文明

国では「同化型」、同化圧力の強いブラジルやタイでは「折衷型」、東南アジアや発展途上国では「維持型」、どちらの文化にも属さず「第3の文化」を構成する「コスモポリタン」の型を見いだし、さらにそれぞれが一定範囲を逸脱すれば「現地人化」「分裂型」「隔離型」「根無し草型」という病理の型にもなり得ることを示した。また、同じ研究において、帰国後の日本への適応についても、①滞在国型、②削除型、③両立型、④日本型、⑤普遍型の5タイプに分類されているが、帰国当初と10年後との比較において、帰国当初は「滞在国型」であっても、日本社会に適応するために「両立型」「普遍型」に落ち着く帰国生が多いことが指摘されている。

　帰国生の異文化経験とアイデンティティ形成に関するエポックメーキングな研究としては、自らも帰国生である体験を持つ裵岩ナオミの研究が挙げられる。裵岩（1987）は、帰国子女の適応における内部葛藤を日本社会との関連でとらえ、20〜30代の帰国子女に対して自らの帰国生としての体験をふまえた面接調査を行った。その結果、帰国生が自らの「居場所」を確保するための適応ストラテジーに以下の3タイプを見いだした。

①削り取り型：自らの海外体験で得たもののうち、日本社会で受容が認められない部分を削り取ってゆくストラテジー。「外国剥がし」の圧力の内面化の過程である。
②付け足し型：周囲とは違う部分をなるべく保持しながら、その上で相手の望むこと（態度・行動など）をしようとするストラテジー。
③自律型：自分を海外体験によって特別視する基本的視座（①②に共通のもの）を持たず、『外国で育ったことを個性の一つのあり方に過ぎないとする』視座から適応を図るストラテジー。

　2010年以降の研究で、裵岩の研究結果とよく似た類型化を行いながら、時代の変化による異なる結果を見いだしたのが、岡村（2011b）[2]である。岡村は大学に在学する帰国生16名を対象としてインタビュー調査を実施し、「帰国生としての経験を活かすこと」に対するストラテジーを①積極的活用型、②積極的待機型、③受動的活用型、④消極的待機型、⑤融合型、⑥封印型の六つに類型

化した。このうちの「融合型」ストラテジーは、自分の中に帰国経験が埋め込まれ、「自らと不可分なもの」と認識しているもので、これは裵岩のいうところの「自律型」であると考えられる。「自律型」の適応方略は、当時はこれに該当する帰国生が少ないとして、論文中では詳しく述べられていなかった。岡村の調査では、対象16名のうち「融合型」に属する者が5名と最も多くなっているのは注目に値する結果であり、帰国生の意識の変化が30年間で示された結果といえるであろう。

　このタイプの人数が増加したのは、グローバル化に伴い帰国生の存在自体が特別なものでなくなったこと、学校教育環境において個性の重視や多様化がいきわたるようになったことなどが背景要因として考えられるが、さらに検討が必要である。また、裵岩の示した「削り取り型」と同様に、岡村の研究における「封印型」の対象者にも、外部からの圧力、すなわち帰国後の「いじめ」の経験から、自らの海外経験を封印したケースが見受けられた。帰国生教育の問題は決して過去のものではなく、継続して取り組むべき課題であることが示されたといえよう。

3　帰国生の特性伸長に関する研究

　1980年代後半から、それまで「救済の対象」として日本への「適応」がその教育の主眼とされてきた帰国生に対し、「国際人」（松原・伊藤, 1982）、「多文化人間」（星野, 1983）の可能性のある者として肯定的な評価を付し、「特性伸長」という新たな側面が強調されるようになった。小林（1981）も、「海外・帰国子女教育は、今日、次第に子どもたちの異文化体験をどう生かすかという観点から見られるようになってきた」と述べ、徐々に帰国生教育が方向転換を始めたことがうかがわれる。

　ここで、伸長すべき帰国生の特性とは何か、という議論が起こってくるが、江淵（1986; 1988）は、それまでの研究によって明らかにされた帰国生の特性と考えられる長所・短所について、それぞれ以下のようにまとめている。

【長所】①外国語ができる、②国際感覚がある・外国のことへの関心が強い・政治的関心が高い、③異文化体験によるバランスの取れた自文化観と異文

第1部　帰国生をめぐる動向と現状

化観（文化の相対化）を持つ、④しっかりした自分の意見と批判精神を持つ、
⑤自立的生活習慣を備え、忍耐力に富む、⑥積極性・行動力・旺盛な好奇心
が顕著である、⑦公衆道徳をわきまえ、隣人愛が豊かである、⑧対人関係に
おいて社交性やユーモアに富み、明朗闊達で率直である、⑨複眼的思考力と
幅広い価値観を持つ、⑩明るく奉仕的精神に満ちている、など

　　　　　（中西, 1980; 2001；星野, 1983; 松原, 1983; 1986; 原, 1982; 1983; 1986）

【短所】①集団訓練の欠如（集団に溶け込めない・集団活動への参加強制に反発）、
②自己主張が強すぎる（協調親和度が薄い）、③忘れ物が多い、④校則違反を
犯しやすい（画一性に反発）、⑤競争意識の欠如（テストにのんびりした態度）、
⑥常識の欠如（年中行事や日本の生活習慣・慣習について無知）、など

　　　　　　　　　　　　　　　　　　（中西, 1980; 松原, 1983; 1986）

　これらは「外から見た」帰国生の特性であるが、羽下・松島（2003）は、帰
国経験のある高校生および社会人6名を対象に行ったインタビュー調査の結果
から、帰国生が自分たちの経験について他の「普通の」人にはできない「特別
なもの」ととらえ、「特別」「ちょっと優越感」「人にはできない」と表現され
る特別な意識を持っていることを示した。Goodman（1992）が帰国子女を新し
い特権階級の出現ととらえたことは第3章の3節および本章第1節にも述べた
が、江淵（1980）も、初期の帰国子女が政府高官や企業のエリートの子どもで
あることを指摘しており、裴岩（1987）および江淵（2001）も、帰国子女の持つ「特
権階級意識」について言及している。羽下・松島（2003）はこの特権意識を「た
またま海外へいく両親のもとに産まれてきたという、自分ではどうしようもな
いという意識」と、「だからこそ留学とは違うという選民意識」に根差すもの
であると解釈している。このように、実態は定かでないながらも「人と違う何
か特別なもの」を持っていると自覚する帰国生も多いことが考えられ、その特
別な経験を通して実際に何が獲得されているのかを、明らかにすることが必要
であろう。

　帰国生を語る上で、「帰国生らしい（らしくない）帰国生」という言説は、現
在でも受入れ現場でたいへんよく耳にするものである。これらの帰国生の「特性」
とされる事項が目の前の帰国生に当てはまっている場合は「この子は帰国生だ

92

から自己主張が強い」などのレッテルを貼ることになり、当てはまっていない場合「最近は帰国生らしい帰国生が減った」というような、現場からはある種拍子抜けともいう反応が起きるのである。これは帰国生生徒を一定の枠に当てはめ、その枠を通して帰国生を理解したり、関係を構築しようとしたりする傾向によるものであろう。佐藤（1995）は、現実の子どもの行動の脈絡から切り離された「特性（異文化性）」を過度に強調し、その「特性」を伸張することが課題とされれば、一人一人の個性豊かで多様な生活背景は背後に退くことになると述べ、帰国子女たちは常に一定の枠に位置づけられる息苦しさを感じていると主張した。また、渋谷（2000）は、マイノリティ集団（すなわち帰国生クラス）内部の多様性と力関係の中で英語が話せず自己主張も強くない、いわゆる「帰国生」らしくない「帰国生」に着目して研究を行った。この生徒は周囲の帰国子女に対するイメージと実際の自分とのギャップにより、クラスでからかわれたり非難されたりした体験を持つ。受入れ現場の旧態依然とした対応によって新しいタイプの帰国生の苦悩が生じているといえる。

　さらに、渋谷（2001）は帰国生の「特性の伸長教育」の内実の不明さと、その方法論の未成熟さを指摘している。渋谷によれば、「帰国生」の「特性伸長」とは、帰国生に海外生活ゆえの肯定的な面を見いだして、それを伸ばしていこうとする教育で、「帰国生」が海外で身につけてきた外国的な部分を、日本の学校に適合する日本的なものに置き換えていくという意味での「適応教育」のアンチテーゼとして提出された、帰国子女教育におけるキーワードである。帰国子女教育を補償教育としてではなく、より積極的なものに作り替えていこうとする際の旗印であった。しかしながら、帰国生の特性を「外国語力」や「国際感覚」というように同定すれば、「帰国生」も固定化されてしまう。これを避けるために、個としての「帰国生」に着目し、その「特性」も個性の一つとみなすのが、現在の帰国生教育の主流の理念である（佐藤, 1997）。しかしながら、このことが、かえって帰国生が帰国生であることを肯定的に語り直すことを困難にし、結果的に帰国生の「一般生」化を推し進めることもあると、渋谷は示唆している。

　こうした批判は、帰国生の特性を教師側が「外から」評価していることに由来すると考えられる。帰国生自身が、何を自分の「活かすべき特性」と認識し

第1部　帰国生をめぐる動向と現状

ているのかを調査した研究は、管見の限り見当たらない。本研究は、それを明らかにすることをも一つの目的とするが、それに先立ち、先述の岡村（2011b）[3]は、帰国経験のある大学生を対象に、彼らが在外経験および帰国後の経験を通じて獲得したと認識する「活かすべき特性」およびその活用に対する意識についてインタビュー調査を行った。この結果、帰国生自身が考える帰国生の特性として、「学力」（プラス面・マイナス面）、「社会性」（プラス面・マイナス面）、「公正さ」、「コミュニケーション能力」、「視野の広さ」、「積極性」、「日本文化への思い入れ」、という七つのカテゴリーが見いだされ、対象となった16名中14名が、こうした特性を活用することに何らかの肯定的な考えを持っていることが明らかになっている。

　帰国生の特性を、学習態度や学習スタイル、学習観などの特性の側面から明らかにした研究もある。佐藤（1997）は、帰国生に特有の学習特性を把握するために、日本の中学校および高校に在籍する一般生と帰国生の合計約1,600名を対象に大規模な質問紙調査を実施した。この結果、いずれも一般生と比較して、帰国生の学習態度としては「友達と一緒に相談しながら学習する」という項目が有意に高く学習上の対人関係志向が強いこと、学習スタイルとしては、「問題解決学習型」および「探究学習型」を取るタイプが多いこと、さらに学習観としては「学習は全ての人がすべきだ」「学習は着実な努力を積み重ねて成功するもの」という回答が多く、学習を肯定的にとらえていることなどが示された。佐藤（同）は、帰国生の国際感覚や積極性や自己主張などの特性を実際の教育現場で活かすことには限界があるが、このような帰国生の学習上の特性に積極的に着目し、それを教室で活かすことで授業のスタイルが変わり、一般の生徒も多様な学習スタイルを身につけることが可能になると述べている。

　帰国生受入れ現場においてその教育に長く携わった渡部（1991）は、異文化間教育の実践的側面に関わる重要な提言をしている。帰国生の特性伸長について、「その特性が最初から自明のものだったのでない。むしろ特性とは何かを考えること、その特性を生かす授業をどうつくるかという仕事は、同時に進めていかなければならないものだった」という指摘である。教育現場においては、先に示した佐藤（1995）や渋谷（2000）の指摘にあるように、帰国生を既成の枠やステレオタイプにあてはめて考えることで帰国生の現実世界を見失う可能

94

性がある。一人一人の帰国生に向き合い、その声を聞きながら彼らの特性を個々に見極め、それをいかに教室において、また将来にわたって活かすのかを考えるのが、教師や研究者の重要な役割であるといえよう。また、帰国生自らが、帰国経験を通してどのような特性を獲得したと考えているのか、その実際の意識を把握することも大きな課題と考えられる。

　以上、適応・異文化経験と帰国生のアイデンティティ形成および特性伸長を中心に先行研究を概観したが、これらの仮説やストラテジーが今日の帰国生にとっても有効なものであるかどうかは検証の余地がある。また、これらの研究においては、帰国生教育を「受入れ側の問題」ととらえる視点が不足していることが指摘されている（佐藤, 1995）。第4節では、この視点からの先行研究について検討を行いたい。

第4節　「異文化間的視点」に立つ先行研究

1　「受入れ側の問題」としての帰国生教育

　1980年代の後半から、帰国生の適応にフォーカスした既成の枠組みにとらわれることなく「受入れ側」が変わっていかなければならないという主張もなされるようになった。江淵（1986）では、帰国生受入れの制度や構造について「『帰国子女問題』の大部分は、帰国子女自身の問題というよりは、むしろ受入れ側の問題」であると述べた。受入れ側の社会環境的、文化環境的特質を吟味することが必要であるという課題意識に基づき、日本の一元的・集団同化的文化社会構造を問題として、異質なものを受け入れる多元的構造への転換を主張した。さらに佐藤（1995）は、カリキュラム改善・授業改善・評価の改善などの新たな側面からの帰国生教育研究が模索されるべきであると論じた。また、受入れ側に存在する「潜在的カリキュラム」、すなわち教師―生徒関係や生徒同士の関係といったいわゆる日本の学級風土が、帰国生に大きな戸惑いをもたらすことも指摘されている（佐藤, 1989）。

　渋谷（2000）は、マイノリティ集団（すなわち帰国生クラス）内部の多様性と

力関係の中で、英語が話せず自己主張も強くない、いわゆる「帰国生」らしくない「帰国生」に着目してインタビュー調査を行った。この生徒は、周囲の帰国子女に対するイメージと実際の自分とのギャップにより、クラスでからかわれたり非難されたりした体験について語っている。すなわち、帰国生をステレオタイプにあてはめる受入れ現場の旧態依然とした対応によって、新しいタイプの帰国生の苦悩が生じているのである。これらはかつての単一文化的視点による「外国剥がし」といわれる過度の適応教育とは異なり、受入れ側が帰国生に対して良かれ悪しかれあるプロトタイプを求めるために引き起こされる問題である。帰国生受入れに慣れた学校こそかつての帰国生からもたらされた認識を新たにし、現在の帰国生の姿を確かに把握すべきであろう。

　さらに渋谷（2001）は、帰国生が、ある場所に以前からいる人間のやり方や、そこで力を持つものの考え方をすばやく察知し、それに対応している技術を習熟する可能性があること、それが教師や「一般生」との衝突を回避するだけではなく、帰国生にとっても既存の体制の中で安定した位置を得るために有効に機能しうることを述べ、「このような安易な適応、および、それと表裏の関係にある無自覚的なヘゲモニーの更新を阻止するため」に、「教師がより積極的に介入」して、帰国生を支援していく必要があると主張している。帰国生教育研究にこうした新しい方向性を築くためには、帰国生に直接接する教師自身が教室文化を変容させる努力をすることが必要である。先に述べた江淵は、さらに、帰国子女がもたらすインパクトについて考察し、帰国子女との直接的相互作用により、教師自身のパースペクティブが変容する可能性を指摘した（江淵, 1988）。

　長年にわたり帰国生受入れを行っているお茶の水女子大学附属中学校の帰国子女教育研究協議会では、20年間の研究の集大成として「在外学習歴を生かした学習指導のあり方についての研究紀要」（1998）を発表した。同時に「異文化体験と人格形成に関する追跡調査」「小中連携の視点による追跡調査」の結果も示されているが、質問事項は外国生活の人格形成や進路選択への影響を問うものにとどまっている。また、東京学芸大学海外子女教育センター（現・国際教育センター）では、1982年から「帰国子女教育問題研究プロジェクト」を組織し、1986年にその成果を「国際化時代の教育―帰国子女教育の課題と展望

第4章　帰国生教育研究の動向

―」として出版したが、内容としては帰国生の日本への適応や人格形成、日本語習得についての理論が多く、実際の教室活動についての帰国生の生（なま）の声を反映したものではなかった。また、今後の課題として帰国子女受入れ体制の整備や施策の充実、特性の保持・伸長、帰国子女教育の指導にあたる教員への研修機会の増大、教員養成系の大学の中に海外子女教育・帰国子女教育などの授業科目開講などが述べられたが、実現に至ったものは決して多くはなく、ことに現場における指導方針や実践目標は曖昧なままである。

　さらに同センターは1992年より1998年まで「帰国子女教育研究プロジェクト」を再度立ち上げた。これは、帰国子女教育をより今日的な課題からとらえ直し、新たな理念・目標を模索することを狙いとするもので、①「異文化環境の下での学習と生活を尊重すること」、②「帰国子女の多様な実態をふまえつつ、個に応じた指導を充実すること」、③「異なるものに開かれた学級及び学校環境を形成すること」の3点を指摘し、「個に応じた教育」の必要性を示した。ここにおいて、日本への一方的な適応を強調したり、文化という枠をあらかじめ設定してその枠を前提に子どもを理解したりする視点を否定し、相互作用を通して子どもの生活の背景、心の深層や内面を理解しようとする視点への転換を提唱した。しかしながら、その報告書は「異文化共生社会」の構築を主眼とし、あえて帰国生に対象を限定せず、諸外国の異文化間教育や、日本の学校における外国籍の子どもたちの教育など多岐にわたるものであり、帰国生教育の現場からの発信という観点では帰国生自身の実態に踏み込んだものとは言い難い。

　こうした問題意識に基づき、帰国生自身の「受入れクラス」に対する生の声を聞き、特に受入れ形態に着目して調査を行ったのが岡村の一連の研究である。岡村・加賀美（2006）は、一般混入クラスにおける帰国生に対するフィールドワークならびにインタビュー調査を行った。フィールドワークの結果、教室においては帰国生であることに由来するような目立った特徴は観察されなかった。目立つことをよしとしない適応ストラテジーを帰国生が意識的・無意識的に身につけたことに加え、実際に先に述べた「帰国生らしさ」にあてはまらない帰国生が増えたことが原因であると思われる。さらに帰国生8名に対する半構造化インタビューの結果、本来は帰国生を「守る」意味で設けられた帰国生クラスの生徒に「閉塞感を覚える」「多文化に戸惑ってなじみにくい」「ぬるま湯的で

97

第1部　帰国生をめぐる動向と現状

外の世界を知らなさすぎた」などのコメントが見られたのに対し、一般クラスに混入された帰国生については大きな困難は見られなかった。また、「帰国生としての経験」を活かすことにはこだわっていないことも明らかになった。

　次いで岡村（2011a）では、帰国生自身が「帰国生クラス」についてどのような意識を持つかを分析した。この結果、「一般混入クラス」に在籍する帰国生は、帰国生クラスに在籍する帰国生よりも、「帰国生クラス」についての肯定度が有意に低いことが明らかになった。「一般混入クラス」に在籍する帰国生の「帰国生クラス」に対する自由記述のコメントを KJ 法によりカテゴリー化したところ、「一般生との乖離とコンプレックス（19)」「日本への適応の妨げ（12)」「閉鎖性（9)」「つまらなさ（4)」「学習内容への不満・不安（2)」という否定的コメントが71% を占め、「帰国生としてのありのままの自分(15)」「興味と憧れ（4)」などの肯定的コメントの数を大きく上回った（カッコ内はコメント単位数を示す）。帰国生クラスに在籍する帰国生では「一般生との乖離とコンプレックス」を示すコメントはわずか1単位であったのに対し、一般混入クラス在籍者では全体の28% を占めた。このことから、帰国後に一般クラスの共同体集団へ混入された帰国生は、帰国生への特別な配慮を、むしろ「適応の妨げ」になると考えて、嫌う傾向があることが示されたといえる。一方で、「帰国生クラス」に在籍する帰国生では、帰国生クラスに対するコメントとして「帰国生としてありのままの自分（9)」「友人関係のよさ（9)」「多様な個性と価値観（6)」「クラスメイトに対する肯定的な評価（5)」「気楽な楽しさ（3)」などの肯定的なコメントが合計32単位で、全体の64% に上った。帰国生クラスにおいては、「帰国生としてのありのままの自分」を発揮して、「多様な個性と価値観」を認めあう雰囲気の中で、気楽に楽しく過ごしている帰国生の姿をうかがうことができる。

2　国際理解教育に関する研究

　日本における国際理解教育について関心が高まってきたのは1980年代に入ってからである。海外からの帰国児童生徒数が増加し、また、80年代後半より中国残留孤児の家族の帰国が急増、さらに90年代に入り日系二世の子どもたちや外国人児童生徒が多く在籍するようになり、学校現場はにわかに国際化が現

実味を帯びてきた。

そもそも、国際理解教育（Education for International Understanding）とは教育文化科学に関する国際機関であるユネスコにより1953年に提唱されたものであり、ユネスコ協同学校運動（現ユネスコ・スクール）により、広く全世界に広まった。1974年のユネスコ総会では、「国際理解、国際協力及び国際平和のための教育、並びに人権および基本的自由についての教育に関する勧告（Recommendation concerning Education for International Understanding, Co-operation and Peace and Education relating to Human Rights and Fundamental Freedoms）」が出され、そのⅢ4（b）において「すべての民族並びにその文化、文明、価値及び生活様式（国内の民族文化及び他国民の文化を含む。）に対する理解と尊重」が示された。この勧告においては「国際理解教育」に代わって「国際教育」(International Education)という言葉が用いられ、その教育内容としては、平和（軍縮）教育・人権教育・開発教育・環境教育が含まれている。

日本は1951年よりユネスコに加盟しているが、文部省やユネスコ国内委員会が国際理解教育についての明確な指針を出さなかったこともあり、初期においては国際理解教育についての具体的活動は見られなかった。しかしながら、先述のような流れにおいて、1984年に発足した臨時教育審議会の1987年の答申においては「国際化への対応のための対策」という提言がなされ、それを受けて同年に発表された教育課程審議会の答申は「国際理解を深め我が国の文化と伝統を尊重する態度の育成」と銘打ったものであった。これらを受けた1989年の学習指導要領には、従来よりも色濃く国際理解教育の実践が協調されている。さらに、2002年の学習指導要領には、総合的な学習の時間の中に「国際理解」が例示されていて、学校教育の現場において国際理解教育が浸透するようになった。

2006年の文部科学省による白書の第1節「国際社会で活躍する人材の育成」においては、「国際理解教育の現状と施策」として、社会科などの各教科、道徳、特別活動や総合的な学習の時間を通じて国際理解教育が行われていることを報告している。しかしながら、その例としては「地域に住む外国人から、その国の郷土料理や民族舞踊などを教わり、それを体験し、料理の由来や踊りに込められた願いなどを学習することで異文化に対する理解を深めるなどの活動」が

第1部　帰国生をめぐる動向と現状

挙げられているに過ぎない。国際教育学会や全国海外子女教育国際理解教育研究協議会（全海研）などの教育研究団体によって、各学校での実践例なども報告されているが、そのほとんどは総合的な学習の時間の中に位置づけた異文化経験活動であり、教室にいる帰国児童生徒が関わる活動はほとんど見当たらない状況である。

このように、そもそも日本における国際理解教育を意識化する背景となっていた帰国生の問題については、現状ではほとんど顧みられていない。外国人児童生徒だけでなく、帰国生をいかに国際理解教育に位置づけるかは、帰国生受入れ現場における大きな課題の一つであるといえよう。

3　サードカルチャーキッズ（TCK）およびクロスカルチャーキッズ（CCK）

ここで、日本における帰国生問題の特異性を指摘するために、海外における帰国生に対する考え方を検討しておきたい。先にも挙げた Roger Goodman によれば、帰国子女やその受入れ学校について、「日本以外の国で子どものそうした特殊なカテゴリーや教育は存在しないし、実際この二つの言葉を直接翻訳できるいかなる言葉も存在しない」とされている (Goodman,1992)。しかしながら、類似の概念としては「サードカルチャーキッズ(TCK)」を挙げることができるであろう。

「サードカルチャーキッズ」という概念は、1950年代、在インドのアメリカ人駐在員を研究対象としていた John & Ruth Hill Useem 夫妻により定義されたものであるが、1960年代に Ruth Useem が TCK に関する研究を本格的にスタートさせ、現在ではその提唱者とみなされている (Cottrell, 2005)。この概念では両親の国または、自分の血のルーツとなる国の文化を「第1文化」、親の仕事の関係で住んだ、母国以外の国の文化を「第2文化」、その第2文化に形成された自分の住む世界の文化を「二つの文化の間の文化、はざま文化（culture between cultures）」とし、それを「第3文化」と名付けた。第3文化とは、海外駐在員が築く独自の生活スタイルであり、そのような文化のもとで育った子どもたちをサードカルチャーキッズと名付けた (Useem, et. al, 1963)。Pollock & Van Reken（1999; 2009）はこれを継承し、「発達段階のかなりの年

100

数を、両親の属する文化圏の外で過ごす子ども」をサードカルチャーキッズ（以下TCK）、すなわち第3文化の子どもと呼び、研究を続けている。

　TCK はあらゆる文化と関係を結ぶが、どの文化も完全に自分のものではないと感じる。そして、関わった文化全てから様々な要素を取り入れて独自の融合文化を形成する。どこにいても「浮いてしまう」という、根なし草のような疎外感のかたわら、国や文化を問わず、同じような体験を持つ人に強い連帯感を感じる（Pollock & Van Reken, 1999; 2009）。彼らは複数の TCK の体験談からの現状報告を分析し、「安定期」「準備期」「移行期」「立ち入り期」「再安定期」の五つの過程があると述べた。とりわけ「移行期」「立ち入り期」には、混乱や自尊心の喪失などの様々な感情の変化が起こり、心理的に困難な時期であると指摘されている。

　TCK という考え方は、第1文化と第2文化の比較にとどまらず、新たな「第3文化」を形成するという点において、前項で述べた佐藤（1995, 1996）の「異文化間的視点」に通じるものでもある。TCK の概念は現在広く世界に知られるようになってきたが、1980年代までは、アメリカにおいてもその存在が注目されることは少なかった。そもそもアメリカには他にも外国からの移民や留学生などが多数居住しており、周囲の人と言葉が通じないわけでもなく、外見的に特に変わっているわけでもない TCK は目立つ存在ではない。多くの TCK は「rootless ＝ 根なし草」的な違和感を覚えるが、その理由がわからないままに孤立したり、体験を封印したりして過ごす。その違和感が、小さい頃から国際移動を経験し、厳密にはどこの国の文化でもない「サードカルチャー」の中で育ったことから来るのだ、と教えられた時、TCK たちが大きな安堵を覚えるのである。

　なお、TCK の概念ができた当初から 50年以上が経ち、移民や難民の子どもたち、国際結婚家庭の子どもたちなど、海外で成長期を過ごす子どもたちは必ずしも親の転勤に伴う駐在員家族ではなくなり、当初の TCK の定義として示された「宣教師・軍属・外交官・企業の仕事で海外に派遣された親とともに、母国や会社を代表し、その特権的庇護のもとで、ホスト社会に外国人として一時的に滞在し、母国への帰国が前提の子どもたち」（Cottrell, 2007）という意味合いとの乖離が生じている。Ruth Van Reken はこうした状況を受けて、現在

ではTCKを含んだより広い概念として「Cross-Cultural Kid（以下CCK）」という考え方を提唱している（Van Reken & Bethel, 2005）。

　TCK/CCKと日本における帰国生は、成長期を異文化下で過ごしてから母国へ帰国したという点で共通している。しかしながら、日本においてはTCKもしくはCCKという概念は広く普及しておらず、あくまで「帰国生」として、英語でも"returnee children"とされている。TCK/CCKが比較的ポジティブで開放的な意味合いを持つのに対し、帰国生には「教育の孤児」であり、日本社会に再適応させなければならない「救済の対象」ととらえられていた時代のネガティブなイメージがつきまとう（Kano Podolsky, 2004）。さらにKano Podolskyは「帰国子女」というレッテルは非常に限定的で、束縛の強いものであるとも述べている。そもそもの定義のもとでのTCKの母語が英語であるのに対し、日本人の帰国生には、「外国語（特に英語）ができること」、さらには「外国（特に欧米諸国）の文化や外国人の思考パターンに馴染みが深いこと」が付加価値として求められるところに、日本の帰国生の特異性を見ることができるだろう。

　さらに関口（2007）は、近年、双方向・多方向な移動を繰り返し、複数の社会を跨ぐ越境的な社会空間やネットワークを編成する「還流型移民（transnational migrant）」が増加していることを指摘している。ケータイ・メール・インターネット電話で母国との日常的なコミュニケーションを維持しつつ、母国の情報や商品、グローバルに流布する消費文化にアクセスできる、トランスナショナルな文化空間で育つことが、発展途上にある子どもたちにどのような影響を与えるのか。新たな理論的枠組みや方法論において解き明かすことが必要とされている。

第5節　帰国生教育研究の新しい動きとグローバル人材としての帰国生

1　グローバル人材としての帰国生

　2000年に発表された経済団体連合会による意見書「グローバル化時代の人材

育成について」において、「豊かな海外経験を持つ帰国生は、わが国と海外とのネットワーク強化に貢献する貴重な人材である」とする見解が示されたのは、先にも述べたとおりである。幼少期より異文化下での生活経験を持つ帰国生は「グローバル社会のキーパーソン」として注目される存在となり、近年さらなるグローバル化の流れの中で、帰国生は、海外生活および帰国後の経験を通じて獲得した資質や能力を活かしてグローバルに活躍する人材として新たな注目を集めている（平野, 2011）。

　幼い頃から海外の異文化に接した帰国生が持つと考えられる能力に着目した研究は、第3節でも述べたとおり、すでに1980年代より出現していた。帰国生について、松原・伊藤（1982）は「国際人」ととらえ、星野（1983）は、「多文化人間」となる可能性のある者であると述べている。星野（1988b; 2010）においては、海外における異文化体験と帰国後の適応と自己実現の困難を克服してゆく「海外成長日本人」の肯定的・積極的側面に目を向け、彼らのメリットとポテンシャリティ、さらには彼らが日本の教育と社会に与えるインパクトについて言及した。星野は実際に帰国生の持つ文化的ポテンシャルについて調査を行ってはいないが、「月間海外子女教育」に連載された「帰国子女　Who's who」に掲載された帰国生の一覧や、いわゆる「外地育ち」で日本へ帰国した後に創作活動の各分野で活躍する人物の活動を挙げ、帰国生の持つポテンシャルについて論じている。

　日本人が「世界の中の日本人」として国際的に信頼と尊敬を受けることを目指すという人材育成の方針は、遡って1970年代前半より掲げられていた（藤山, 2012）。当時、東南アジア諸国を中心として日本の経済的進出が進み、反日運動の発生など国際的な摩擦や緊張が発生していたことを背景とし、政治的・国際的側面ばかりでなく、教育・文化・スポーツ等の国際交流活動の拡充を図ろうとした文部省の方針は、以後1980年代においても基本路線として踏襲された（文部省, 1992a）。1984年に首相の諮問機関として設置された「臨時教育審議会（臨教審）」は、国際化への対応を教育改革の大きな柱とし、留学生10万人計画、海外子女教育、帰国子女教育、日本語教育、外国語教育に関わる諸施策の実施を提言した（文部省, 1992b）。これを受けて1988年に文部省によって出された「我が国の文教政策」においては、育成する人材像を「世界の中の日本人として国

第1部　帰国生をめぐる動向と現状

際的にも信頼される人間に育てること」とし、その能力として、それぞれ固有の歴史、文化、風俗、習慣等に対する理解、外国語教育の充実、日本人としての自覚を高め、日本の文化や歴史に関する理解が挙げられている。こうした流れにおいて、「帰国生の特性伸長」という視点が生まれ、1990年代には外国人児童生徒の急増を背景に「国際理解教育」が広く学校教育現場に広まるようになった。

　さらに2000年代に入り、経済界および教育界においてグローバル人材育成の機運が急速に高まってきた。経団連は先述の2000年の意見書に続き、2011年に「グローバル人材育成に関する提言」を公表し、グローバル人材を「日本企業の事業活動のグローバル化を担い、グローバル・ビジネスで活躍する日本人及び外国人人材」と定義した。その必要な素質、能力としては「既成概念にとらわれず、チャレンジ精神を持ち続ける」姿勢と「外国語によるコミュニケーション能力」、「海外との文化、価値観の差に興味・関心を持ち柔軟に対応する」としている（日本経済団体連合会，2011）。翌2012年の「グローバル人材育成推進会議」においては、目指すべき人材像として、以下の三つの要素が掲げられた。

　①語学力やコミュニケーション能力
　②主体性・積極性、チャレンジ精神、協調性・柔軟性、責任感・使命感
　③異文化に対する理解と日本人としてのアイデンティティ

　最も最近では、2012年に文部科学省の主催により産学の代表者が検討した「産学協働人財育成円卓会議」がある。「アクション～日本復興・復活のために～」として報告書をまとめ、グローバル人材の共通に必要な素養の例として次の6点を挙げている。

　①グローバルな世界を舞台に活躍できるタフネス
　②多様な民族、宗教、価値観、文化に対する理解や適応力
　③日本人としてのアイデンティティをベースとしたグローバルな感覚・視点
　④異質な集団の中で、自分の考えを適切に主張し、他者と協働し能力を発揮
　　できること

⑤主体的な思考力・行動力、リーダーシップ
⑥高い語学力・コミュニケーション能力

　この会議には日本を代表する財界（20社）および大学（12大学）の関係者が
参加しており、今後の日本のグローバル人材育成の方向性を示すものとされる。
1980年代以来の日本の国際化政策の流れをみると、当初は経済進出に対するア
ジア諸国からの批判や日米構造協議による構造改革に対する対応という「政治
的」背景をもとに進展したものであり、求められる人材像は「国際的にも信頼
される人間」という他者への配慮を押し出したものであった。当時の文部省に
よる対応も消極的であり、実際にとられた政策も「留学生10万人計画」を中心
とするアジア諸国への開発援助としての性格が強いものであった（藤山, 2012）。
これに対し、2010年代のグローバル人材の需要は「経済的」な課題を背景にし
たものである。2010年代には少子高齢化、経済構造・政治行政・雇用・社会保
障など日本型システムの制度疲労が明確になり、中国・韓国・インドをはじめ
とする新興諸国の政治経済の影響力や競争力が拡大し、日本が埋没するかもし
れないという不安感・危機感が共有される中で「グローバル人材」という概念
が現れてきた（藤山, 2012）。企業のニーズに応えるグローバル人材の育成は、
経済界から教育界への要請となり、特に大学教育政策への政治的影響力が顕著
になっている。
　このようにグローバル人材の育成が期待される一方で、グローバル人材とし
ての能力が育成・獲得される過程を経験的に探る研究が見当たらないことを指
摘し、ロサンゼルスに住む日本人家族の教育戦略および子どもの能力について
の研究を行ったのが額賀（2013）である。額賀は、帰国生の「柔軟な日本人ア
イデンティティ」が形成される過程の中で「グローバル型能力」と呼ぶべきも
のが形成されていると考え、子どもたちの参与観察データに基づき、「順応力
（＝フレキシビリティ）」「社交力（＝ソーシャビリティ）」と名付けられる能力概
念を構築した。「順応力」とは「状況に応じて言語や態度、行動を切り替えたり、
二つ（以上）の文化を混ぜあわせたりすることで、居心地のよい関係性や空間
を確保する能力」、「社交力」とは「エスニック境界を巧みに操作して自集団の
メンバーとも、他集団のメンバーとも親しく対等な立場で交流する能力」とそ

第1部 帰国生をめぐる動向と現状

れぞれ定義されている。

また、自身も子どもを伴い海外で生活していた山田（2005）が、ロサンゼルスで学ぶ子どもの保護者を対象にした調査によれば、現地校で育成できるグローバルな社会で求められる力として「世界共通語である英語を習得すること」「自分の主張をはっきりと述べることができ周りを説得できる力やリーダーシップを育成すること」「自らの立場を明らかにし、意思として述べ、かつ相手の立場にも理解を示せる能力」と認識していることが示されている。

額賀や山田の研究対象は英語圏の日本語家族であったが、非英語圏であるアジアの国々からの帰国生も急速に増加している現在、英語や欧米文化に限定することなく、帰国生の獲得した特性についての研究を行うことは、さらなるグローバル化に向かう日本社会における喫緊の課題であると考えられよう。

2 帰国生の進路形成と親の教育戦略に関する研究

前章で述べた Roger Goodman（1992）が指摘したとおり、かつての帰国生の親は日本社会において強い発言権を持つ社会的経済的影響力が大きい集団であり、政府に働きかけて教育機関に帰国子女枠などの特別優遇措置を設けるようなこともあった。これは、当時の帰国生の親の「教育戦略」の一つのあらわれというべきであろう。今日では第1章に述べたとおり帰国生の親の社会的ポジションも変化し、このような影響力を親の集団が持つことはみられないが、個々の帰国生の進路形成に対して、親の教育戦略が色濃く反映されるのは現在も同様である。

ニューカマーの子どもを対象とした志水・清水（2001）の研究では、子どもたちの適応状況は家族の文化間移動に関する主観的意味づけである「家族の物語」や、常に変容する家族の教育戦略との関連において解釈・評価されるべきであるとし、家族の教育戦略は子どもの成長や親子の状況定義の葛藤を経て修正され続けると論じた。また、山田（2004）は、駐在員家族の教育観について、従来は日本の受験体制への適応を念頭においた「国民国家志向」が中心であったのに対し、グローバル化を背景にして、二文化・二言語を使い分ける「トランスナショナル」な視点を持つ家庭が出現していることを述べている。

さらに、ビアルケ當山（2006）は、東京の帰国子女受入れ高校2年生に在籍

106

するアメリカからの帰国生とその母親に対するインタビューデータを対象に、親の語りからその教育戦略の変容の軌跡を探り、子どもに及ぼす影響について分析した。その結果、母親の教育戦略は、言語教育・同輩集団との関係・価値志向などにおいて、アメリカ滞在中から帰国後まで、子どもの置かれた状況や持っている条件をモニターしながら編み出され修正され続けていること、また、親の教育戦略が子どもの進路選択や人生の構築に大きな影響を与えていることが明らかになった。

　将来のキャリアと国際的な経験を関連付けて考える上での先行研究として、大学生の国際型キャリア志向とその関連要因を調査した加賀美（2009）がある。加賀美は、国際型キャリア6項目「外資系や国際的企業の海外関係部門」「開発途上国支援を主な業務とする組織の職員」「海外の大学院等への留学」「ボランティアとしての国際・地域貢献」「上記に該当しない海外での仕事」が、関連要因6項目「国際協力知識や技能への学習意欲」「海外報道への関心」「国際開発への関心」「エンパワーメント度」「外国語での討論への意欲」「異文化重視の理想的自己観」により有意な影響を受けていることを明らかにした。

　前項で述べた額賀（2013）の研究においては、トランスナショナルな社会空間で立ち上がる母親の教育戦略についても言及されている。額賀によれば、ロサンゼルスに住む日本人母親たちは、トランスナショナルな社会空間の資源（主に情報や知識）を利用しながら日本とアメリカの両方に繋ぎとめられるような心性を身につけており、母親たちの中には、国境を超える想像力や計画力、国際比較する認識枠組み、コスモポリタン欲求を含む同時性志向が育っているという。また、母親たちは帰国後の子どもの教育を考えつつ、現在のアメリカでの生活を楽しむことや、将来子どもがアメリカや第三国に留学したり働いたりする可能性を構想するという越境ハビトゥスを獲得していることが述べられている。

　なお、こうした傾向は近年の東アジア諸国において顕著であり、特に韓国系や中国系などの子どもが、教育のために母親とともに欧米諸国に一定期間移り住む、という教育戦略が盛んにとられている（Huang and Yeoh, 2005）。これについて Ong（1999）は、「世界中どこにいても、位置取りや経済的交渉、文化的な受容を有利に進められるように、様々な象徴的資本を獲得する教育戦略」

第1部　帰国生をめぐる動向と現状

であると説明している（額賀, 2013）。また、台湾、韓国、香港、中国本土、イ
ンド、フィリピンなどの裕福なトランスナショナル企業家層が、子どもたちを
小学校から高等学校段階で単身アメリカに送り込み、最終的にはアメリカの大
学へ進学させる、いわゆる「パラシュートキッズ」（Zhou, 1998）と呼ばれる現
象も耳目を集めている。

　日本人家族においても、父親の帰国辞令がおりても母親と子どもがアメリカ
などの現地に残留する「不帰国子女」も増加しており（山田, 2004; 2005）、以前
は子どもの受験のために母親と子どもが父親を現地に残して帰国するケースが
多かった（佐藤, 1999）のと対照的である。さらに山田（2007）では同じロサン
ゼルスの日本人家族の調査の結果から、1990年代初頭に比べて、日本の方を向
きつつも自由に現地社会との間を行き来する日本人の親が増えたこと、親たち・
子ども自身がグローバルな社会での自分といった視点を基盤に教育や自分の居
場所を選択するようになったことを述べ、この20年間で新しい教育戦略が確
実に浸透していることを指摘している。

　このように、近年のグローバル化社会においては帰国生に対する新たな親の
教育戦略が出現し、子どもたちもそれに直接的な影響を受けていることがうか
がわれる。しかしながら、これらの研究は限定的な地域における少数の家族を
対象とした質的分析によるものであり、広く量的な実証研究が行われていない
ことが課題であるといえるだろう。

3　帰国生に対する企業からの視点

　第1章で述べたとおり、日本企業のグローバル化を背景に、海外に駐在する
日本人家族は増加を続け、ことに近年ではアジア地域への赴任が急増している。
企業においての海外要員として、帰国生に対する視点にはどのようなものがあ
るのだろうか。

　1970年代末から1980年代前半まで、海外からの帰国子女は、日本企業への
就職でも長い間苦労を強いられ、一部の企業の現場では「帰国子女バナナ論」
が唱えられることすらあった。すなわち、「表面は黄色いが一皮むくと白い」
というもので、日本の企業風土になじみにくい帰国子女を揶揄したものである
（日経新聞, 1987）。しかしながら1980年代に入ると、経済同友会は「人財国際

化の一環としての帰国子女の活用」を説いた。これは輸出に依存した国際化の限界を見据え、日本の多国籍企業化を進める必要があるとし、政府に対して帰国子女受入れ体制の整備を、企業には帰国子女採用の拡大を促したものである（経済同友会, 1981）。さらに経済企画庁の報告書では人材の国際化により踏み込み、帰国子女や日本人留学生、外国人留学生の活用を提起した。日本企業の採用方針が「主として『日本の』大学の新卒者を対象としている」ことから、海外の大学を卒業した帰国生の「事態はもっと深刻」であるとして、人事政策の見直しを提唱した（経済企画庁, 1985）。

　1988年に文部省が発表した調査結果（回答企業205社）によると、海外赴任している社員が子どもを伴って帰国する場合、どのようなことに配慮しているかという質問に、子どもの就職で「特別枠を設けて採用」「一般の採用試験において特別の配慮」など「特別の配慮」をしていたとする企業は、従業員1万人以上の大企業を中心とした8社（4％）であった。バブル景気の中で帰国子女は就職ブランド化し、自社から海外赴任した駐在員の子どもを優先的に採用する制度を設けたり、帰国子女に限定した募集・採用を行ったりする企業も現れた。また、1987年に海外子女教育振興財団が海外進出した企業に対して行った調査（241社）では、「帰国子女を採用した」とする企業は全体の約半数で、採用に当たって特別の配慮をしている企業は全体の約1割であった。また、同じ時期に主要企業の経営者対象に行われたアンケート調査の結果によれば、対象企業経営者の21％が「帰国子女に代表される海外経験豊富な人材を積極的に採用したい」と回答した（日経産業新聞, 1987）。

　1990年代半ばには、帰国子女は珍しい存在ではなくなり、一般大学生の海外留学体験者が増加するとともに、バブル崩壊後は失業率も上昇、大学生の就職状況も悪化し始めた

　こうした中で、帰国子女が持つと想定される語学力や異文化への適応力はその神通力を失い（長峰, 2012）、帰国経験に加えて、本人が持つ能力そのものが問われる時代になってきた。1999年以来、日外協が1年おきに実施している海外子女および帰国子女に関する調査には、帰国子女の採用に関する項目がある。この2011年度版（回答企業127社）によると、『従業員の中に帰国子女がいる』と回答した企業は68社（54％）、「いない」は11社（9％）、「わからない」47社（37％）

第1部　帰国生をめぐる動向と現状

であった。また、『帰国子女を積極的に活用したいか』については、「したい」とする企業が20社（16％）、「したくない」が２社（２％）、「どちらでもない」が99社（82％）であった。このうち「採用したい」と答えた企業は、帰国子女の語学力や異文化適応力を評価している一方、「どちらでもない」とした企業は、「グローバル人材は必要だが、帰国子女を特別扱いすることなく人物本位・能力重視で採用する」と答えている。2000年代半ば以降、日本企業は、帰国子女だけでなく、日本人留学生や外国人留学生も積極的に採用するようになっていることから、「特別な配慮」をしなくても、帰国子女が就職できる環境が整ってきたと考えることができる。

　帰国生を採用することの最大のメリットは、時間やコストをかけずに国際要員を獲得できることであろう。日本経済新聞の大手企業100社を対象とした調査（2011）によれば、近年、外国人などのグローバル人材を拡充するという回答は８割を超えている。全く海外経験のない社員を国際要員として養成するまでに要する莫大なコストと時間を考えれば、費用対効果上、幼少期より海外で生活した帰国子女への期待は高まるのは当然の結果であるといえよう。1980年代半ば以降は、人材サービス会社や経済団体、労働組合などにおいても、帰国生に対する就職について、様々な支援を行い、企業への受入れの枠組みが整備されてきた。

　しかしながら、帰国生が獲得してきた能力についてはいまだ未知数である部分が多く、広く量的な検証が必要である。あわせて、その能力の活用について、親や企業からの目線だけではなく、帰国生自身がどのような意識を持っているのかを明らかにする必要があるだろう。

第６節　本研究の課題と意義

　先行研究を振り返ると、帰国生が「救済の対象」と認識されていた1970年代には、外面的で静的なものであった帰国生の「適応」の概念が、1980年代を境に、環境と相互に影響しあう、よりダイナミックなものに変化していったことがわかる。帰国生を対象とした研究も、徐々に「適応」から「特性伸長」や「国際理解教育」へとその幅を広げ、海外の帰国生との比較において日本の帰国生

110

問題の特異性に目を向ける研究も現れた。また、帰国生教育の問題を受入れ環境との関連で論じ、帰国生個人に問題を帰結させるのではなく受入れ側もともに変わるべきであるという主張も成されている。さらに2000年代後半からは、グローバル人材としての帰国生の資質に着目した研究もみられるようになってきた。

　最初の研究から40年あまりが経過する中で、帰国生を取り巻く在外時の社会・経済・文化的環境は大きく変化している。加えて受入れ側である日本社会の状況も急速なグローバル化の様相を見せているが、とりわけ90年代以降、その変化の大きさに比較して研究の数は決して多くはない。斉藤（1986）は、帰国生の適応に関する研究が、「教育への貢献」を意図しているにもかかわらず、研究成果を教育実践に結びつけるはっきりした見通しを持っていないと指摘している。これまで成された多くの帰国生教育研究を「異文化間的視点」につなげ、帰国生の受入れ現場で実際にその成果を活かせるような方略を持った研究が期待されるところである。

　「はじめに」で述べたように、本論文の目的は、帰国生教育の新たなる局面として筆者が想定した「活用期」において、「グローバル人材としての帰国生」の特性を活かすために、受入れ現場である学校や家庭、そして帰国生受入れ制度にいかなる変容が求められているのかを実証的に示すことである。

　研究目的を遂行するために、本研究の研究課題を以下の5点に定める。コミュニティ心理学的アプローチの視点から受入れ環境との関連を重視し、いずれの研究課題についても、「帰国生の受入れ形態による差異」に着目して分析を行う。

　研究課題1　帰国中学生は自らの在籍する受入れクラスに対してどのような意識を持っているか。その関連要因やクラス意識相互の関係はどのようなものか。

　研究課題2　帰国高校生は、海外在住時および帰国後の異文化経験を通じてどのような特性を得たと認識しているか。また、その特性は家庭および学校によるサポートや、帰国生の属性とどのような関連があるか。

　研究課題3　帰国高校生の「異文化経験の活用」に対する意識とその関連要

第1部　帰国生をめぐる動向と現状

　　　　　　因はどのようなものか。異文化経験を通じて獲得した特性の差
　　　　　　異により、その活用に対する意識にどのような影響があるか。
　研究課題4　帰国高校生の「キャリアとしての異文化経験の活用」に対する
　　　　　　意識とその関連要因はどのようなものか。
　研究課題5　帰国大学生は、海外在住時および帰国後の異文化経験を通じて
　　　　　　どのような特性を得たと認識しているか。また、その特性に影
　　　　　　響する属性は何か。

　本研究における新しい取組は、本章第5節の「帰国生教育研究の新しい動き
とグローバル人材としての帰国生」にある。現在、急速な日本社会のグローバ
ル化のニーズに応えて、帰国生教育は「活用期」という新しい局面を迎えてい
るといえるのではないだろうか。第2部以下では帰国生が在外時および帰国後
の経験を通してどのような特性や資質を身につけているのかを帰国生側の視点
でとらえ、それに関連する要因は何かを明らかにしていきたい。

第4章　注

1　少人数で構成されたグループで行う質的調査法の一つ。社会学、特に人口学の
　手法として頻繁に用いられる。あらかじめ選定された研究関心のテーマについ
　て焦点が定まった議論をしてもらう目的のために、明確に定義された母集団か
　ら少人数の対象者を集めて行うディスカッション（Knodel et al., 1990）。
2　この研究は、本論文第7～9章において用いた質問紙を作成する際のパイロッ
　ト研究としての位置づけを成すものであり、結果の概要については「稿末資料4」
　を参照されたい。
3　本章注2と同様、「稿末資料4」を参照されたい。

第**2**部　帰国生が異文化経験を
　　　通じて得た特性とその活用

第2部　帰国生が異文化経験を通じて得た特性とその活用

第**5**章　帰国中学生の「異文化経験を活かす」ことに対する意識

　本章以下の第2部においては、在外中から帰国後にわたる生活および学習経験等の異文化経験の活用に対する帰国生自身の意識について、中学校・高等学校および大学に在籍する帰国生を対象に行った調査結果をもとに検証していく。分析にあたっては、第4章でみた先行研究に鑑み、帰国生教育を「受入れ側の問題」ととらえる視点から、特に帰国生の受入れ形態に着目する。

第1節　目的と方法

　本章では、帰国中学生が、自らの海外での異文化経験を活かすことについてどのような意識を持っているのかについて、質問紙調査の分析結果に基づいて検討することを目的とする。はじめに、帰国中学生の帰国後に在籍しているクラスに対する意識について、因子分析を用いて分析する。続いて、抽出されたクラス意識因子の受入れクラス形態による差異や、関連する属性要因について明らかにする。最後に、帰国中学生が自らの「異文化経験を活用すること」についての意識に、他のクラス意識因子がどのように関連するかについて、受入れ形態別に分析を行う。

1　質問紙作成

　第4章に挙げた帰国生教育に関する先行研究のうち、岡村・加賀美（2006）、布施（1997）などの質問紙調査の内容を参考に、本調査の質問項目ならびに保護者への協力依頼状を作成した[1]。質問紙は「Ⅰ.属性および帰国後の困難」「Ⅱ.在籍クラスに対する意識」「Ⅲ. 帰国生クラスに対する意識」「Ⅳ. 少人数授業

114

第5章　帰国中学生の「異文化経験を活かす」ことに対する意識

に対する意識」の四つのセクションより構成されている。セクションⅡの「在籍クラスに対する意識」を問う項目のうち、一般的なクラス意識については、河村（1999）の「学校満足度尺度（高校生用）」を帰国中学生用に一部改変した16項目、帰国生特有のクラス意識に関する項目としては布施（1997）が作成したRSA（帰国子女適応尺度）を参考に、岡村・加賀美（2006）で帰国生8名のインタビュー結果より抽出された質問項目を加えた計16項目、さらにクラスでの「楽しさ・居心地のよさ」に関する2項目を付け加え、全体で34項目の質問を設定した。

　質問紙は調査1か月前に協力校に持参して検討を依頼し、指摘のあった点については修正を加え、最終的に全8校の合意を得て最終版を作成した。なお、本論文における分析対象とするのはⅠおよびⅡの2セクションである。

2　調査対象者および調査の時期と手続き

　本調査を実施した2006年度現在、東京都内で帰国生の受入れを行っているのは小学校19校（国立2・公立8・私立9校）、中学校82校（国立4・公立4・私立74校）、高校75校（国立5・公立4・私立66校）であった。本調査ではこのうち、国立3中学校・公立3中学校・私立3中学校の計9校に協力を依頼し、うち8校より承諾を得て、帰国生クラスに在籍する帰国生ならびに一般生との混入クラスに在籍する帰国生に対して質問紙調査を実施した。配布数合計387名分、うち回収数321名分（帰国生クラス＝176名・混入クラス＝102名・段階的混入＝43名）、回収率は83％であった。

　2006年5〜6月に電話連絡の後、各中学校を訪問、校長もしくは副校長に調査の趣旨を説明して協力を依頼するとともに、質問紙の原案について意見を伺った。修正版の確認後、保護者の方への依頼状を添付して6月末に質問紙を配布、7月中旬に回収した。

3　調査対象者の全般的な傾向

　調査対象者321名全体の属性は、【表5−1】のとおりであった。以下に、各属性の分析から、調査対象者の全般的な傾向について概説する。

　まず、帰国後の在籍クラスであるが、第3章でも述べたとおり、現在の日本

115

第2部　帰国生が異文化経験を通じて得た特性とその活用

の学校における帰国生受入れには、以下の三つの形態がある。

① 「帰国生クラス」：帰国生のみを集めたクラスへの受入れ。学校により、「国
　際学級」「帰国子女クラス」等様々な名称がある。
② 「一般混入」：一般児童生徒と同じクラスへの受入れ。
③ 「段階的混入」：一年次は帰国生クラスへ受入れ、翌年から一般クラスへ
　混入する受入れ形態。国立大学附属中学校に多くみられる。

　本調査では、半数を超える 54.8％ が帰国生クラスに在籍している。段階的混
入は国立大学附属校に多くみられる形態で、そもそもの母数が少ないため、そ
の人数の割合は 13.4％ にとどまった。性別は男子が 7 割を占めているが、これ
は対象校の中に男子校が一校あったためである。学年は 1 年生から 3 年生がほ
ぼ同数である。帰国後年数は、1 年以内・1 〜 2 年以内・2 〜 3 年以内・3 年
より前の 4 水準に分けたが、1 〜 2 年以内が最も多く約 3 分の 1 を占めた。こ
れは、帰国生受入れの条件を、「入学の時点で帰国後 2 年以内」とする学校が
多いためと考えられる。滞在地（複数の国に居住経験のある者の場合は一番長く
滞在していた場所）について英語圏・非英語圏に分類したところ、全体では 7
割が英語圏に滞在していた。受入れ形態別では、帰国生クラスにおいてやや英
語圏滞在者の割合が多いものの、いずれの形態でもほぼ 7 ： 3 の割合であった。
海外での在籍校は現地校・インターナショナルスクールに通う生徒があわせて
75％ を超えており、日本人学校に通う生徒が減少しているという、第 3 章に示
した文部科学省の調査結果を反映したものとなっている。なお今回の調査では
複数回にわたる在外経験を持つ生徒が多数であったため在外地は属性として取
り上げなかった。在外年数では、5 年未満は全体の 25 〜 30％ にとどまってお
り全体の 4 割以上が 7 年以上の在外生活を経験している。また、受入れ形態別
にみると、長期在外者でも帰国生クラスではなく一般クラスに受け入れられて
いる割合が意外に高いということが示された。使用言語については、家で父母
と話す言葉は 92 〜 3％ が日本語という結果であった「父親と話す言語」「母親
と話す言語」が外国語のみの生徒の場合、国際結婚である可能性が高いが、本
調査の範囲では不明である。1982 年の調査では、家庭での日本語使用頻度は「日

第5章　帰国中学生の「異文化経験を活かす」ことに対する意識

【表5−1】帰国中学生対象　質問紙調査協力者の属性（321名　全体の集計）

	全体	帰国生クラス	一般混入クラス	段階的混入
人数（％）	321（100％）	176（54.8％）	102（31.8％）	43（13.4％）
1．性別	人数（％）			
男子	225（70.1％）	149（84.7％）	55（53.9％）	21（48.8％）
女子	96（29.9％）	27（15.3％）	47（46.1％）	22（51.2％）
2．学年	人数（％）			
1年生	100（31.2％）	65（36.9％）	35（34.3％）	0（0％）
2年生	120（37.4％）	54（30.7％）	38（37.3％）	28（65.1％）
3年生	101（31.5％）	57（32.4％）	29（28.4％）	15（34.9％）
3．帰国後年数	人数（％）			
1年以内	93（29.0％）	49（27.8％）	35（34.3％）	9（20.9％）
1～2年以内	103（32.1％）	47（26.7％）	34（33.3％）	22（51.2％）
2～3年以内	74（23.1％）	40（22.7％）	24（23.5％）	10（23.3％）
3年より前	51（15.9％）	40（22.7％）	9（8.8％）	2（4.7％）
4．滞在地	人数（％）			
英語圏	224（70.0％）	129（73.4％）	67（65.7％）	28（65.1％）
非英語圏	96（30.0％）	46（26.6％）	35（34.3％）	15（34.9％）
5．海外での在籍校	人数（％）			
現地校	181（56.4％）	106（60.2％）	49（48.0％）	26（60.5％）
日本人学校	78（24.3％）	38（21.6％）	34（33.3％）	6（14.0％）
インターナショナルスクール	62（19.3％）	32（18.2％）	19（18.6％）	11（25.6％）
6．在外年数合計	人数（％）			
5年未満	89（27.7％）	51（29.0％）	27（26.5％）	11（25.6％）
5年以上7年未満	96（29.9％）	52（29.5％）	31（30.4％）	13（30.2％）
7年以上10年未満	90（28.0％）	53（30.1％）	26（25.5％）	11（25.6％）
10年以上	46（14.3％）	20（11.4％）	18（17.6％）	8（18.6％）
7．在外時の使用言語	人数（％）			
日本語中心	76（23.9％）	38（21.6％）	31（31.3％）	7（16.3％）
やや日本語中心	40（12.6％）	26（14.8％）	9（9.1％）	5（11.6％）
やや現地語中心	107（33.6％）	62（35.2％）	30（30.3％）	15（34.9％）
現地語中心	95（29.9％）	50（28.4％）	29（29.3％）	16（37.2％）
8．現地との親和度	人数（％）			
低い	60（19.4％）	32（18.8％）	21（21.2％）	7（17.1％）
やや低い	108（34.8％）	64（37.6％）	33（33.3％）	11（26.8％）
やや高い	67（21.6％）	38（22.4％）	19（19.2％）	10（24.4％）
高い	75（24.2％）	36（21.2％）	26（26.3％）	13（31.7％）
9．社交度	人数（％）			
低い	52（17.2％）	31（18.7％）	13（13.1％）	8（21.1％）
やや低い	52（17.2％）	30（18.1％）	15（15.2％）	7（18.4％）
高い	199（65.7％）	105（63.3％）	71（71.7％）	23（60.5％）

117

本語だけを使っていた」とする回答が65.5％であった。これを両親・きょうだいあわせた結果と考えると、現在の方が家庭で日本語のみで過ごす子どもの割合は増加しているということができる。現地との親和度は、「海外にいた時の現地の友達と今もメールや手紙などで連絡を取り合うことがあるか」「海外にいた時の学校に戻りたいと思うか」「海外にいた時に主に遊んでいたのは現地の友達であるか」の各項目への回答を合計し、4段階にカテゴリー化したものである。「親和度低」・「やや低」を合計すると半数を超えており、在外年数の長さと比較して親和度が低いことがうかがわれる。社交度は、質問項目「初めて会った人と　①話すのは恥ずかしい、②すぐに仲良くなれる、③緊張してうまく話せない」の結果について、①を「高い」、②を「やや低い」、③を「低い」の3段階と解釈した。

4　分析の手順

　分析にあたっては、データ入力後、因子分析・分散分析、重回帰分析等を行った。データ入力の際、逆転項目となる質問に関しては「値の再割り当て」を用いて逆転させた後の数値を入力した。また、属性のうち帰国後の年数・在外年数合計などについては「変数のカテゴリー化」を用い、属する人数がほぼ同じになるような四つのカテゴリーに区分した。

第2節　結　果

1　帰国中学生の在籍クラスに対する意識

　まず、帰国生が帰国後に在籍しているクラスについてどのような意識を持っているかを把握するため、上に述べた質問紙調査のセクションⅡ「在籍するクラスに対する意識」についての質問34項目について、因子分析を行った。主因子法で初期解を求めた後、固有値1以上で因子の数を決め、プロマックス回転を行った。各因子において.30以上の因子負荷量を示すものを基準に因子の解釈を行い、負荷量の低いものや複数の因子にまたがって負荷が高いもの、さらに特定の受入れクラス形態や在外時の在籍校により回答結果に大きな差異が予

第5章　帰国中学生の「異文化経験を活かす」ことに対する意識

【表5-2】　帰国中学生の在籍するクラスに対する意識（因子分析の結果）

	因 子						
	1	2	3	4	5	6	7
第1因子：　友達との関係（a＝.800）							
クラスでひとりぼっちだと感じる時がある（逆）	**0.844**	0.075	-0.088	0.040	0.050	0.042	-0.124
クラスの人から無視されるようなことがある（逆）	**0.816**	-0.063	-0.088	0.020	-0.027	0.015	0.051
休み時間など一人で居ることが多い（逆）	**0.646**	-0.006	-0.006	0.019	0.171	-0.009	-0.114
クラスでからかわれたり、ばかにされるようなことがある（逆）	**0.570**	-0.073	0.160	0.063	-0.147	-0.012	0.059
帰国生であることでいやな思いをした（逆）	**0.565**	0.096	0.098	-0.255	-0.171	0.063	0.162
周りの目が気になって不安や緊張を感じることがある（逆）	**0.484**	0.069	0.008	0.035	0.076	-0.071	-0.031
友達が勉強などのわからないところをよく助けてくれる	**0.358**	-0.027	0.193	0.018	-0.014	0.122	0.000
第2因子：　日本語運用力（a＝.763）							
授業で日本語をうまく話せない（逆）	0.079	**0.819**	-0.065	-0.004	0.061	0.020	0.014
プリントやテストの日本語を読むのがむずかしい（逆）	0.011	**0.802**	-0.020	0.049	-0.100	-0.012	0.009
先生や友達の話している日本語がわからない（逆）	-0.069	**0.684**	0.110	-0.034	0.203	-0.085	-0.108
思ったことを作文などに書くことがむずかしい（逆）	0.039	**0.409**	0.004	-0.155	0.007	-0.065	0.320
第3因子：　楽しさ・居心地のよさ（a＝.801）							
学校生活が充実し満足している	-0.047	0.042	**0.894**	0.075	0.051	-0.005	-0.069
学校に来るのが楽しい	0.095	-0.041	**0.735**	-0.036	0.158	-0.116	0.048
このクラスは居心地がいい	0.186	-0.105	**0.602**	-0.021	-0.168	-0.113	0.021
授業がわかりやすい	-0.079	0.280	**0.346**	0.117	-0.179	0.156	0.087
第4因子：　積極的参加（a＝.748）							
クラスやクラブ活動でリーダーシップをとることがある	-0.051	0.017	-0.109	**0.733**	0.145	-0.076	0.073
クラスの行事や活動に積極的に参加している	0.044	-0.104	0.116	**0.709**	-0.119	0.035	0.049
部活動や生徒会活動によく参加している	0.065	0.025	0.253	**0.525**	-0.106	0.071	-0.077
クラスでみんなから注目されるような体験をしたことがある	-0.136	0.060	0.076	**0.326**	0.134	0.129	0.200
第5因子：　自由な自己表現（a＝.700）							
ありのままの自分を出すことができる	-0.056	0.012	0.104	-0.070	**0.725**	0.049	0.034
言いたいことをはっきり言いあえる	0.071	0.128	-0.013	0.098	**0.655**	0.166	-0.137
海外で経験したことをクラスの友達によく話している	-0.057	-0.027	0.081	-0.135	**0.433**	0.267	0.180
お互いの意見や個性を尊重しあえる	0.080	0.013	0.128	0.121	**0.427**	0.037	0.036
第6因子：　在外経験の肯定的活用（a＝.588）							
海外で経験したことを英語の授業などで活かす機会がある	0.060	-0.064	-0.036	0.018	0.016	**0.619**	0.148
帰国生であることで得をしていると思うことがある	0.058	0.044	-0.077	0.089	0.063	**0.482**	-0.094
海外で学んだ言葉を休み時間などによく使っている	-0.052	-0.133	-0.044	-0.091	0.316	**0.470**	-0.046
第7因子：　先生・友達からの承認（a＝.711）							
自分のことを認めてくれる先生がいる	-0.076	0.033	0.059	0.020	-0.105	0.069	**0.705**
勉強や運動・特技、面白さなどで友達に認められている	0.093	-0.017	-0.164	0.231	0.240	-0.083	**0.550**
仲の良いグループでは中心的なメンバーである	0.072	-0.008	-0.011	0.064	0.284	-0.099	**0.464**

因子間相関	1	2	3	4	5	6	7
1	1	.251	.531	.305	.441	.219	**.357**
2	.251	1	.280	.114	.142	-.120	**.146**
3	.531	.280	1	.533	.524	.235	**.409**
4	.305	.114	.533	1	.565	.353	**.545**
5	.441	.142	.524	.565	1	.454	**.568**
6	.219	-.120	.235	.353	.454	1	**.330**
7	.357	.146	.409	.545	.568	.330	1

119

想される項目を削除し、計29項目で因子分析（主因子法・プロマックス回転）を行った。この結果、在籍クラスに対する意識（以下、クラス意識とする）7因子が抽出された。それぞれの因子の下位尺度得点ならびに項目内容を【表5-2】に示す。なお、質問項目のうち逆転項目については、表中に「逆」と記した。

　第1因子は「クラスでひとりぼっちだと感じる時がある」「周りの目が気になって不安や緊張を感じることがある」などの7項目から成り、いずれも友人関係における孤立や不安、友人からの援助などに関わることから、「友達との関係」と命名した。

　第2因子は「授業で日本語をうまく話せない」「先生や友達の話している日本語がわからない」など、いずれも逆転項目で、帰国生に特有の日本語力の問題に関わる4項目であり、「日本語運用力」と名づけた。

　第3因子は「学校生活が充実し満足している」「学校に来るのが楽しい」「このクラスは居心地がいい」などの4項目から成り、「楽しさ・居心地のよさ」と命名した。

　第4因子は「クラスやクラブ活動でリーダーシップをとることがある」「クラスの行事や活動に積極的に参加している」など、学校での活動に積極的に参加していることを示す4項目であり、「積極的参加」と名づけた。

　第5因子の「ありのままの自分を出すことができる」「海外で経験したことをクラスの友達によく話している」「言いたいことをはっきり言いあえる」などの4項目は、帰国生として自分が経験したことも含めて、自分を隠すことなくありのままに表現できるかどうかを問うものであり、「自由な自己表現」と命名した。

　第6因子は「海外で経験したことを英語の授業などで活かす機会がある」「海外で学んだ言葉を休み時間などによく使っている」「帰国生であることで得をしていると思うことがある」の3項目で、いずれも在外時に獲得した言語や経験を活用する機会があるか、またそれを肯定的に受け止めているかどうかを示すもので、「在外経験の肯定的活用」と名づけた。

　最後の第7因子は3項目から成り、「自分のことを認めてくれる先生がいる」「勉強や運動・特技、面白さなどで友達に認められている」など、先生・友人から認められているという意識を示すもので、「先生・友達からの是認」と命

第5章　帰国中学生の「異文化経験を活かす」ことに対する意識

名した。

　以上のように、帰国生のクラス意識は「友達との関係」「日本語運用力」「楽しさ・居心地のよさ」「積極的参加」「自由な自己表現」「在外経験の肯定的活用」「先生・友達からの是認」の計7因子から構成されることが示された。

　なお、以上の結果について因子的妥当性および信頼性を確認するために因子ごとにクロンバックの α 係数を求めたところ、第1因子＝.800、第2因子＝.763、第3因子＝.801、第4因子＝.748、第5因子＝.770、第6因子＝.588、第7因子＝.711、と、それぞれに一定の一貫性が認められた。

2　帰国中学生のクラス意識に関連する要因

　続いて、帰国中学生のクラス意識7因子「友達との関係」「日本語運用力」「楽しさ・居心地のよさ」「積極的参加」「自由な自己表現」「在外経験の肯定的活用」「先生・友達からの是認」に影響する要因について分析を行う。なお、本研究の目的である帰国生の「異文化経験の活用」についての意識を探るため、分析においては、クラス意識因子の中でも特に「在外経験の肯定的活用」因子に焦点を当てる。また、帰国生教育を「受入れ側の問題」としてとらえる立場から、分析にあたっては、帰国後の受入れの3形態（帰国生クラス・一般クラス・段階的混入クラス）による差異に着目する。

（1）受入れ形態によるクラス意識因子の差異

　まず、本研究の着目する「帰国生の受入れ形態」によってクラス意識にどのような差異があるかを検討する。ここでは、「帰国生クラス」「一般混入クラス」「段階的混入クラス」の3種類の受入れ形態によってクラス意識因子の平均値にどのような差異があるか、分散分析および多重比較を用いて検討した。結果を【表5-3】に示した。

　クラス意識因子の下位尺度得点平均値は、いずれのクラス意識においても3点を上回っている。設問はクラス意識の肯定度の高い順に5＝「とてもそう思う」から1＝「全くそう思わない」の5段階評定であり、平均の3点を超えていることから、それぞれの意識は概ね肯定的なものであったといえよう。とりわけ「日本語運用力」「友達との関係」「楽しさ・居心地のよさ」の3因子では

121

第2部　帰国生が異文化経験を通じて得た特性とその活用

【表5-3】受入れ形態別　帰国中学生のクラス意識の差異（分散分析の結果）

	Ⅰ 帰国生クラス (N=174)	Ⅱ 一般混入クラス (N=100)	Ⅲ 段階的混入クラス (N=42)	F値	多重比較
友達との関係	3.79（0.82）	3.97（0.70）	3.93（0.74）	1.93 *n.s.*	
日本語運用力	4.22（0.84）	4.20（0.82）	4.00（0.90）	1.16 *n.s.*.	
楽しさ・居心地のよさ	3.65（0.87）	3.76（0.85）	3.82（0.87）	0.91 *n.s.*	
積極的参加	3.14（0.95）	3.39（0.87）	3.51（0.77）	4.08*	Ⅰ＜Ⅲ
自由な自己表現	3.30（0.87）	3.47（0.87）	3.45（0.89）	1.31 *n.s.*	
在外経験の肯定的活用	3.17（0.98）	3.11（0.98）	3.11（0.91）	0.14 *n.s.*	
先生・友達からの是認	3.13（0.82）	3.40（0.83）	3.36（0.93）	3.56*	Ⅰ＜Ⅱ

***p＜.001, **p＜.01, *p＜.05

　いずれの受入れ形態でも平均が3.5を上回っており、これらのクラス意識については多くの生徒が大きな困難を覚えることなく学校生活を送っていることがうかがわれる。

　一方で「在外経験の肯定的活用」はいずれの受入れ形態でも最も低い数値を示しており、帰国中学生にとって、この因子は重要視されていないことが示唆された。

　受入れ形態別の一元配置分散分析の結果、受入れクラス形態による差異が有意であったのは「積極的参加」（$F_{(2,312)}$=4.084, $p＜.05$）ならびに「先生・友達からの是認」（$F_{(2,310)}$=3.564, $p＜.05$）であった。有意差の認められた2因子について、さらにScheffe(c)を用いた多重比較を行ったところ、「積極的参加」では『帰国生クラス』（平均点3.14：以下カッコ内は同様に小数点第2位までの平均点を示す）と『段階的混入クラス』（3.51）との間に有意差がみられ、『段階的混入クラス』の在籍者の方が『帰国生クラス在籍者』よりも、クラスの行事や部活動に積極的に参加したり、クラスや部活動でリーダーシップをとったりする傾向があることが示唆された。また。「先生・友達からの是認」では『一般混入クラス』（3.40）と『帰国生クラス』（3.14）との間に有意差が認められ、『一般混入クラス在籍者』の方が、『帰国生クラス在籍者』に比べて、クラスの友人や先生に勉強や特技などで認められたり、中心的なメンバーとなったりして

第5章 帰国中学生の「異文化経験を活かす」ことに対する意識

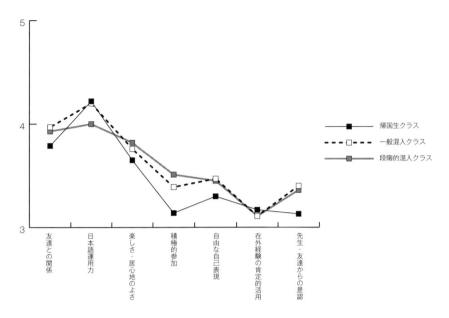

【図5-1】 受入れ形態別 7因子の下位尺度得点の平均値

いるという結果であった。

この結果をグラフによって示したのが、【図5-1】である。

(2) 属性9要因による「在外経験の肯定的活用」意識因子得点の差異

次に、本研究において着目する「在外経験の肯定的活用」意識因子の、帰国中学生の属性による差異について分析する。ここで取り上げる属性は①性別、②学年、③帰国後年数、④海外での在籍校、⑤滞在地、⑥在外年数、⑦在外時の使用言語、⑧現地との親和度、⑨社交度の9要因である。これら属性9要因を独立変数、「在外経験の肯定的活用」を従属変数とする一元配置分散分析を行い、有意差が認められた因子についてはScheffe(c)による多重比較を行った。性別および滞在地（英語圏・非英語圏）については t 検定を行った。結果を【表5-4】に示す。

「在外経験の肯定的活用」因子には、クラス意識7因子の中で一番多い、五

第2部　帰国生が異文化経験を通じて得た特性とその活用

【表5−4】属性別　「在外経験の肯定的活用」因子得点の差異（分散分析の結果）

	各水準の平均値（（　）内は標準偏差）	F値	多重比較
学年	Ⅰ．1年生　3.35（0.96）　Ⅱ．2年生　3.11（0.97）	4.06*	Ⅲ＜Ⅰ
	Ⅲ．3年生　2.96（0.94）		
帰国後年数	Ⅰ．帰国後1年以内　3.47（0.86）	7.44***	Ⅱ＜Ⅰ
	Ⅱ．1〜2年以内　3.19（0.93）		Ⅲ＜Ⅰ
	Ⅲ．2〜3年以内　2.84（1.04）		
	Ⅳ．3年より前　2.89（0.94）		
海外での在籍校	Ⅰ．現地校　3.32（0.94）	4.86***	Ⅱ＜Ⅰ，
	Ⅱ．日本人学校　2.65（0.91）		Ⅱ＜Ⅲ
	Ⅲ．インターナショナルスクール 3.24（0.91）		
在外時の使用言語	Ⅰ．日本語中心　2.66（0.93）	10.38***	Ⅰ＜Ⅳ，
	Ⅱ．やや日本語中心　3.06（0.93）		Ⅰ＜Ⅲ
	Ⅲ．やや現地語中心　3.28（0.95）		
	Ⅳ．現地語中心　3.41（0.90）		
現地との親和度	Ⅰ．親和度低　2.49（0.88）	21.31***	Ⅰ＜Ⅱ，
	Ⅱ．親和度やや低　3.06（0.94）		Ⅰ＜Ⅲ，
	Ⅲ．親和度やや高　3.35（0.85）		Ⅱ＜Ⅳ，
	Ⅳ．親和度高　3.68（0.83）		Ⅱ＜Ⅳ

***$p<.001$, **$p<.01$, *$p<.05$

つの属性要因において有意差がみられた。『海外での在籍校』（F（2,313）=14.86, $p<.001$）、『在外時の使用言語』（F（3,309）=10.38, $p<.001$）においては、多重比較の結果、現地校やインターナショナルスクールに在籍していた生徒で、在外時に現地語をよく使用していた者が、帰国後も在外経験をよく活用していることがわかった。『帰国後年数』（F（3,312）=7.44, $p<.001$）では1年より前に帰国した生徒より1年以内に帰国した生徒の方が、また『現地との親和度』（F（3,303）=21.31, $p<.001$）では親和度の低い生徒より高い生徒の方が得点が高かった。この他『学年』（F（2,313）=4.06, $p<.05$）では1年生の方が3年生より有意に点数が高かった。

『性別』、『滞在地』、『在外年数』および『社交度』による有意な影響はみられなかった。

124

3　帰国中学生の在外経験の活用に対する意識

　次に、「在外経験の肯定的活用」因子に関わる他のクラス意識因子について検討を行う。

　本節の2で分析したとおり、「在外経験の肯定的活用」因子に関連する属性としては、『学年』『海外での在籍校』『在外時の使用言語』『帰国後年数』『現地との親和度』の五つと有意な関連のあることがわかっている。ここではさらに、他のクラス意識と「在外経験の肯定的活用」との関連について、重回帰分析を用いて検討を行い、どのようなクラス意識を持つ帰国生が、自らの在外経験をより活用しようとしているのかを検討した。

　重回帰分析に先立ち、ピアソンの相関係数を用いて「在外経験の肯定的活用」因子と他のクラス意識因子のとの関連を検討した。結果を【表5-5】に示す。

　次に、「友達との関係」「日本語運用能力」「楽しさ・居心地のよさ」「積極的な参加」「自由な自己表現」「先生・友達からの是認」の6因子を独立変数、「在外経験の肯定的活用」を従属変数とし、強制投入法を用いて重回帰分析を行った。結果を【表5-6】に示す。

　「在外経験の肯定的活用」について、他のクラス因子からの影響を検討したところ、F検定の結果、各特性因子への影響は $F_{(6,281)} = 17.76$ で有意であった。全体では、「日本語運用力」がマイナスの方向で（$\beta = -.199, p < .001$）、「自由な自己表現」（$\beta = .347, p < .001$）と「積極的な参加」（$\beta = .182, p < .01$）がプラスの方向で、

【表5-5】「在外経験の肯定的活用」因子と他のクラス意識因子のとの関連（相関分析）

		友達との関係	日本語運用力	楽しさ・居心地のよさ	積極的参加	自由な自己表現	先生・友達からの是認
在外経験の肯定的活用	Pearson の相関係数	.219**	-.120*	.235**	.353**	.454**	.330**
	有意確率（両側）	.000	.034	.000	.000	.000	.000
	N	314	313	313	312	310	310

***$p < .001$, **$p < .01$, *$p < .05$

第2部　帰国生が異文化経験を通じて得た特性とその活用

【表5-6】クラス意識因子の「在外経験の肯定的活用」に及ぼす影響（重回帰分析）

従属変数 独立変数	在外経験の肯定的活用			
	全体	帰国生クラス	段階的混入クラス	一般混入クラス
友達との関係	.018	.077	-.066	-.046
日本語運用力	-.199***	-.300***	.054	-.115
楽しさ・居心地のよさ	.006	.024	-.104	.034
積極的参加	.182**	.215*	.295	.175
自由な自己表現	.347***	.304**	.726***	.240
先生・友達からの是認	.055	-.005	-.219	.211
R^2決定係数	.275***	.317***	.508***	.242

数値は標準偏回帰係数　***$p<.001$, **$p<.01$, *$p<.05$

それぞれ有意な影響を及ぼしていることが示唆された。受入れ形態別では、『帰国生クラス』においては「日本語運用力」（$\beta=-.300, p<.001$）がマイナスの方向で、「自由な自己表現」（$\beta=.304, p<.01$）と「積極的参加」（$\beta=.215, p<.05$）がプラスの方向で有意であった。『段階的混入クラス』では「自由な自己表現」（$\beta=.726, p<.001$）のみが有意な影響をもたらしていたが、『一般混入クラス』では有意な関連のあるクラス意識因子は存在しなかった。

　この結果から、全体としては「日本語運用力」が低い者、「自由な自己表現力」や「積極的参加」の意識が高い帰国生が、在外経験をクラスでより活用している傾向がうかがわれる。受入れ形態別にみた場合、帰国生クラスにおいても、全体の分析と同様の結果であった。一方、一般混入クラスではどのクラス意識因子も「在外経験の肯定的活用」に関連がなく、段階的混入クラスでは、海外経験を含めて自由に自己表現のできる力が唯一の関連する因子であることが明らかになった。

第5章　帰国中学生の「異文化経験を活かす」ことに対する意識

第3節　考　察

1　「クラス意識因子」の受入れ形態による差異

　本章では、帰国中学生が在籍するクラスに対する意識について調査を行い、第2節の1に示したように「友達との関係」「日本語運用力」「楽しさ・居心地のよさ」「積極的参加」「自由な自己表現」「在外経験の肯定的活用」「先生・友達からの是認」の7因子を見いだした。

　さらに2(1)においては、帰国後の受入れ形態が、これらのクラス意識因子にどのような差異をもたらすかについて検証した。この結果、【表5-3】に示したとおり、受入れ形態別の分析では、「積極的参加」および「先生・友達からの是認」の二つのクラス意識について有意差が認められた。この点について考察しよう。

　まず、「積極的参加」では、『段階的混入クラス』の在籍者の方が『帰国生クラス在籍者』よりもクラスの行事や部活動に積極的に参加し、クラスや部活動でリーダーシップをとる傾向があることが示唆された。これは、帰国クラスで1年間を過ごした生徒が一般クラスに混入された結果、クラス行事や部活動などにリーダーシップを持ってより積極的に参加していることを示すものではないだろうか。1年生の時にはクラス全員が帰国生であるため「注目される体験」などは少なかったと考えられるが、2年次以降に一般クラスに移ったことで帰国生として注目され、さらに1年次に少人数の帰国生クラスで培った積極性を一般混入クラスにおいても発揮しているものと考えられる。また、「先生・友達からの是認」では『一般混入クラス在籍者』の方が、『帰国生クラス在籍者』に比べて、クラスの友人や先生に勉強や特技などで認められたり、中心的なメンバーとなったりしていることがうかがわれた。帰国生クラスは海外経験をした生徒だけが集められているため、特別に認証を得ているという意識が低いのに対し、一般混入クラスに在籍する帰国生はその特質が際立って認められやすく、先生や友人から特別な認証を受けているためと考えられる。

　一方、受入れ形態別で差異が認められなかったのは「友達との関係」・「日本

語運用力」・「楽しさ・居心地のよさ」・「自由な自己表現」・「在外経験の肯定的活用」の５因子であった。特に、第６因子「在外経験の肯定的活用」については、どの受入れ形態でも下位尺度得点が低く、目を引く数字となっている。受入れ形態別の差異はほぼみられず、海外で学んだ言葉や体験を授業で活かしているという意識はどのクラスでも同程度で、高い値ではなかった。これはどのような理由によるものであろうか。

　本書の冒頭に述べたとおり、1980年代に帰国生受入れ現場における「いじめ」が社会問題として取り上げられたこともあり、帰国後に在外時の経験を話すような行為は、家庭での指導もあって自然と慎むような傾向があることは想像に難くない。しかし、帰国生クラスのように全員が海外経験を持つような環境においては遠慮なく海外での経験をクラスで発揮できることが想定されるが、本調査ではそのような結果は得られなかった。第４章の先行研究でもみたとおり、中学生の年齢では集団帰属意識が高まり、「郷に入れば郷に従え」で自らを日本の学校に同化[2]させようとする傾向があり（羽下・松島, 2003）、在外経験を「隠匿」するという適応方略を無意識にとっているとも考えられる。しかしながら、他のクラス意識因子をあわせみると、「友達との関係」「楽しさ・居心地のよさ」などでは高い得点がみられていることから、「在外経験を活かさない」ことが帰国生本人にとって苦痛なわけではなく、むしろ、そうすることでクラスにおいて楽しく居心地よくいられるという状況がうかがわれる結果といえよう。この点に関しては、第10章において研究結果をさらに詳しく考察する。

2　帰国中学生の「在外経験の肯定的活用」に関連する要因

　帰国中学生のクラス因子の中で、本研究で特に注目するのは「在外経験の肯定的活用」である。前項でみたとおり、この因子はいずれの受入れ形態においても最も尺度得点が低く、「楽しさ・居心地のよさ」「友達との関係」などのクラス意識因子からの有意な影響も見られなかったことから、帰国中学生にとっては重要なクラス意識ではないことがわかる。こうした中でも、どのような帰国生が「在外経験」を活用する傾向があるのだろうか。

　第２節の２(2)で行った属性要因による分析では、『海外での在籍校』『使用言語』『帰国後年数』『学年』『現地との親和度』の五つの属性において有意な差

第5章　帰国中学生の「異文化経験を活かす」ことに対する意識

がみられた。すなわち、現地校やインターナショナルスクールに在籍していた者、在外時に現地語をよく使用していた者、1年以内に帰国した者、現地との親和度の高い者、1年生に在籍する者が、有意に高い得点を示していた。これは、海外の現地校やインターナショナルスクールに在籍して現地の言葉をよく使い、現地の親和度の高い帰国生ほど帰国後に活かすべき経験を豊富に獲得しており、さらに、帰国後間もなく在外時の記憶が新しい帰国生ほど、活用に積極的であることが原因と考えられる。一方、この因子には、『受入れクラス形態』や『在外年数』による影響はみられなかった。在外時に身につけた言語力や経験を活用するかどうかは、帰国クラスにいても一般クラスに混入されてもあまり変わりはなく、在外時に現地とどの程度の深さで関わりを持っていたかがポイントとなるということになる。また、『在外年数』は在外経験の活用に対する重要な要因ではなく、滞在の「長さ」よりもその間の現地との関わりの「深さ」が重要であると考えられる。

　また、第2節の3において、「在外経験の肯定的活用」因子への他のクラス意識の影響を調べたところ、【表5-6】に示したとおり、全体としては「日本語運用力」が低い者、「自由な自己表現力」や「積極的参加」の意識が高い帰国生が、在外経験をクラスでより「活用している」傾向が示された。一方「楽しさ・居心地のよさ」や「友達との関係」からの「在外経験の肯定的活用」因子への有意な影響はみられず、帰国中学生は自らの異文化経験をクラスで活かすことがなくても、クラスで良好な友人関係を保ち、楽しく、居心地良く過ごしていることがうかがわれた。「異文化経験を活かすことがなくてもクラスで楽しく過ごせる」という状況からは、裵岩（1986）のいう適応方略としての「削り取り型」や「隠匿型」というネガティブなニュアンスは感じられず、周囲の文化的状況による「使い分け」、あるいは「文化のコードスイッチング[3]」と表現するのがふさわしいであろう。帰国とともに、在外時に入っていた「異文化適応のスイッチ」をオフにして日本モードに入れ直し、その後は接する相手や状況によってスイッチを切り替えるのである。本研究対象となった帰国生は日本の中学校においては異文化経験を表に出す状況にないと判断し、日本モードに切り替えて過ごしていることがうかがわれる結果である。

　このように、帰国中学生にとっては海外生活で得た経験や語学力をクラスで

129

第2部　帰国生が異文化経験を通じて得た特性とその活用

活かすことはさほど重要な関心事ではなく、よりよい友達関係や日々のクラス活動への参加の方が優先されていることから、そのまま放置すれば帰国生の特性は潜伏し、そのまま失われてしまうことが懸念されよう。しかし、中学校段階では年齢発達段階から学校においての同調圧力が強く（恒吉, 1995・1996他）、また、日本の学校の教室文化に根強い「潜在的カリキュラム」の影響もあり（佐藤, 1996）、帰国生自身が自らの異文化経験を活かしにくい状況にあることも予想される。この点に関しては、第10章「研究結果の総括と総合的考察」において再度詳しく述べたい。

第5章　注

1　質問紙全文は本論文「稿末資料2」に添付したので参照されたい。
2　「同化（assimilation）」の定義は Berry らにより「文化的アイデンティティが放棄され，異文化集団との関係が良い状態」とされている。帰国生の場合、在外地で培った文化的アイデンティティを放棄し、帰国後の日本の文化になじむ状態である。Berry らは、文化受容の戦略として他に、統合（integration）・分離（separation）・境界化（marginalization）を挙げている。
3　2言語併用社会での言語の使い分け。ここでは「状況的コードスイッチング」を指す（Wardhaugh. R., 1998）。

130

第
6
章

帰国高校生が
異文化経験を通じて
得た特性と関連要因

第1節　目的と方法

　第5章では、帰国中学生が自らの異文化経験を活かすことに対する意識について、在籍クラスに対する意識や属性との関連において検証し、帰国中学生はいずれの受入れ形態においても「在外経験の肯定的活用」への関心が低いことが明らかになった。

　帰国中学生のこのような研究結果には、友人関係を優先する特有の発達段階や、クラスにおける同調圧力および潜在的カリキュラムの影響があることは、すでに述べたとおりである。しかしながら、この発達段階を脱した他の年齢層にある帰国生では、意識の変化がみられることが予想される。そこで、本章からは対象を高校生に移し、帰国高校生が在外中および帰国後の異文化経験を通じて得たと自ら認識している特性とは何か、また、その特性を活用することについてどのような意識を持っているかを検討することを目的とする。最初に、帰国高校生が海外および帰国後の経験を通じて得たと考えている特性はどのようなものかを因子分析を用いて検証する。続いて、帰国生の属性（学年、性別、在外年数、在外地、海外での在籍校、帰国後の在籍校）によって帰国生の特性に差異があるかを、分散分析および多重比較を用いて検証する。さらに、在外中および帰国後の在籍校や家庭から受けるサポートの高さが帰国生の特性に与える影響について、重回帰分析を用いて明らかにする。

131

第2部　帰国生が異文化経験を通じて得た特性とその活用

1　質問紙作成

　本研究の方法は質問紙法である。第5章で用いた帰国中学生用の質問紙とは別に、帰国高校生用の質問紙を作成した。帰国中学生用の質問紙は広く帰国後の生活での困難点や在籍するクラスに対する意識などを問うものであったが、第5章でみた帰国中学生の「在外経験の肯定的活用」への関心の低さから、高校生段階での「異文化経験の活用」に対する意識を検討するために、この点に焦点を当てた質問内容とした。なお、この帰国高校生用質問紙は、第6章から第8章の調査・分析において共通して用いるものである。

　質問紙の最初に本調査の目的を記し、研究協力者の属性として、学校名、クラス、年齢、性別、帰国後の年月数、日本の中学校在籍の有無、これまでの滞在地および滞在期間、在外時の補習校や塾等の在籍の有無、在外時の学校および家庭における使用言語、交友関係について尋ねた。質問項目は、以下の計五つのセクションから成り、最後に項目6として自由記述欄を設けた[1]。

1．在外時および帰国後の自分の帰国生（在外生）であることについての肯定度（在外中についての質問7項目、帰国後についての質問10項目）
2．帰国生としての経験を活かすことについての考え方（質問24項目）
3．異文化経験を通して得たと認識する特性（質問30項目）
4．将来のキャリアについての考え方（質問9項目）
5．在外時および帰国後の家庭・学校からのサポートの度合い（中学段階からの帰国生に対する質問25項目、高校段階からの帰国生に対する質問16項目）

　本質問紙作成に先立ち、異文化経験の活用についてより明確な意識を持つと想定される帰国大学生を対象にパイロットインタビューを実施し、その分析結果に基づいて質問項目2および3を設定した。この結果については「稿末資料4」を参照されたい。

　なお、第6章の分析において用いたのは、セクション3およびセクション5の各尺度である。セクション3は30項目から成り、質問項目には「日常生活に困らない英語などの外国語能力を得た」「現地の友達とのコミュニケーショ

ンに困らない英語などの外国語能力を得た」「自分のことを人に理解してもらうための自己開示能力を得た」「国際的な視野にたって物事を考える力を得た」「過去の日本と他の国々との関係を、客観的に判断する力を得た」など、帰国生が自らの異文化経験を通してどのような特性を得たと認識しているかを問う内容となっている。また、セクション5は中学段階からの帰国生に対する質問は25項目、高校段階からの帰国生に対する質問は16項目から成る。質問内容としては、帰国後の学校によるサポートでは「私の高校は帰国経験を活かす上でよい環境である」「先生（友達）は私の帰国経験を認め、評価してくれた」「授業中に、帰国経験について話す機会がある」「帰国経験を活かした進路指導をしてくれる」、帰国後の家庭によるサポートとして「私の親は私が海外生活で得た知識や経験を活かすための援助をしてくれた」「早く日本社会や学校に慣れるよう援助してくれた」などの各項目、一方、在外時の学校によるサポートでは「海外で在籍した学校で、私が日本人であることを認め、評価してくれた」「教科学習や現地に慣れるための援助をしてくれた」、家庭によるサポートとして「私の親は海外にいても日本と同じような生活ができるよう配慮してくれた」「日本語力を保持するための援助をしてくれた」（日本向きサポート）、「私の親は、現地でなければできない経験ができるよう配慮してくれた」「私が現地の言葉を獲得するための援助をしてくれた」（現地向きサポート）などの各項目により、家庭や学校によるサポートの度合いを尋ねるものである。

2 調査対象者および調査の時期と手続き

2011年11月〜2012年1月、東京都内の帰国生受入れ高校12校に調査協力の依頼をし、このうち承諾の得られた国立3校・都立3校・私立3校の計9校において、在籍する帰国生への質問紙調査を行った。質問紙の原案を協力校の担当の先生方に事前に送付し、形式・内容とも配布に支障ないか確認いただいた上、修正が必要な箇所については修正を行い、最終版とした。質問紙はA4判4ページ分を印刷し、学校および保護者の方への趣旨説明を兼ねた協力依頼状を添付した。質問紙は計700通を配布し、回収数は487通（国立117・都立57・私立313）、回収率は70％であった。

第2部　帰国生が異文化経験を通じて得た特性とその活用

3　調査協力者の全般的な傾向

　調査協力者の属性を【表6-1】に示す。

　「性別」では女子が65.1%と男子を上回っており、「学年」では1年生が
42.7%と半数近くを占めた。3年生は21.6%と少ないが、受験期であるため、
協力対象者から外すことを決めた学校が多かったためである。「在外地」は複
数回答のうち、最も長く滞在した国・地域を英語圏・非英語圏に二分したところ、
ほぼ半数ずつであった。「在外年数」は5年未満が47.8%とほぼ半数を占めたが、
10年以上（複数の滞在先の合計）と答えた者も18.7%あり、在外期間の長期化
をうかがわせる結果であった。「帰国後年数」は5年未満が合計約75%であるが、
5年以上の者も20%みられた[2]。「海外での在籍校」は、現地校とインターナショ
ナルスクールのいずれかに在籍していたものが75%近くに上り、日本人学校
の23.2%を大きく上回る形である。

【表6-1】帰国高校生対象質問紙　調査対象者の属性（回収487名中）

1. 性別	男子 164名（33.7%）　女子 317名（65.1%）　不明 6名（1.2%）	
2. 学年	1年生 208名（42.7%）　2年生 174名（35.7%）3年生 105名（21.6%）	
3. 滞在地	英語圏 237名（48.2%）　非英語圏 247名（50.8%）　不明 3名　（1.0%）	
4. 在外年数	5年未満 233名（47.8%）　　5年以上10年未満 154名（31.6%） 10年以上 91名（18.7%）　　不明 9名（1.9%）	
5. 帰国後の年数	2年未満 194名（39.5%）　　2年以上5年未満 177名（36.0%） 5年以上 100名（20.4%）　　不明 20名（4.1%）	
6. 海外での在籍校（海外で最も長く在籍した学校）	現地校 262名（53.7%）　　日本人学校　113名（23.2%） インターナショナルスクール 94名（19.3%） 不明 18名（3.7%） ＊補習校通学経験 有226名（46.4%）　無 260名（53.4%）　不明1名（0.2%）	
7. 帰国後の在籍校	国立 117名（24.0%）　　　都立 57名（11.7%）　　　私立 313名（64.3%）	
8. 帰国後の受入れ形態	帰国生受入れ目的型 266名（54.6%）　　段階的混入型149名（30.6%） 一般混入型 54名（11.1%）　不明18名（3.7%）	

134

第6章 帰国高校生が異文化経験を通じて得た特性と関連要因

「帰国後の在籍校」については、国立・都立・私立の３形態では、私立校に在籍する生徒が最も多く、64.3％を占めた。調査協力校はそれぞれ３校ずつであったが、私立校および国立校に在籍する帰国生徒数が多かったためである。また、「帰国後の受入れ形態」については、帰国生受入れ目的型校への受入れが半数以上、段階的混入型が約30％、一般混入型は約11％であった。第５章の帰国中学生を対象とした研究では約30％が一般混入であったのと比較すると、高校生を対象とした調査では、帰国生受入れ目的校や段階的混入など、帰国生受入れに対する配慮のある学校に在籍する者が多いことがうかがわれる[3]。

4　分析方法

全てのデータを入力後、因子分析・分散分析・多重比較・重回帰分析等による分析を行った。データ入力の際、逆転項目となる質問に関しては「値の再割り当て」を用いて逆転させた後の数値を入力した。また、属性のうち帰国後の年数・在外年数合計などについては「変数のカテゴリー化」を用い、属する人数がほぼ同じになるような三～四つのカテゴリーに区分した。

第２節　結　果

1　帰国高校生が異文化経験を通じて得た特性

まず、帰国生が海外経験を通してどのような特性を得たと認識しているのかを知るために、質問紙中の「あなたは海外生活を通して、どんなことを得たと思いますか。当てはまるところに○をつけてください」というセクションの質問30項目に対する回答（５件法）について、因子分析を行った。最尤法で初期解を求めた後、固有値１以上で因子の数を決め、バリマックス回転を行い、各因子において負荷量が.30に満たない１項目を削除した29項目で再度分析した結果、【表6-2】に示す６因子が抽出された。

第１因子は「多様性を受け容れる寛容さ」「多角的なものの見方」「国際的な視野に立って物事を考える力」「日本と他の国との関係を客観的に判断する能力」など、国際的なものの見方や考え方についての８項目から構成され、将来

135

第2部　帰国生が異文化経験を通じて得た特性とその活用

【表6-2】帰国高校生が海外経験を通して得たと認識する特性（因子分析の結果）

	因　子					
	1	2	3	4	5	6
第1因子：国際人としての態度（a =.881）						
多様性を受け容れる寛容さ	**.785**	.109	.129	.090	.113	.101
多角的なものの見方	**.780**	.142	.257	.218	.100	.004
国際的な視野に立って物事を考える力	**.737**	.171	.223	.231	.107	.079
世界で起こっている出来事に目を向ける姿勢	**.660**	.152	.158	.207	.122	.156
日本と他の国との関係を客観的に判断する能力	**.643**	.083	.108	.162	.160	.188
日本の良い点悪い点を客観的に評価する力	**.538**	.061	.133	.109	.041	.351
様々な国の人と人種偏見を持たずに接する態度	**.488**	.154	.197	.088	-.023	.157
滞在国のマナーやエチケット	**.351**	.200	.117	.269	.103	.006
第2因子：外国語力（a =.916）						
現地の友達とのコミュニケーションに困らない外国語力	.156	**.913**	.146	.117	.107	.023
日常生活に困らない外国語力	.177	**.845**	.113	.126	.127	.059
現地校の授業についていくのに困らない外国語力	.121	**.804**	.045	.133	.255	.018
将来のキャリアに活かせるような外国語力	.148	**.678**	.085	.294	.351	.047
豊かな外国人の友人関係	.200	**.568**	.317	.208	.061	.004
第3因子：対人関係力（a =.859）						
誰にでもためらわず話しかけられる積極性	.177	.145	**.858**	.142	.092	.074
誰とでも仲良くできる協調性	.272	.140	**.698**	.184	.071	.091
授業中にためらわず発言できる積極性	.195	.160	**.683**	.208	.156	.079
クラスや学校でリーダーシップをとれる統率力	.152	.150	**.620**	.177	.275	.006
自分のことを人に理解してもらうための自己開示力	.302	.190	**.529**	.255	.275	.041
豊かな日本人の友人関係	.144	-.087	**.316**	.250	-.050	.199
第4因子：国際的知識・経験（a =.830）						
国際社会で活躍するために必要な知識や経験	.255	.285	.197	**.783**	.118	.114
大学での専攻に活かせるような知識や経験	.192	.282	.194	**.697**	.146	.094
日本に住む外国人の役に立てるような知識や経験	.211	.221	.282	**.556**	.085	.125
ボランティア活動に役立つ知識や経験	.198	.089	.329	**.521**	.186	.101
よく勉強する習慣	.189	.070	.118	**.331**	.164	.079
第5因子：自己表現力（a =.916）						
大勢の前で話すスピーチ能力	.194	.381	.253	.217	**.717**	.065
ディベートやディスカッション能力	.182	.362	.283	.237	**.661**	.050
説得力のあるプレゼンテーション能力	.191	.478	.245	.220	**.655**	.039
第6因子：日本人としての自覚（a =.781）						
日本独自の文化や価値観を大切に思う心	.359	.056	.133	.104	.005	**.763**
日本人であることへの誇り	.162	.026	.055	.149	.074	**.717**

にわたって国際人たるための態度と考えられることから、「国際人としての態度」と名付けた。

　第2因子は「現地の友達とのコミュニケーションに困らない外国語力」「日常生活に困らない外国語力」「現地校の授業についていくのに困らない外国語力」など、語学力に関する5項目から成り、「外国語力」と命名した。

　第3因子は「誰にでもためらわず話しかけられる積極性」「誰とでも仲良くできる協調性」「授業中にためらわず発言できる積極性」など、対人関係に関する能力6項目から成るため、「対人関係力」と命名した。

　第4因子は「国際社会で活躍するために必要な知識や経験」「大学での専攻に活かせるような知識や経験」「日本に住む外国人の役に立てるような知識や経験」など海外生活で得た知識や経験についての5項目で、「国際的知識・経験」と名付けた。

　第5因子は「大勢の前で話すスピーチ能力」「ディベートやディスカッション能力」など、表現に関連する能力や技術の3項目によって構成され、「自己表現力」と名付けた。

　最後の第6因子は「日本独自の文化や価値観を大切に思う心」「日本人であることへの誇り」の2項目で、「日本人としての自覚」と命名した。

　以上の結果について、因子的妥当性および信頼性を確認するために因子ごとにクロンバックの α 係数を求めたところ、第1因子 = .881、第2因子 = .916、第3因子 = .859、第4因子 = .830、第5因子 = .916、第6因子 = .781 と、それぞれに高い一貫性が認められた。

2　帰国高校生の特性に関連する要因

　続いて、本節の1で明らかになった帰国高校生の特性に対して、属性7要因（学年、性別、在外年数、帰国後の年数、滞在地、海外での在籍校、帰国後の在籍校）により差異があるか、t 検定および分散分析を用いて検討した。

　まず、「性別」および「在外地」についての t 検定を行ったところ、「性別」では「国際人としての態度」において女子の平均値が有意に高かったが（$t(466)=1.65$, $p<.05$）、他の因子では有意な差はみられなかった。「滞在地」については「英語圏・非英語圏」に二分して検定を行った結果、「外国語力」（$t(457)=1.82$,

第2部　帰国生が異文化経験を通じて得た特性とその活用

$p<.001$）、「自己表現力」（$t(469)=5.14$, $p<.05$）において、英語圏が非英語圏を有意に上回っていた。なお、英語圏では88.2％が現地校に在籍、日本人学校在籍者は4.2％に過ぎないのに対し、非英語圏での現地校在籍者は21.1％・日本人学校在籍者が41.7％であることから、後に述べる海外での在籍校別の分析結果とも類似する結果となっている。

　次に、「学年」、「在外年数」、「帰国後の年数」、「海外での在籍校」、「帰国後の在籍校」をそれぞれ独立変数、帰国生の特性6因子を従属変数として、一元配置分散分析を用い、有意差のみられたものについてはさらにScheffe(c)を用いた多重比較を行った。有意差のあった項目について、結果を【表6-3】に示す。

　属性による分散分析および多重比較の結果から、「学年」についてはいずれの因子においても下位尺度得点の有意な差はみられなかった。「在外年数」については、「外国語力」「対人関係力」「国際的知識・経験」「自己表現力」の各因子において、長期滞在者の下位尺度得点が短期・中期滞在者を上回っていた。「海外での在籍校」では「国際人としての態度」「外国語力」「国際的知識・経験」「自己表現力」で現地校およびインターナショナルスクールが日本人学校を有意に上回った。「帰国後の在籍校」では「日本人としての自覚」を除く全ての因子において、帰国生受入れ目的型が有意に高得点を得ていた。

3　学校および家庭によるサポートが帰国高校生の特性に与える影響

　続いて、帰国生に対する帰国後および在外時の学校や家庭によるサポートが、帰国生の特性に与える影響について分析を行った。まず、帰国後の学校によるサポートとして「私の高校は帰国経験を活かす上でよい環境である」「先生（友達）は私の帰国経験を認め、評価してくれた」「授業中に、帰国経験について話す機会がある」「帰国経験をいかした進路指導をしてくれる」、帰国後の家庭によるサポートとして「私の親は私が海外生活で得た知識や経験を活かすための援助をしてくれた」「早く日本社会や学校に慣れるよう援助してくれた」など、中学段階での帰国生は25項目・高校段階での帰国生は16項目の質問項目を設定した。

　また在外時の学校によるサポートとして「海外で在籍した学校で、私が日本人であることを認め、評価してくれた」「教科学習や現地に慣れるための援助

【表6−3】帰国高校生の特性6因子と属性の関連（上段は分散分析の結果、下段は多重比較の結果）

	F1 国際人としての態度 (SD)	F2 外国語力 (SD)	F3 対人関係力 (SD)	F4 国際的知識・経験 (SD)	F5 自己表現力 (SD)	F6 日本人としての自覚 (SD)
在外年数						
I. 5年未満 (n=177)	3.97 (0.71)	3.54 (1.15)	3.45 (0.92)	3.10 (0.91)	2.90 (1.20)	3.98 (0.87)
II. 5年〜10年 (n=202)	3.99 (0.85)	3.97 (1.05)	3.48 (0.90)	3.23 (0.92)	3.10 (1.21)	3.92 (0.96)
III. 10年以上 (n=87)	4.13 (0.61)	4.11 (0.98)	3.80 (0.82)	3.56 (0.84)	3.52 (1.12)	3.97 (0.93)
*F*値	F (2,450) =1.55	F (2,457) =11.66***	F (2,461) =4.92**	F (2,459) =8.12***	F (2,462) =8.70***	F (2,462) =0.25
多重比較	n.s	I＜III***, I＜II***	I＜III*, II＜III*	I＜III***, II＜III*	I＜III***, II＜III*	n.s
帰国後年数						
I. 2年未満 (n=185)	4.08 (0.73)	3.89 (1.09)	3.61 (0.92)	3.39 (0.92)	3.29 (1.24)	4.07 (0.88)
II. 2年〜5年 (n=171)	4.00 (0.73)	3.70 (1.17)	3.47 (0.90)	3.16 (0.90)	2.91 (1.21)	4.01 (0.86)
III. 5年以上 (n=97)	3.95 (0.74)	3.83 (1.06)	3.47 (0.86)	2.98 (0.86)	3.00 (1.17)	3.71 (0.96)
*F*値	F (2,444) =0.58	F (2,450) =1.69	F (2,455) =1.07	F (2,453) =5.71**	F (2,455) =7.19**	F (2,456) =4.34**
多重比較	n.s	n.s	n.s	II＜I*, III＜I**	II＜I*,	III＜I**, III＜II*

第2部　帰国生が異文化経験を通じて得た特性とその活用

	F1 国際人としての態度 (SD)	F2 外国語力 (SD)	F3 対人関係力 (SD)	F4 国際的知識・経験 (SD)	F5 自己表現力 (SD)	F6 日本人としての自覚 (SD)
海外での在籍校						
I．現地校 (n=238)	4.07 (0.70)	4.19 (0.77)	3.55 (0.91)	3.31 (0.89)	3.40 (1.09)	3.96 (0.91)
II．日本人学校 (n=108)	3.78 (0.82)	2.59 (1.19)	3.38 (0.93)	2.91 (0.94)	2.28 (1.23)	3.85 (0.98)
III．インター (n=80)	4.09 (0.57)	4.08 (0.85)	3.67 (0.78)	3.42 (0.78)	3.38 (1.08)	4.10 (0.81)
F 値	$F_{(2,413)} = 6.70^{**}$	$F_{(2,419)} = 119.54^{***}$	$F_{(2,423)} = 2.45$	$F_{(2,421)} = 10.06^{***}$	$F_{(2,424)} = 48.00^{***}$	$F_{(2,424)} = 1.62$
多重比較	II < I**, II < III**	II < I***, II < III***	n.s	II < I***, II < III***	II < I***, II < III***	n.s
帰国後の在籍校						
I．帰国生受入れ目的型 (n=266)	4.07 (0.70)	4.03 (0.99)	3.68 (0.85)	3.35 (0.83)	3.26 (1.17)	4.01 (0.87)
II．段階的混入 (n=149)	4.00 (0.73)	3.65 (1.16)	3.38 (0.90)	3.07 (0.95)	3.00 (1.23)	3.88 (0.98)
III．一般混入型 (n=54)	3.78 (0.92)	3.07 (1.21)	3.27 (1.01)	3.09 (1.04)	2.52 (1.23)	3.97 (0.91)
F 値	$F_{(2,459)} = 3.30^{*}$	$F_{(2,466)} = 19.81^{***}$	$F_{(2,470)} = 8.35^{***}$	$F_{(2,468)} = 5.60^{**}$	$F_{(2,471)} = 9.12^{***}$	$F_{(2,471)} = 0.95$
多重比較	III < I*	II < I**, III < II**, III < I***	III < I**, II < I**	II < I*	III < II*, III < I***	n.s

***$p<.001$, **$p<.01$, *$p<.05$

第6章　帰国高校生が異文化経験を通じて得た特性と関連要因

をしてくれた」、家庭によるサポートとして「私の親は海外にいても日本と同じような生活ができるよう配慮してくれた」「日本語力を保持するための援助をしてくれた」（日本向きサポート）、「私の親は、現地でなければできない経験ができるよう配慮してくれた」「私が現地の言葉を獲得するための援助をしてくれた」（現地向きサポート）など、質問項目9項目を設定した。

　回答は5件法により、それぞれのサポートの度合いを算出したのち、家庭や学校によるサポートが帰国生の特性に及ぼす影響を見るために、各サポートの平均値を独立変数、帰国生の特性6因子を従属変数として、重回帰分析を行った。なお、帰国後に中学校に在籍した者は中学校からのサポートも受けているため、高校入学前に帰国して中学校に在籍したことのある帰国生と、高校入学時以降の帰国生に分けてそれぞれ分析を試みた。

　なお、重回帰分析に先立ち、サポート平均値と帰国生の特性因子との関連を、中学段階の帰国生と高校段階での帰国生に分けて、ピアソンの相関係数を用いて分析した。

　まず、中学段階で帰国した帰国生についての分析結果を、【表6-4】および【表6-5】に示す。

　【表6-5】に示す「中学校在籍経験者」についての重回帰分析における F 検定の結果、各特性因子への影響は、$F_{(6,160)} = 9.52$、$F_{(6,161)} = 13.04$、$F_{(6,162)} = 11,22$、$F_{(6,162)} = 18.57$、$F_{(6,164)} = 9.71$、$F_{(6,164)} = 6.47$ で、いずれも $p < .001$ で有意であった。

　以下、各特性因子に有意な影響を及ぼしたサポート要因を順にみていく。まず「国際人としての態度」には『帰国後高校 $(p < .01)$』のみが有意に影響していた。「外国語力」に有意な影響を及ぼしたサポート要因は『帰国後高校 $(p < .05)$』『帰国後中学校 $(p < .05)$』『帰国後家庭 $(p < .001)$』の三つであった。「対人関係力」には『帰国後家庭 $(p < .001)$』のみが有意に影響していた。「国際的知識・経験」には最も多い『帰国後高校 $(p < .01)$』『帰国後中学校 $(p < .01)$』『帰国後家庭 $(p < .05)$』『在外時在籍校 $(p < .05)$』による四つのサポート要因が影響していた。また、「自己表現力」には『帰国後高校 $(p < .01)$』『帰国後家庭 $(p < .01)$』、「日本人としての自覚」には『帰国後中学校 $(p < .05)$』『在外時在籍校 $(p < .05)$』の各2要因が有意な影響を与えていた。

141

第2部　帰国生が異文化経験を通じて得た特性とその活用

【表6-4】家庭および学校によるサポートと「特性因子」との相関分析（中学段階帰国者）

		国際人としての態度	外国語力	対人関係力	国際的知識・経験	自己表現力	日本人としての自覚
帰国後高校	Pearson相関係数	.419**	.419**	.390**	.499**	.414**	.228**
	有意確率（両側）	.000	.000	.000	.000	.000	.001
	N	193	195	196	195	198	198
帰国後中学校	Pearson相関係数	.304**	.364**	.350**	.410**	.309**	.265**
	有意確率（両側）	.000	.000	.000	.000	.000	.000
	N	243	244	245	243	248	248
帰国後家庭	Pearson相関係数	.406**	.482**	.474**	.510**	.438**	.310**
	有意確率（両側）	.000	.000	.000	.000	.000	.000
	N	269	270	271	270	274	275
在外時在籍校	Pearson相関係数	.363**	.416**	.346**	.393**	.309**	.316**
	有意確率（両側）	.000	.000	.000	.000	.000	.000
	N	271	272	273	271	276	276
在外時家庭・日本向き	Pearson相関係数	.193**	.149*	.237**	.210**	.182**	.312**
	有意確率（両側）	.001	.014	.000	.001	.003	.000
	N	270	271	272	270	275	275
在外時家庭・現地向き	Pearson相関係数	.246**	.297**	.258**	.329**	.225**	.223**
	有意確率（両側）	.000	.000	.000	.000	.000	.000
	N	270	270	271	270	274	274

*** $p < .001$ ** $p < .01$ * $p < .05$

【表6-5】家庭および学校によるサポートの「特性因子」への影響（中学段階帰国者）

独立変数 ＼ 従属変数	国際人としての態度	外国語力	対人関係力	国際的知識・経験	自己表現力	日本人としての自覚
帰国後　高校	.314**	.164*	.076	.253**	.254**	.063
帰国後　中学校	.112	.148*	.115	.199**	.072	.168*
帰国後　家庭	.059	.333***	.382***	.196*	.298**	-.042
在外時　在籍校	.124	.144	.142	.163*	.020	.193*
在外時家庭・日本向き	-.002	-.138	-.056	-.048	-.034	.160
在外時家庭・現地向き	.078	.051	.006	.113	-.027	.078
R^2決定係数	.263***	.327***	.294***	.407***	.262***	.191***

数値は標準偏回帰係数　*** $p < .001$ ** $p < .01$ * $p < .05$

第6章　帰国高校生が異文化経験を通じて得た特性と関連要因

　サポート要因ごとに見ると、『帰国後高校』『帰国後家庭』が最も多い4因子にそれぞれ有意に影響を及ぼしていることがわかる。また、在外時の家庭によるサポートは、どの因子にも影響を与えていなかった。

　続いて、高校段階での帰国生について、家庭および学校によるサポート平均値と帰国生の特性因子との関連を検討した。【表6-6】にはピアソンの相関係数を用いた分析の結果、【表6-7】には各サポート要因が特性因子に及ぼす影響を重回帰分析によって分析した結果である。

　【表6-7】に示す「高校段階での帰国者」を対象とした重回帰分析におけるF検定の結果では、各特性因子への影響は$F_{(5,67)} =7.89$、$F_{(5,66)} =7.74$、$F_{(5,68)} =8.08$、$F_{(5,67)} =6.74$、$F_{(5,66)} =3.58$、$F_{(5,66)} =6.72$で有意であった（「自己表現力」のみ$**p<.01$、他の5因子は$***p<.001$）。

　以下、各特性因子に有意な影響を及ぼしたサポート要因を順にみていく。まず「国際人としての態度」因子は『帰国後高校（$p<.01$）』『在外時家庭現地向き（$p<.05$）』からのサポート要因に有意な影響を受けていることが示された。「外国語力」は『帰国後高校（$p<.01$）』『在外時家庭・現地向き（$p<.01$）』から有意な正の影響を受けており、『在外時家庭・日本向き（$p<.01$）』から有意な負の影響がみられた。「対人関係力」には『帰国後高校（$p<.01$）』『在外時在籍校（$p<.01$）』からのサポートが有意であり、「国際的知識・経験」「自己表現力」の二つの特性因子には、『帰国後高校』の1要因のみが有意な影響を及ぼしていた（$p<.01$または$<.05$）。「日本人としての自覚」には、有意な影響を与えるサポート要因は存在しなかった。

　サポート要因ごとにみると、中学段階での帰国生では四つの因子に有意に作用していた「帰国後家庭」はどの因子にも影響を及ぼしておらず、『帰国後高校』が最も多い五つの因子に有意に影響していた。また、中学段階の帰国生では全く影響のみられなかった『在外時家庭』によるサポートが、「国際人としての態度」「外国語力」に影響を及ぼしていることがわかる。

第3節　考　察

　以上の研究結果から明らかになった諸点について、以下、順に考察を行う。

143

第２部　帰国生が異文化経験を通じて得た特性とその活用

【表6-6】家庭および学校によるサポートと「特性因子」との相関分析（高校段階帰国者）

		国際人としての態度	外国語力	対人関係力	国際的知識・経験	自己表現力	日本人としての自覚
帰国後高校	Pearson相関係数	.527**	.500**	.561**	.525**	.469**	.448**
	有意確率（両側）	.000	.000	.000	.000	.000	.000
	N	75	75	78	77	76	76
帰国後家庭	Pearson相関係数	.438**	.346**	.410**	.504**	.457**	.487**
	有意確率（両側）	.000	.002	.000	.000	.000	.000
	N	79	79	82	80	80	80
在外時在籍校	Pearson相関係数	.435**	.358**	.408**	.397**	.224	.516**
	有意確率（両側）	.000	.001	.000	.000	.050	.000
	N	77	77	79	77	77	77
在外時家庭・日本向き	Pearson相関係数	.356**	.070	.060	.273*	.039	.397**
	有意確率（両側）	.001	.547	.597	.016	.737	.000
	N	78	77	80	78	78	78
在外時家庭・現地向き	Pearson相関係数	.468**	.354**	.177	.418**	.205	.473**
	有意確率（両側）	.000	.002	.119	.000	.074	.000
	N	77	77	79	77	77	77

*** p ＜.001 ** p ＜.01 * p ＜.05

【表6-7】家庭および学校によるサポートの「特性因子」への影響（高校段階帰国者）

独立変数 ＼ 従属変数	国際人としての態度	外国語力	対人関係力	国際的知識・経験	自己表現力	日本人としての自覚
帰国後　高校	.454**	.370**	.372**	.402**	.277*	.175
帰国後　中学校	—	—	—	—	—	—
帰国後　家庭	-.034	-.057	.069	.055	.220	.176
在外時　在籍校	-.052	.132	.500**	-.056	-.023	.208
在外時家庭・日本向き	-.014	-.513**	-.188	-.014	-.203	.202
在外時家庭・現地向き	.374*	.514**	-.238	.311	.160	-.023
R^2決定係数	.371***	.370***	.373***	.335***	.213**	.337***

数値は標準偏回帰係数　*** p ＜.001 ** p ＜.01 * p ＜.05

第6章　帰国高校生が異文化経験を通じて得た特性と関連要因

まず、第2節の1において明らかになった帰国高校生の特性は、「国際人としての態度」「外国語力」「対人関係力」「国際的知識・経験」「自己表現力」「日本人としての自覚」の6因子で、第4章の先行研究に挙げた江淵（1986）などによって示された帰国生の長所や、岡村（2010）で示された帰国大学生の特性とほぼ一致していた。異文化経験を通して獲得される特性は、江淵らの研究から20年を経ても大きな変化はなかったといえる。しかしながら、本研究で取り上げたのは「長所」といえる点のみであり、江淵らが挙げた「短所」、すなわち集団訓練の欠如や強すぎる自己主張、競争意識や常識の欠如などについては検証していない。第3章でも述べたとおり、今日のトランスナショナルな状況下では、これらの「短所」とされる点については、変化がみられることが推測されるだろう。

　次に、第2節の2においては帰国高校生の特性因子に関連する属性要因をみたが、この結果、英語圏からの帰国生で、在外期間が長期にわたり、帰国後年数が短く、在外時に現地校やインターナショナルスクールに在籍し、帰国後は帰国生受入れへの配慮がある学校へ受け入れられた学生は、自らの帰国生としての特性を強く意識する傾向があることが明らかになった。属性要因のうち、最も多い五つの特性因子において有意差がみられたのは「帰国後の受入れ形態」であり、帰国生受入れ目的校や段階的混入校に受け入れられた帰国生の方が、一般混入校の帰国生に比べてその特性を強く認識していることが明らかになった。帰国後の在籍校の選択は、帰国生の特性を活かすことを考える上で、非常に重要な意味を持つことが示唆されたといえる。また、在外時に日本人学校に在籍していた者の得点が、「外国語力」「国際的知識・経験」のような現地語環境にいることが直接的に影響する因子のみならず、「国際人としての態度」「自己表現力」という因子においても有意に低いことから、日本人学校による教育カリキュラムや教授法が日本国内のそれとほとんど変わりないことがうかがわれるであろう。さらに、英語圏に長期滞在し、現地校やインターナショナルスクールに在籍した帰国生が、活かすべき特性をより強く認識するという結果は、日本社会に根強い「英語偏重主義」の影響であると考えられる。ただし、特性因子別にみた場合、「国際人としての態度」「対人関係力」「日本人としての自覚」の3因子では英語圏・非英語圏による有意な差異はみられず、英語圏以外に滞

145

第2部　帰国生が異文化経験を通じて得た特性とその活用

在した帰国生も、様々な力を身につけて帰国していることが示唆される。活か
すべき帰国生の特性は語学力に限らず、近年人数が増えている中国をはじめと
するアジア圏等からの帰国生についても、その特性については英語圏からの帰
国生と同じように自覚しており、その伸長・活用について、より配慮が必要で
あるといえるだろう。

　第2節の3からは、多くの特性因子に対し、特に帰国後の在籍高校や、家庭
によるサポートの度合いが、強く影響することが明らかになった。中学時の帰
国生・高校時の帰国生いずれにおいても、「在外時の家庭」によるサポートは
どの特性因子にも有意な影響をもたらさなかったことも注目に値するであろう。
この結果からは、帰国生にとっては在外時の家庭によるサポートは大前提であ
ると受け取られていることが推測され、むしろ等閑になりがちな家庭による「帰
国後」のサポートが、帰国生の特性を活かす上で、重要な役割を果たす可能性
が示唆されたといえる。なお、「国際人としての態度」因子には、中学での帰
国生・高校での帰国生ともに「帰国後の高校」によるサポートが強く影響して
いた。これは、この因子を構成する「多様性を受け容れる寛容さ」「国際的な
視野に立って物事を考える力」「日本と他の国との関係を客観的に判断する能
力」「世界で起こっている出来事に目を向ける姿勢」などの項目が、中学段階
では学校からのサポートの影響は出にくいが、高校段階においては影響を受け
やすい特性であると解釈できる。

　また、高校入学前に帰国し日本の中学校に在籍した帰国生の方が、高校時の
帰国生に比べて「帰国後」のサポートによる影響を強く受けており、特に、「帰
国後の家庭」によるサポートは「外国語力」「対人関係力」「国際的知識・経験」
「自己表現力」の4因子に強く影響していた。これは、中学校段階での帰国生
が一般混入の公立中学校に帰国することが多い現状を反映しており、学校での
サポートが十分でない分を、家庭でのサポートによって補っていると推測する
ことができる。すなわち、中学校段階での帰国生の場合、帰国後の家庭による
サポートがより重要であることが示唆されたといえよう。また、中学校段階で
は年齢発達段階から学校においての同調圧力が強く、高校受験との関連もあり、
帰国生自身が自らの特性を活かしにくい状況にある。学校からのサポートがあっ
たとしても、それによって大きな影響を受けなかった可能性も考えられる。

146

第6章　帰国高校生が異文化経験を通じて得た特性と関連要因

　高校段階での帰国生の場合、『帰国後の高校』によるサポートが「国際人として の態度」「外国語力」「対人関係力」「国際的知識・経験」「自己表現力」の ５因子に強い影響をもたらしている一方、『帰国後の家庭』による有意な影響 はどの因子にもみられなかった。また、中学段階での帰国生ではどの因子にも 影響を及ぼさなかった『在外時の家庭』によるサポートが「国際人としての態 度」「外国語力」の各因子にそれぞれ有意に影響しており、在外時に家庭によ る現地向きのサポートを受けた帰国生は、国際人としての態度や外国語力を強 く認識していること、在外時に家庭による日本向きのサポートを受けた帰国生 は、外国語力を認識できにくいことが示された。

　さらに、高校段階の帰国生では、中学段階と異なり、『帰国後の家庭』によ るサポートは「外国語力」以外の特性因子に有意な影響をもたらしていない。 これは、帰国高校生はすでに家庭からのサポートを離れ、在籍する高校による サポートがほぼ全ての特性因子の認識に深く関わっているものと考えられる。 この結果から、高校による帰国生受入れ体制の整備が、帰国高校生の特性伸長・ 活用に重要な役割を果たすことが示唆されたといえる。

第6章　注

1　質問紙の全文を「稿末資料３」に示す。

2　序で述べたとおり、中学校・高校とも帰国枠での入学の条件が「帰国後２年以内」 という場合が多いため、調査時点では帰国後８年までの帰国生が含まれている。

3　第３章で述べたとおり、高校段階では帰国生が全校生徒の半数以上を占める「帰 国子女受入れを主たる目的として設置された高等学校」が５校存在するが、今 回の調査にはそのうちの２校が含まれている。

第2部　帰国生が異文化経験を通じて得た特性とその活用

第7章　帰国高校生の特性の活用に対する意識と関連要因

第1節　目的と方法

　第6章では、帰国高校生が自らの異文化経験を通して獲得したと認識している「特性」はどのようなものかを明らかにし、あわせてその関連する属性要因、および、家庭や学校からのサポートによる影響について検証した。続く本章では、第6章と同じ東京都内の帰国生受入れ高校計9校を対象とした質問紙調査のデータをもとに、帰国高校生が、在外中および帰国後の異文化経験を「活かす」ことに対してどのような意識を持っているのか、また、それに関連する要因は何かを検討する。調査協力者については【表6−1】を参照されたい。

　まず、帰国高校生の「異文化経験を活かす」ことに対する意識（以下、活用意識因子とする）についての因子分析を行い、続いて、抽出された活用因子の属性要因（学年、性別、在外時および帰国後の在籍校、在外年数、帰国後年数、滞在地など）との関連を示す。さらに、在外時および帰国後の「帰国生であることに対する肯定度」が、活用意識因子にもたらす影響について明らかにする。最後に、第6章で明らかになった帰国生の特性5因子と、本章において示された活用意識5因子との関連について重回帰分析を用いて検証する。

　本章で分析するのは、質問紙第2セクション「あなたは、自分が帰国生であることや、海外生活で得た知識や経験を活かすことについて、どのように考えていますか」の質問24項目である。質問内容としては「自分が帰国生であることについて、何の抵抗もなく友達に話すことができる」「帰国生であることは自分の一部であり、切り離すことはできない」「海外生活や帰国後の学校生活

148

で得た知識や経験を、帰国生の後輩に伝えたい」「クラスの友達などに、自分の帰国経験について積極的に話している」「海外生活で得た知識や経験は、自分の人生にとって必ず役に立つ」「自分が帰国生であることで、周りに期待されるのがいやだ」「海外生活で得た語学力を活かして、地域の外国人の役に立ちたい」など、自らの得た異文化経験を活かすことについての考え方を問うものとなっている。

　分析にあたっては、全てのデータを入力後、因子分析・分散分析・多重比較・重回帰分析等による分析を行った。データ入力の際、逆転項目となる質問に関しては「値の再割り当て」を用いて逆転させた後の数値を入力した。また、属性のうち帰国後の年数・在外年数合計などについては「変数のカテゴリー化」を用い、属する人数がほぼ同じになるような三〜四つのカテゴリーに区分した。

第2節　結　果

1　帰国高校生の特性の活用についての意識

　最初に、帰国高校生の「異文化経験を活かすことに対する意識」についての因子分析の結果について述べる。質問紙第2セクション「あなたは、自分が帰国生であることや、海外生活で得た知識や経験を活かすことについて、どのように考えていますか」という質問の24項目に対する回答（5件法）について因子分析を行い、「帰国生の帰国経験を活かすことに対する意識」に関する因子（活用型因子）を抽出した。主因子法で初期解を求めた後、固有値1以上で因子の数を決め、プロマックス回転を行った。各因子において.30以上の因子負荷量を示すものを基準に因子の解釈を行い、負荷量の低いものや複数の因子にまたがって負荷が高いもの、さらに特定の受入れクラス形態や在外時の在籍校により回答結果に大きな差異が予想される項目を削除し、18項目で再度因子分析を行った結果、【表7-1】に示す五つの因子を抽出した。

　第1因子は、「帰国経験を将来のキャリアに役立てたい」「資格試験や検定を受検したい」「帰国経験は自分の人生に役に立つ」「帰国生は海外経験を社会のために役立てるべきだ」などの6項目から成り、自分自身のキャリアや社会貢

献としての活用に関わる因子であることから「キャリア・社会貢献型」と命名した。

　第2因子は「学校説明会等大勢の前で帰国経験を話したい」「クラスの友達に帰国経験を積極的に話している」「帰国の経験や知識を帰国生の後輩に伝えたい」の3項目から成り、「学校貢献型」と名付けた。

　第3因子は「帰国生であることを抵抗なく話せる」「特に意識せずに日常生活に海外経験を活かしている」「帰国生であることは自分の一部で切り離せない」の3項目で、海外経験を自分とは切り離せないものと認識しているところから、「融合型」と命名した。

　第4因子は「帰国生であることで周囲に期待されるのが嫌だ」「帰国経験を話す機会があっても断る」「帰国生であることは特別なことではない」「活かすべき能力を獲得していない」の4項目から成り、「不活用型」と名付けた。

　第5因子は「大学受験では帰国枠を使わない（逆転項目）」「帰国生であることでよいクラスに入れた」の2項目で、帰国枠を使った受験やクラス分けにおいての帰国生の特権に関するものであることから、「特権利用型」と命名した。なお、以上の結果について、因子ごとにクロンバックの α 係数を求めたところ、第1因子 = .855、第2因子 = .772、第3因子 = .617、第4因子 = .534、第5因子 = .384 であった。

2　帰国高校生の特性の活用に関連する属性要因

　続いて、上記1で抽出された「帰国経験を活かすことに対する意識」因子（以下、「活用型因子」とする）の各因子に対する、属性による差異を検討した。その際、性別および滞在地（英語圏／非英語圏）については t 検定を行い、学年・在外年数・帰国後年数・在外時の在籍校の各要因については分散分析ののち、有意な差異がみられた要因については多重比較を行い、どの水準間に差異があるかを分析した。

　t 検定の結果、「性別」については、「キャリア・社会貢献型」因子において、男子生徒よりも女子生徒の平均値が有意に高かった（t(377)=2.11, p<.05）。滞在地（英語圏／非英語圏）では、同じく「キャリア・社会貢献型」因子において、英語圏からの帰国生の得点が、非英語圏からの帰国生を有意に上回った

150

第7章　帰国高校生の特性の活用に対する意識と関連要因

【表7-1】帰国生の「異文化体験を活かす」ことに対する意識（因子分析の結果）

	因子				
	1	2	3	4	5
第1因子：キャリア・社会貢献型（ a =.855）					
帰国経験を将来のキャリアに役立てたい	**0.806**	-0.151	-0.04	-0.031	0.094
資格試験や検定を受検したい	**0.788**	-0.17	-0.04	-0.056	0.293
帰国経験は自分の人生に役に立つ	**0.784**	-0.08	0.04	0.102	-0.317
帰国生は海外経験を社会のために役立てるべきだ	**0.715**	0.173	-0.052	-0.027	0.026
語学力を英語など語学の授業で活かしたい	**0.625**	0.223	0.033	-0.056	-0.015
地域の外国人の役に立ちたい	**0.542**	0.22	-0.02	-0.073	0.028
第2因子：学校貢献型（ a =.772）					
学校説明会等大勢の前で帰国経験を話したい	-0.019	**0.747**	-0.008	0.058	0.033
クラスの友達に帰国経験を積極的に話している	-0.077	**0.685**	0.066	0.061	0.009
帰国の経験や知識を帰国生の後輩に伝えたい	0.089	**0.659**	0.041	-0.029	0.115
第3因子：融合型（ a =.617）					
帰国生であることを抵抗なく話せる	-0.14	0.033	**0.769**	-0.078	0.031
特に意識せずに日常生活に海外経験を活かしている	0.127	0.035	**0.558**	-0.041	0.001
帰国生であることは自分の一部で切り離せない	0.276	0.066	**0.389**	0.039	-0.085
第4因子：不活用型（ a =.534）					
帰国生であることで周囲に期待されるのが嫌だ	0.138	-0.052	0.009	**-0.507**	-0.08
帰国経験を話す機会があっても断る	-0.002	0.116	-0.211	**-0.464**	-0.123
帰国生であることは特別なことではない	-0.024	-0.197	0.255	**-0.462**	0.038
活かすべき能力を獲得していない	-0.237	0.013	-0.077	**-0.421**	-0.083
第5因子：特権利用型（ a =.384）					
大学受験では帰国枠を使わない（逆転項目）	-0.023	0.1	0.008	0.09	**0.405**
帰国生であることでよいクラスに入れた	0.105	0.09	0.021	0.06	**0.289**

因子間相関	1	2	3	4	5
1	1	0.499	0.545	0.524	0.313
2	0.499	1	0.43	0.465	0.194
3	0.545	0.43	1	0.542	0.146
4	0.524	0.465	0.542	1	0.231
5	0.313	0.194	0.146	0.231	1

第2部　帰国生が異文化経験を通じて得た特性とその活用

（$t(377)=2.83, p<.01$）。

　分散分析および多重比較の結果は、【表7－2】に示すとおりである。順にみ
ていくと、まず、「学年」では「学校貢献型」において3年生が1年生より、「特
権利用型」においては1年生が3年生より、それぞれ有意に高い得点を示した。
「在外年数」を短期（5年未満）・中期（5年～10年）・長期（10年以上）の3水
準で比較したところ、「学校貢献型」において、長期滞在者が短期・中期滞在
者より、「不活用型」において短期・中期滞在者が長期滞在者より高得点であった。
「帰国後年数」を2年以内・2年～5年、5年以上の3水準で比較したところ、「学
校貢献型」および「特権利用型」の2因子において、2年以内の得点が2～5
年および5年以上の得点を有意に上回っていた。「在外時の在籍校」については、
「キャリア・社会貢献型」「融合型」「特権利用型」の3因子で、現地校やインター
ナショナルスクール在籍者の得点が日本人学校在籍者より高く、「不活用型」
では逆に日本人学校在籍者の方が高得点であることが示された。「帰国後の受
入れ形態」では、「不活用型」において「帰国生受入れ目的型」＜「一般混入
型」、それ以外の全ての活用因子において、「一般混入型」＜「帰国生受入れ目
的型、段階混入型」という結果であった。

　以上の結果について、それぞれの活用型因子ごとに関連のみられた属性を
まとめると、「キャリア・社会貢献型」因子では、英語圏滞在者・現地校在籍
者・女子・帰国後に受入れ目的校へ受け入れられた者、「学校貢献型」因子では、
3年生・在外年数が長期の者・帰国後年数が短期の者・帰国後に受入れ目的校
へ受け入れられた者、「融合型」因子では、現地校在籍者・帰国後に受入れ目
的校へ受け入れられた者、「不活用型」因子では、在外年数が短期の者・日本
人学校在籍者・帰国後に一般混入校へ受け入れられた者、「特権利用型」因子
では、1年生・インターナショナルスクール在籍者・帰国後年数が短期の者・
帰国後に受入れ目的校へ受け入れられた者が、それぞれ有意に高い得点を示す
ことが明らかになった。

3　帰国生であることに対する肯定度と「活用型因子」の関連

　次に、帰国生（あるいは在外生）であることを振り返っての「肯定度」が「活
用型因子」にもたらす影響について分析を行った。海外滞在中や帰国後の経験

【表7-2】「活用型因子」への属性による影響（分散分析・多重比較の結果）

	キャリア・社会貢献型 (SD)	学校貢献型 (SD)	融合型 (SD)	不活用型 (SD)	特権利用型 (SD)
学年					
I.1年生 (n=208)	3.94 (0.88)	3.92 (0.74)	3.43 (0.93)	3.10 (0.92)	3.47 (1.05)
II.2年生 (n=174)	3.82 (0.80)	4.02 (0.79)	3.49 (0.89)	3.19 (0.91)	3.23 (1.09)
III.3年生 (n=105)	3.93 (0.84)	4.13 (0.61)	3.80 (0.82)	3.56 (0.84)	3.28 (1.10)
F値	$F_{(2,378)}=2.59$	$F_{(2,474)}=3.07^{*}$	$F_{(2,473)}\ 2.15$	$F_{(2,475)}=2.25$	$F_{(2,379)}=7.10^{**}$
多重比較	n.s	I＜III*	n.s	n.s	III＜I**
在外年数					
I.5年未満 (n=177)	3.93 (0.86)	2.74 (0.98)	4.10 (0.79)	2.83 (0.68)	3.15 (1.13)
II.5年～10年 (n=202)	3.84 (0.90)	2.85 (0.99)	4.15 (0.71)	2.70 (0.71)	3.41 (0.99)
III.10年以上 (n=87)	4.03 (0.70)	3.17 (1.06)	4.28 (0.69)	2.56 (0.88)	3.39 (1.17)
F値	$F_{(2,370)}=1.37$	$F_{(2,465)}=6.03^{**}$	$F_{(2,464)}=1.69$	$F_{(2,466)}=2.58^{**}$	$F_{(2,371)}=2.37$
多重比較	n.s	I＜III**,I＜II*	n.s	III＜I**	n.s
海外での在籍校					
I.現地校 (n=238)	4.01 (0.78)	2.90 (0.99)	4.21 (0.73)	2.66 (0.76)	3.30 (1.11)
II.日本人学校 (n=108)	3.57 (0.98)	2.68 (1.01)	3.94 (0.77)	3.00 (0.63)	3.10 (1.11)
III.インター (n=80)	4.17 (0.58)	3.00 (0.99)	4.30 (0.64)	2.62 (0.70)	3.63 (1.02)
F値	$F_{(2,335)}=12.34^{***}$	$F_{(2,423)}=2.73$	$F_{(2,428)}=6.69^{***}$	$F_{(2,428)}=7.86^{***}$	$F_{(2,336)}=4.23^{*}$
多重比較	II＜I,III***	n.s	II＜I***,II＜III***	I＜II***,III＜II**	II＜III*
帰国後年数					
I.2年未満 (n=185)	3.98 (0.84)	3.07 (1.02)	4.18 (0.77)	2.64 (0.79)	3.62 (0.99)
II.2年～5年 (n=171)	3.85 (0.82)	2.76 (0.98)	4.14 (0.76)	2.80 (0.70)	3.05 (1.11)
III.5年以上 (n=97)	3.86 (0.89)	2.71 (0.97)	4.13 (0.70)	2.76 (0.70)	2.74 (1.12)
F値	$F_{(2,365)}=1.02$	$F_{(2,458)}=6.04^{**}$	$F_{(2,457)}=0.14$	$F_{(2,459)}=2.09$	$F_{(2,367)}=18.47^{***}$
多重比較	n.s	II＜I**,III＜I*	n.s	n.s	II＜I***,III＜I***
帰国後の在籍校					
I.受入れ目的型 (n=266)	3.96 (0.77)	3.05 (0.96)	4.29 (0.68)	2.58 (0.74)	3.56 (0.99)
II.段階的混入 (n=149)	4.10 (0.78)	2.61 (1.00)	4.00 (0.77)	2.89 (0.70)	2.84 (1.16)
III.一般混入型 (n=54)	3.57 (1.09)	2.72 (1.06)	3.92 (0.88)	3.02 (0.67)	2.38 (0.92)
F値	$F_{(2,378)}=6.67^{**}$	$F_{(2,474)}=9.92^{***}$	$F_{(2,473)}=11.04^{***}$	$F_{(2,475)}=13.78^{***}$	$F_{(2,379)}=36.73^{***}$
多重比較	III＜I**,III＜II**	II＜I***	II＜I***,III＜I**	I＜II***,I＜III***	II＜I***,III＜I***

第2部　帰国生が異文化経験を通じて得た特性とその活用

に対する意識が肯定的であるか否定的であるかは、海外経験の活用意識に影響
をもたらすことが考えられるが、本項の分析は、それを実証的に検証しようと
するものである。

　肯定度を測る尺度として、在外中については「海外生活で、日本いては得ら
れなかった知識や経験をすることができた」「海外生活ができてよかったと感
じることが多かった」「海外の学校ではたくさん友達ができた」「海外の学校
で、外国人であることで損をしたことがある（逆転項目）」「外国人であることで、
友達にからかわれたり、仲間外れにされたりした（逆転項目）」「海外の学校では、
外国人であることでクラスに居場所がないと感じていた（逆転項目）」「海外の
学校のできごとは、なるべく思い出したくない（逆転項目）」の７項目、帰国
後については「帰国生であることで、得をしていることがある」「帰国生でよかっ
たと感じることが多い」「帰国生であることを誇りに思っている」「帰国生であ
ることで、クラスで注目されて嬉しかったことがある」「帰国生であることで、
クラスで居場所がないと感じる（逆転項目）」「帰国生であることで、クラスで
友達ができない（逆転項目）」「帰国生であることで、損をしていることがある（逆
転項目）」「帰国生であることで、友達にからかわれたり、仲間外れにされたり
した（逆転項目）」「帰国生であることで、クラスで注目されて、いやな思いを
した（逆転項目）」「海外に行かなければよかったと思うことがある（逆転項目）」
の10項目を用意した。

　それぞれの項目に対する５段階の回答の合計点を平均し、「変数のカテゴリー
化」を用いて「肯定度高群」・「中群」・「低群」の３水準がほぼ同数になるよう
に分割して分散分析を行った。さらに、有意差のみられた項目については多重
比較を行い、どの群の間に差があるかを検定した。結果を【表7−3】および【表
7−4】に示す。

　まず、在外中の肯定度は、全ての活用型因子に影響をもたらしていることが
示され、特に「キャリア・社会貢献型」「融合型」「不活用型（マイナスの影響）」
においては、肯定度高群の帰国生の方が、低群の帰国生に比べて顕著に活用意
識が高いことが確認された。帰国後の肯定度に関しては「特権利用型」を除く
全ての活用型因子において $p < .001$ で有意な影響が示され、帰国生であること
に対する肯定度の高い帰国生の方が、低い帰国生に比べて活用意識が高い傾向

【表7-3】 在外時の「在外生であること」に対する肯定度と「活用型因子」の関連

（分散分析および多重比較の結果）

在外時の 肯定度	F1キャリア・ 社会貢献型 (SD)	F2学校貢献 型 (SD)	F3融合型(SD)	F4不活用型 (SD)	F5特権利用 型 (SD)
Ⅰ低群	3.65 (0.86)	2.66 (1.02)	3.86 (0.81)	2.97 (0.72)	3.29 (0.86)
Ⅱ中群	4.05 (0.77)	2.96 (0.99)	4.24 (0.68)	2.64 (0.74)	3.45 (0.86)
Ⅲ高群	4.13 (0.76)	2.97 (1.01)	4.45 (0.63)	2.57 (0.64)	3.56 (0.89)
F 値	$F_{(2,367)}=11.42$***	$F_{(2,463)}=4.68$**	$F_{(2,461)}=21.15$***	$F_{(2,463)}=12.52$***	$F_{(2,368)}=2.40$*
多重比較	Ⅰ＜Ⅱ***, Ⅰ＜Ⅲ***	Ⅰ＜Ⅱ**	Ⅰ＜Ⅱ***, Ⅰ＜Ⅲ***	Ⅱ＜Ⅰ***, Ⅲ＜Ⅰ***	*n.s.*

*** p ＜.001 **p＜.01 *p＜.05

【表7-4】 帰国後の「帰国生であること」に対する肯定度と「活用型因子」の関連

（分散分析および多重比較の結果）

在外時の 肯定度	F1キャリア・ 社会貢献型 (SD)	F2学校貢献 型 (SD)	F3融合型(SD)	F4不活用型 (SD)	F5特権利用 型 (SD)
Ⅰ低群	3.51 (1.06)	2.25 (0.90)	3.78 (0.82)	3.13 (0.63)	3.15 (0.92)
Ⅱ中群	3.93 (0.73)	2.62 (0.92)	4.01 (0.77)	2.89 (0.71)	3.50 (1.02)
Ⅲ高群	4.23 (0.66)	3.07 (0.92)	4.40 (0.54)	2.56 (0.88)	3.33 (0.86)
F 値	$F_{(2,166)}=12.33$***	$F_{(2,254)}=18.36$***	$F_{(2,253)}=17.41$***	$F_{(2,257)}=17.63$***	$F_{(2,165)}=1.87$
多重比較	Ⅰ＜Ⅱ*, Ⅰ＜Ⅲ***	Ⅰ＜Ⅱ*, Ⅰ＜Ⅲ*** Ⅱ＜Ⅲ**	Ⅰ＜Ⅲ*** Ⅱ＜Ⅲ**	Ⅱ＜Ⅰ*, Ⅲ＜Ⅰ*** Ⅲ＜Ⅱ**	*n.s.*

*** p ＜.001 **p＜.01 *p＜.05

にあることが明らかになった。

4 帰国高校生の「特性因子」と「活用型因子」の関連

次に、第6章で明らかになった帰国生の特性因子と、本章にて検証した帰国経験の活用型因子との関連について検討したい。どのような特性を持つ帰国生が、それをどのように活用しようと考えているのか、すなわち、「獲得した特性」が「活用意識」に与える影響である。まず、ピアソンの相関係数を用いて両者の関連

第2部　帰国生が異文化経験を通じて得た特性とその活用

について検討した結果を、【表7-5】に示す。次に、「国際人としての態度」「外国語力」「対人関係力」「国際的知識・経験」「自己表現力」「日本人としての自覚」の六つの特性因子を独立変数、「キャリア・社会貢献型」「学校貢献型」「融合型」「不活用型（マイナス）」「特権利用型」の五つの活用因子を従属変数として、重回帰分析を行った。結果を【表7-6】に示す。

　【表7-6】に示す重回帰分析における F 検定の結果、各特性因子への影響は $F_{(6,340)} = 78.32$、$F_{(6,425)} = 34.25$、$F_{(6,425)} = 28.36$、$F_{(6,428)} = 21.71$、$F_{(6,342)} = 2.22$ で有意であった（「特権利用型」のみ $**p<.05$、他の5因子は $***p<.001$）。

　以下、帰国生の各活用因子に有意な影響を及ぼした特性因子を順にみていく。まず「キャリア・社会貢献型」因子では五つの活用因子による影響がみられ、「国際人としての態度」「外国語力」「国際的知識・経験」「日本人としての自覚」の4因子が $p<.001$、「自己表現力」が $p<.01$ で有意で、「自己表現力」はマイナス方向の影響であった。「学校貢献型」因子では、「対人関係力」および「国際的知識・経験」が $p<.001$、「日本人としての自覚」が $p<.05$ でそれぞれ有意であった。「融合型」因子においては、「国際人としての態度」「外国語力」「対人関係力」が $p<.001$、「自己表現力」「日本人としての自覚」が $p<.05$ で有意であり、「自己表現力」はこの因子にもマイナスの影響をもたらしていた。「不活用型」因子では、「外国語力」「対人関係力」「国際的知識・経験」が、それぞれ $p<.001$、$p<.01$、$p<.05$ で有意で、いずれもマイナス方向の影響を与えていた。最後に「特権利用型」因子では R^2 決定係数の値が低く、全体として大きな影響力はないと想定され、「自己表現力」のマイナス方向の影響（$p<.05$）以外の因子において、有意な差は見られなかった。

　これらの結果から、「キャリア・社会貢献型」活用意識を持つ帰国生は、外国語力に優れて国際的知識・経験を持ち、日本人としての自覚や国際人としての態度を身につけている傾向にあること、「学校貢献型」活用意識を持つ帰国生は、対人関係に優れ、国際的知識・経験を持つであろうこと、「融合型」活用意識を持つ帰国生は、外国語力および対人関係力に優れ、国際人としての態度を身につけている傾向にあること、「不活用型」の帰国生は外国語力や対人関係力が高くなく、国際的知識・経験を獲得していないと感じていることが示唆されたといえる。なお、「自己表現力」因子は「キャリア・社会貢献型」「融

156

第7章　帰国高校生の特性の活用に対する意識と関連要因

【表7−5】「特性因子」と「活用型因子」の相関分析

		キャリア・社会貢献型	学校貢献型	融合型	不活用型	特権利用型
国際人としての態度	Pearson相関係数	.632**	.407**	.453**	-.248**	.091
	有意確率（両側）	.000	.000	.000	.000	.080
	N	366	457	457	459	368
外国語力	Pearson相関係数	.525**	.321**	.355**	-.434**	-.033
	有意確率（両側）	.000	.000	.000	.000	.527
	N	372	464	463	465	373
対人関係力	Pearson相関係数	.481**	.485**	-.417**	.043	.510**
	有意確率（両側）	.000	.000	.000	.406	.000
	N	377	377	378	375	377
国際的知識・経験	Pearson相関係数	.637**	.501**	.386**	-.356**	.013
	有意確率（両側）	.000	.000	.000	.000	.802
	N	377	466	465	467	375
自己表現力	Pearson相関係数	.456**	.400**	.304**	-.377**	-.056
	有意確率（両側）	.000	.000	.000	.000	.274
	N	376	469	468	470	378
日本人としての自覚	Pearson相関係数	.414**	.294**	.297**	-.129**	.115*
	有意確率（両側）	.000	.000	.000	.005	.025
	N	376	469	468	470	378

*** $p < .001$ **$p < .01$ *$p < .05$

【表7−6】「特性因子」が「活用型因子」に及ぼす影響（重回帰分析の結果）

独立変数 ＼ 従属変数	キャリア・社会貢献型	学校貢献型	融合型	不活用型	特権利用型
国際人としての態度	.250***	.016	.200***	.087	.113
外国語力	.278***	.011	.195***	-.305***	-.009
対人関係力	.064	.234***	.239***	-.168**	.089
国際的知識・経験	.381***	.276***	.080	-.146*	-.044
自己表現力	-.155**	.075	-.129*	-.031	-.166*
日本人としての自覚	.163***	.111*	.106*	-.003	.090
R^2決定係数	.580***	.326***	.286***	.233***	.037*

数値は標準偏回帰係数 *** $p < .001$ **$p < .01$ *$p < .05$

合型」「特権利用型」の各因子にマイナスの影響をもたらしていた。この結果から、「自己表現力」を構成する「大勢の前で話すスピーチ能力」「ディベートやディスカッション能力」「説得力のあるプレゼンテーション能力」の3項目の能力を得たと認識している帰国生は、むしろその能力を活かすことに否定的な意識を持つ傾向にあるといえる。

第3節　考　察

　本章では、帰国高校生が自らの帰国経験を活かすことに対する意識とその関連要因を明らかにするとともに、それら活用意識の将来のキャリアについての意識との関連についても検討を行った。以下、本章における四つの研究により得られた知見について、先行研究等に照らして順に考察を行う。

　第2節の1では、「異文化経験を活かす」ことに対する意識についての因子分析の結果、「キャリア・社会貢献型」「学校貢献型」「融合型」「不活用型」「特権利用型」の5因子構造であることが示された。帰国経験を将来のキャリアや社会貢献として活用しようとする型、自分が所属する学校のために役立てようとする型、異文化経験を自分の中に融合させた形で特に意識せずに活かしていく型、帰国生に与えられた特別受験枠などの特権を利用しようとする型などの様々な活用型がある一方で、「不活用型」の帰国生も見られ、第4章でみた羽下・松嶋（2003）で示された「隠匿型」の存在を裏付ける形となった。また、第5章における帰国中学生の結果と同一の質問紙による調査ではないため単純な比較には適さないが、帰国中学生では「在外経験の肯定的活用」には関心がないことが示されたのに対し、帰国高校生ではキャリア、社会貢献、学校への貢献など様々な形で自らの異文化経験を活用しようとする意識がみられたことは注目に値する。本研究の対象となった高校生が在籍する高校9校のうち3校は帰国生受入れ目的校であり、【表7-1】に示したとおり、54.6% が帰国生受入れ目的校、30.6% が段階的混入形態で受け入れられていることから、8割以上の対象者が在籍校からのサポートを受けやすい環境にあることが要因の一つといえるであろう。加えて、第3章で述べたとおり、高校段階での帰国生受入れ目的校では全生徒の半数以上を帰国生が占めており、学校全体が帰国生クラスの

第7章　帰国高校生の特性の活用に対する意識と関連要因

ような環境になっていることも、中学校段階の帰国生受入れ校との大きな違いである。また、Atwater（1992）は、青年期には自己の安定のために友人との関わりを希求するが、特に青年期後期（高校生後期〜大学生期）では知的・情緒的成熟に伴いお互いの違いを受容しつつ相手との信頼・自己開示に基づいた友人関係が維持されると述べており、帰国経験の活用についても、中学生期とは異なる意識を持つようになるものと考えられるだろう。

　第2節の2においては、1で明らかになった「活用型5因子」の関連要因について検討した。まず、第1因子「キャリア・社会貢献型」因子については、男子よりも女子、英語圏に滞在、在外時に現地校に在籍していた場合、帰国生受入れ目的校に受け入れられた帰国生が、有意に高い得点を示していた。これは日本社会に根強い「活かせるキャリア＝英語」という「英語偏重主義」の影響と考えられる。また、帰国後年数が短く、3年生で、帰国生受入れ目的校に受け入れられた帰国生が第2因子「学校貢献型」としての活用を強く意識しており、帰国後の記憶が新しいうちに、学校や後輩帰国生に情報を提供するなどして、役に立とうとしていることがうかがわれる。第3因子「融合型」は、現地校に在籍して受入れ目的校へ受け入れられた帰国生で得点が高く、自分の中に帰国経験を取り込み、特に意識することなく帰国経験を活用していた。第5因子「特権利用型」では、1年生、在外時にインターナショナルスクールに在籍、帰国後年数短期で受入れ目的校へ受け入れられた帰国生で有意に得点が高く、帰国直後の帰国生が、利用できる帰国生の特権をよく活用していることが示唆された。受入れ目的校の受験も、この「特権利用」の一つの形と考えることができよう。また、インターナショナルスクールは主に英語圏以外の国に在籍する場合に選択されることから、海外滞在中に現地での生活をしながら学校では英語を勉強したという点で現地校や日本人学校出身者にはない苦労をしており、その経験を意識して特権活用につなげようとする意識の表れであると考えられる。

　これらの「不活用型」因子を除く活用型因子の全てにおいて、「帰国生受入れ目的校」在籍者の活用意識が有意に高かったことは注目に値するであろう。帰国生受入れ校では帰国生教育に対する特別な配慮がなされており、彼らが持ち帰った経験を活用する環境が整っていることがその要因と考えられ、帰国後

159

第2部　帰国生が異文化経験を通じて得た特性とその活用

の学校での受入れ環境が、帰国生の特性活用の重要なキーであることが示唆されたといえる。一方、在外年数が短い場合や、日本人学校在籍者、一般混入校に受け入れられた帰国生は第4因子「不活用型」になる傾向がみられた。在外中に日本人学校に在籍し、日本語力等に問題がない帰国生は、一般混入校に受け入れられることが多い。このため帰国経験をクラスで活用する機会が少なく、英語力以外に獲得した帰国経験まで不活用になってしまう可能性があり、注意が必要である。なお本研究の対象校のうち特に高校には帰国生が多数在籍する受入れに慣れた学校が多く、高校入学時にその学校を選んでいることが、すでに「異文化経験の活用」に対する積極的な意識の表れであるとも考えられるだろう。この点についてはさらに検討が必要である。

　第2節の3では、在外時および帰国後の「帰国生（在外生）であること」に対する肯定度が「活用型5因子」に与える影響について検討した。この結果、在外時に海外での生活を楽しみ、現地の学校において肯定的な経験を積み重ねた帰国生は、帰国経験の肯定的活用の意識が高い傾向にあることが明らかになった。また、帰国後に帰国生として得をしていると感じたり、帰国後のクラスでの友人関係が良好で、帰国生であることを誇りに思ったりする帰国生は、同じく帰国経験の活用について肯定的な意識を持つことがうかがえる。すなわち、帰国経験の活用に対する意識を高めるためには、在外時および帰国後に肯定的な経験を積み重ねることが重要であり、家庭及び学校、さらにはコミュニティ全体での受入れ環境を整えることにより、活用への意識を高めることができる可能性が示唆されたといえよう。

　4では、帰国高校生が獲得したと認識している「特性因子」と、その活用についての意識である「活用型因子」の関連について検証した。まずプラス方向の影響が有意であった項目について考察する。「キャリア・社会貢献型」の活用意識を持つ帰国生は、外国語力や国際的な知識や経験があり、日本人としての自覚を持ち、国際人としての態度を身につけている傾向があることが示された。海外生活経験者ならではの語学力や知識・経験や国際人としての態度を、キャリアや社会貢献に活用しようと考えるのは当然であり、さらに日本人としての自覚を持って日本社会に貢献しようとしていることがうかがわれる。これに対して「学校貢献型」意識には「対人関係力」因子の関わりが大きい。この因子

には「誰にでもためらわず話しかけられる積極性」「クラスや学校でリーダーシップをとれる統率力」「自分のことを人に理解してもらうための自己開示力」「授業中にためらわず発言できる積極性」「誰とでも仲良くできる協調性」「豊かな日本人の友人関係」の６項目が含まれており、このような学校内での円満で積極的な対人関係を持つ帰国生が、自らの帰国経験を、学校や同じ立場にある友人や後輩などのために役立てようと考えていると解釈できる。また、帰国経験を自分と不可分のものととらえ、取り立てて意識することなく生活の中で活用する「融合型」の帰国生は、高い外国語力をもち、対人関係力に優れ、国際人としての態度を備えていることがうかがわれる。この活用型において、国際的知識や経験はことさらに意識されることなく、日本人としての自覚も特に影響を及ぼしていない。国際感覚豊かでコミュニケーション能力に優れた自然体の帰国生というイメージであろう。

　一方、「不活用型」因子においては、有意な影響は全てマイナス方向であった。外国語力が低く、対人関係も消極的で、国際的知識・経験を身につけていないと感じる帰国生は、「活かすべき帰国経験を獲得していない」と感じ、帰国生であることで周囲に期待されることを嫌い、「帰国経験を話す機会があっても断る」という傾向にある。これが岡村（2011）でいうところの「封印型」に通じるもので、今後の帰国生受入れの大きな課題の一つといえる。

　なお、「自己表現力」因子は「キャリア・社会貢献型」「融合型」「特権利用型」の各因子にマイナスの影響をもたらしたが、この結果について考えてみよう。本質問紙における「自己表現力」因子に含まれる項目は「大勢の前で話すスピーチ能力」「ディベートやディスカッション能力」「説得力のあるプレゼンテーション能力」の３項目であった。高校生が認識する「ディベートやディスカッション」や「コンピューター関連の技術」のような技能的な自己表現力は、学校の授業において活かすことはあっても、将来のキャリアや社会貢献、学校への貢献というような活用には直接結びつくものではない可能性がある。また、「自己表現」というスキルは、社会のためというよりは自分本位な意味合いを持つものである。先行研究でみたとおり、帰国生の位置取りの戦略の一つとして自己表現を抑えることが挙げられており（渋谷, 2001）、特性を活かすことをあえて避けることで、自分を活かす帰国生も多いと考えられる。

第2部　帰国生が異文化経験を通じて得た特性とその活用

第8章 帰国高校生が考えるキャリアとしての特性の活用

第1節　目的と方法

　第6章および第7章においては、帰国高校生が海外および帰国後の生活を通じて身につけたと認識している特性は何か、また、帰国生自身がそれらの特性を活かすことについてどのような考え方を持っているかを明らかにした。先行研究の章でも述べたとおり、近年の帰国生を取り巻く社会環境の変化により、帰国生がその特性を活かしてグローバル人材として社会に貢献することが求められている。しかしながら、それは外部からの強制であってはならず、帰国生自身がそのキャリアとしての活用についてどのような考えを持っているかを把握する必要があるだろう。本章では、帰国高校生の自分の将来のキャリアについての意識について調べ、その関連要因を検討した。

　本章の分析には、第6章および第7章と同一の東京都内の帰国生受入れ高校計9校を対象とした質問紙調査の結果を用いた。調査協力者については【表6-1】を参照されたい。

　本章の分析に用いるのは、質問紙のうち第4セクション「大学進学や将来のキャリアなどに対する考えについて、1〜5であてはまるところに○をつけてください」における9項目に対する回答である。質問内容は「大学進学では、海外経験を活用できる専攻に進みたい」「大学進学では、外国語能力を活用できる専攻に進みたい」「将来は、海外の企業に就職したい」「将来は、日本の企業に就職して、国内で仕事をしたい」「将来は、国際協力に関係する仕事に就きたい」「将来は、国連など国際的な仕事に関わる公務員になりたい」など、

162

高校生段階で考えられる範囲で将来のキャリアに対する意識を問うものである。分析にあたっては、全てのデータを入力後、因子分析・分散分析・多重比較・重回帰分析等による分析を行った。データ入力の際、逆転項目となる質問に関しては「値の再割り当て」を用いて逆転させた後の数値を入力した。また、属性のうち帰国後の年数・在外年数合計などについては「変数のカテゴリー化」を用い、属する人数がほぼ同じになるようなカテゴリーに区分した。

第2節　結　果

1　帰国高校生のキャリアとしての特性の活用に対する意識

　まず、帰国高校生の「将来のキャリアに対する意識」とはどのようなものか、因子分析により検討した。第6章および第7章と同じ質問紙調査により、将来のキャリアに対する考え方を問う第4セクション9項目に対する回答（5件法）について因子分析を行い、「将来のキャリアに対する意識」に対する3因子を抽出した。主因子法で初期解を求めた後、固有値1以上で因子の数を決め、プロマックス回転を行った。各因子において.30以上の因子負荷量を示すものを基準に因子の解釈を行い、負荷量の低いものや複数の因子にまたがって負荷が高いもの、さらに特定の受入れクラス形態や在外時の在籍校により回答結果に大きな差異が予想される項目を削除した。分析結果を【表8-1】に示す。

　第1因子は「国際協力に関する仕事に就く」「国際公務員になる」「日本企業に就職して海外関係の仕事をする」の3項目から成り、「国際キャリア志向」と命名した。

　第2因子は、「日本企業に就職して国内で働く」「海外企業に就職する（逆転項目）」「日本の公務員や教員になる」の3項目で、「国内キャリア志向」と名付けた。

　第3因子は、「国内海外こだわらず好きなことをする」「自分で起業する」など3項目で、「国内外不問」とした。なお、以上の結果について、因子的信頼性を確認するために因子ごとにクロンバックの α 係数を求めたところ、第1因子＝.897、第2因子＝.719、第3因子＝.453であった。

第2部　帰国生が異文化経験を通じて得た特性とその活用

【表8-1】帰国生の「将来のキャリア」に対する意識（因子分析の結果）

	因　子		
	1	2	3
第1因子：国際キャリア志向（a =.897）			
国際協力に関する仕事に就く	**0.924**	0.035	-0.116
国際公務員になる	**0.799**	0.125	-0.04
日本企業に就職して海外関係の仕事をする	**0.542**	0.047	0.132
第2因子：国内キャリア志向（a =.719）			
日本企業に就職して国内で働く	0.014	**0.625**	0.234
海外企業に就職する（逆転項目）	-0.291	**0.542**	-0.197
日本の公務員や教員になる	0.245	**0.467**	0.074
第3因子：国内外不問（a =.453）			
国内海外こだわらず好きなことをする	-0.088	0.132	**0.692**
将来についてはまだ決められない	0.06	0.148	**0.438**
自分で起業する	0.02	-0.274	**0.338**

因子間相関	1	2	3
1	1	-0.381	0.259
2	-0.381	1	-0.131
3	0.259	-0.131	1

2　「特性因子」がキャリアに及ぼす影響

　続いて、第6章で見いだされた帰国生が獲得した「特性因子」6因子が、「キャリア因子」3因子に及ぼす影響について、ピアソンの相関係数および重回帰分析を用いて分析した。結果は【図8-2】および【表8-3】に示すとおりである。

　重回帰分析におけるF検定の結果、各キャリア因子への影響は$F_{(6,430)}$ =20.44、$F_{(6,430)}$ =2.78、$F_{(6,207)}$ =2.67、で有意であった（「国際キャリア志向」は$p<.001$、「国内キャリア志向」および「国内外不問」は　$p<.05$）。

　「国際キャリア志向」に影響を及ぼす能力因子は「外国語力」（$p<.01$）、「国際的知識・経験」（$p<.001$）および「日本人としての自覚」（$p<.05$）の3因子であった。「国内キャリア志向」では、「日本人としての自覚」（$p<.001$）が唯一関連のある因子として検出された。「国内外不問」のキャリア因子には、「外国語力」

164

第8章　帰国高校生が考えるキャリアとしての特性の活用

【表8-2】帰国生の「特性因子」と「キャリア因子」との相関分析

		国際キャリア 志向	国内キャリア 志向	国内外不問
国際人としての 態度	Pearson相関係数	.325**	.036	.089
	有意確率（両側）	.000	.435	.181
	N	461	461	230
外国語力	Pearson相関係数	.316**	-.034	.166*
	有意確率（両側）	.000	.466	.011
	N	468	468	231
対人関係力	Pearson相関係数	.332**	-.018	.195**
	有意確率（両側）	.000	.701	.003
	N	472	472	233
国際的知識・ 経験	Pearson相関係数	.456**	.031	.148*
	有意確率（両側）	.000	.498	.024
	N	471	471	234
自己表現力	Pearson相関係数	.295**	-.029	.068
	有意確率（両側）	.000	.522	.303
	N	473	473	234
日本人としての 自覚	Pearson相関係数	.264**	.192**	.089
	有意確率（両側）	.000	.000	.174
	N	473	473	234

*** $p<.001$ ** $p<.01$ * $p<.05$

【表8-3】「特性因子」の「キャリア因子」に及ぼす影響（重回帰分析）

独立変数 ＼ 従属変数	国際キャリア 志向	国内キャリア 志向	国内外不問
国際人としての態度	.015	-.006	-.052
外国語力	.154**	-.011	.198*
対人関係力	.107	-.046	.248**
国際的知識・経験	.297***	.029	-.016
自己表現力	-.083	-.043	-.178
日本人としての自覚	.106*	.198***	.070
R^2決定係数	.227***	.037*	.072*

数値は標準偏回帰係数　*** $p<.001$ ** $p<.01$ * $p<.05$

第2部　帰国生が異文化経験を通じて得た特性とその活用

（p<.05）、「対人関係力」（p<.01）の2因子有意に影響を及ぼしていた。

3　キャリアとしての特性の活用に対する意識の関連要因

　続いて、第7章で明らかになった「活用型5因子」が「帰国生の将来のキャリアに対する意識3因子（以下、「キャリア因子」とする）」に与える影響はどのようなものかを、重回帰分析を用いて検討した。「活用型5因子」を独立変数、「キャリア因子3因子」を従属変数とした強制投入法による分析結果を、【表8-4】および【表8-5】に示す。

　F検定の結果、「国際キャリア志向」因子への影響は $F_{(5,360)}=37.13$ で有意（p<.001）、「国内キャリア志向」因子への影響は $F_{(5,360)}=2.17$ で有意（p<.05）であった。「国内外不問」では有意な影響はみられなかった。

【表8-4】「活用型因子」の「キャリア因子」との相関分析

		国際キャリア志向	国内キャリア志向	国内外不問
キャリア・社会貢献型	Pearson相関係数	.582**	.144**	-.001
	有意確率（両側）	.000	.005	.989
	N	381	381	147
学校貢献型	Pearson相関係数	.327**	.092*	.103
	有意確率（両側）	.000	.046	.116
	N	473	473	234
融合型	Pearson相関係数	.303**	-.003	.048
	有意確率（両側）	.000	.949	.466
	N	472	472	233
不活用型	Pearson相関係数	-.296**	.020	.034
	有意確率（両側）	.000	.660	.600
	N	474	474	237
特権利用型	Pearson相関係数	.017	.038	-.061
	有意確率（両側）	.745	.454	.467
	N	381	381	146

*** p<.001 **p<.01 *p<.05

第8章　帰国高校生が考えるキャリアとしての特性の活用

【表8-5】「活用型因子」の「キャリア因子」に及ぼす影響（重回帰分析）

独立変数＼従属変数	国際キャリア志向	国内キャリア志向	国内外不問
キャリア・社会貢献型	.523***	.173**	-.088
学校貢献型	.028	.054	.184
融合型	.013	-.083	.026
不活用型	-.082	.036	.023
特権利用型	-.008	.030	-.055
R^2決定係数	.340***	.029*	.031

数値は標準偏回帰係数　*** $p<.001$　** $p<.01$　* $p<.05$

「国際キャリア志向」「国内キャリア志向」因子ともに、有意な影響をもたらしていたのは「キャリア・社会貢献型」である。「国内キャリア志向」因子に対する説明率は高くはないものの、キャリア・社会貢献型の活用意識を持つ帰国生は、国内外いずれにおいてもキャリア志向が高いことが示されたといえる。一方、「国内外不問」因子については、有意に影響する活用型因子は検出されず、どのような特性を得ているかは関連しないものと想定される。

第3節　考　察

　本章にて検証した、「将来のキャリアに対する意識」については、国際協力に関する仕事や国際公務員、あるいは日本企業への就職であっても海外関係の仕事をするなど、海外での仕事を意識している者がいる一方、日本企業へ就職して国内で働くことや日本の公務員や教員になるなど国内での仕事を考えている者もおり、帰国生が必ずしも国際的なキャリアを志向するわけではないことが示された。

　第2節の2において「能力因子」の「キャリア因子」に及ぼす影響を検討した結果、「国際キャリア志向」に影響を及ぼす能力因子は「外国語力」「国際的知識・経験」および「日本人としての自覚」の3因子であった。特に外国語力の高い帰国生は国際キャリア志向を目指す傾向が強く、また国際的知識・経験

167

第2部　帰国生が異文化経験を通じて得た特性とその活用

を国際キャリアに活かそうとしていることもうかがわれる結果である。第4章
の先行研究で挙げた大学生を対象とした加賀美（2009）の研究では、「外資系
や国際的企業の海外関係部門」「開発途上国支援を主な業務とする組織の職員」
「海外の大学院等への留学」「ボランティアとしての国際・地域貢献」「上記に
該当しない海外での仕事」が、関連要因6項目「国際協力知識や技能への学習
意欲」「海外報道への関心」「国際開発への関心」「エンパワーメント度」「外国
語での討論への意欲」「異文化重視の理想的自己観」により有意な影響を受け
ていることが示されている。本研究では高校生が対象であるので職業の選択肢
を多く設けなかったが、国際的キャリアを志向する帰国高校生の場合も、この
ような海外に対する関心や意欲が強いことが検証されたといえる。

　一方で、「国内キャリア志向」の帰国生では、「日本人としての自覚」が高い
者が多く、異文化経験を通して「日本人としての自覚」を強く持つ帰国生は、
あえて日本企業や公務員・教員などの国内キャリアを目指す傾向があることが
示唆された。ただし、「国際キャリア志向」においても「日本人としての自覚」
は$p<.05$水準で有意であり、国内外にかかわらずキャリアに対する意識の高い
帰国生は、日本人としての誇りや日本独自の文化や価値観を大切に思う心を得
たと認識していることがわかる。現在日本で進んでいるグローバル人材育成に
おいて、その素養の一つとして「日本人としての自覚」が挙げられており、こ
の結果はそれを裏付けるものであるともいえよう。

　「国内外不問」のキャリア因子には、「外国語力」と「対人関係力」の2因子
が影響を及ぼしていた。積極的に対人関係を構築できる能力や外国語力を活か
し、起業するというキャリア選択も可能であることが示唆される結果であると
いえよう。

　近年、非英語圏からの帰国生が増加するとともに、トランスナショナルな海
外移動がスタンダードとなりつつあり、「外国語力」や「国際的知識・経験」
を身につけていない帰国生も増えることは必須である。しかしながら、「対人
関係力」「国際人としての態度」などの特性であれば、国内外志向いかんにか
かわらず、将来のキャリアとして活用することが可能であると予想される。こ
の点についての詳細な検討は別稿に譲りたい。

　第2節の3では、帰国経験の活用に対する意識が、キャリアに対する意識に

及ぼす影響をみたが、ここではまず、「キャリア・社会貢献型」活用因子が、国内・国外かかわらずキャリア因子に影響することが明らかになった。このことから、帰国経験をキャリアや社会貢献のために意識的に活用しようと考えている帰国生は、将来のキャリアについてもまた高い意識を持っているものと考えられる。また、帰国経験の将来のキャリアとしての活用は、「キャリア・社会貢献型」因子に関わる属性要因（英語圏に滞在、女子、現地校在籍、受入れ目的校在籍）により、間接的な影響を受けることが推察される。

第2部　帰国生が異文化経験を通じて得た特性とその活用

第
9
章

帰国大学生が異文化経験を通じて得た特性とその活用

第1節　目的と方法

　第6章から8章では、帰国経験を持つ高校生を対象とした質問紙調査の結果に基づく分析を行ってきたが、本章では、小・中学校、あるいは高校時代に海外生活を経験して帰国し、現在大学生となっている帰国生に目を移し、彼らが海外経験を通してどのような特性を身につけたと考えているのか、そして、その特性を活かすことについてどのような意識を持っているのか、また、その意識を決定づける要因は何かを明らかにすることを目的とする。

　本章の研究は、インタビュー調査に基づくものである。2009年5月〜2010年6月、帰国大学生を対象に、1人1時間程度の半構造化面接を行った。インタビュー対象者は、学齢期に2年以上の海外生活経験を持ち、帰国後、日本の大学に在学している学生16名（男性7名、女性9名、以後「帰国大学生」とする）である。男女比や在籍大学、在外地、在外年数等になるべく偏りのないよう配慮して対象者を選択した。インタビュー内容は、在外時の生活や帰国後の学校教育、帰国生であることについて感じること、「帰国経験を活かす」ことに対する意識、日本の帰国生教育に望むこと、在外児童生徒へのメッセージなどである。録音データ音声を全て文字化した後、「帰国生の特性」や「特性の活用についての考え方や実際の行動」に関する部分を抜き出し、KJ法を用いて質的に分析を行った。対象者の属性（性別、年齢、在外年数および在学年数、補習校や塾の有無、帰国後の受入れ形態、大学での専攻）は【表9-1】に示すとおりである。

170

【表9-1】調査協力者の属性

	性別・年齢	在外時の滞在地・滞在年齢（現地での在籍校）	在外年数（在学年数）		補習校	帰国後の受入れ形態	大学での専攻	活用のタイプ
A	男・18歳	バンコク：12～14歳（日本人学校）	2年	短期型	―	一般枠中高一貫私立校（復学）一般枠国立大学	美術	封印
B	女・19歳	ジャカルタ：11～14歳（日本人学校）	2年7か月		―	一般枠中高一貫私立女子校 一般推薦私立大学	法学	消極待機
C	女・18歳	チェコ・プラハ：12～15歳（日本人学校）	3年		―	帰国枠公立高校 一般枠私立大学	教育	積極活用
D	女・20歳	シドニー：10～12歳（現地校）	3年		有	一般公立中学帰国枠推薦公立高校 一般枠国立大学	アラビア語	消極活用
E	女・22歳	ボストン：2～3歳、デュッセルドルフ：8～10歳（日本人学校）	4年(2年)		―	帰国枠中高一貫私立女子校～大学内進	法学	積極待機
F	女・20歳	ヒューストン：8～9歳（現地校）、ニューヨーク：10～12歳（現地校）	5年	中期型	有有	一般枠中高一貫私立女子校 一般枠私立大学	心理学	封印
G	男・22歳	ヒューストン：10～11歳（現地校）、ニューヨーク：11～14歳（現地校）	5年		有有	一般枠私立男子高校 一般枠国立大学	工学	受動活用
H	女・20歳	ヘルシンキ：0～1歳、ニューヨーク：11～13歳（現地校）、ダマスカス：13～15歳（インター）	6年4か月(5年)		有無	帰国枠私立高校 帰国枠私立大学	文芸メディア	消極待機
I	男・19歳	ダラス：6～10歳、ダラス：13～14歳（現地校）	6年5か月		有有	一般公立小学校 帰国枠私立中学校 帰国枠私立高校（復学）一般枠国立大学	工学	融合

				長期型				
J	女・20歳	ニューヨーク：2～6歳（日本人幼稚園～現地校）、ニューヨーク：11～15歳（現地校）	8年（5年）		有有	帰国枠私立高校 一般枠私立大学	心理学	積極活用
K	女・18歳	香港：8～9歳（日本人学校～インター）、スリランカ：9～12歳（インター）、スコットランド：14～17歳（現地校）	8年			帰国枠私立中・高 一般推薦私立大学	法学	積極活用
L	男・19歳	ニューヨーク：0～3歳（現地幼稚園）、ニューヨーク：8～12歳（現地校）	8年（4年3か月）		有	帰国枠国立中学 一般枠私立高校 一般枠私立大学	国際教養	受動活用
M	女・18歳	中国・大連：10～18歳（現地校）	8年2か月		塾	帰国枠国立大学	中国語中国文学	融合
N	男・20歳	ボストン：2～3歳、ネパール：7～12歳（インター）、シカゴ：13歳（現地校）	9年（7年）		有無	一般公立中学 帰国枠私立高校～大学内進	社会学	融合
O	男・19歳	ケニア：0～3歳（現地保育園）ラオス・ビエンチャン：6～10歳（インター）、ガーナ：12～15歳（インター）	9年6か月（6年7か月）		有無有	帰国枠中高一貫私立校 一般枠私立大学	法学	融合
P	男・18歳	ケニア：0～3か月、ケープタウン：3～8歳（インター）、ウガンダ：8～11歳（インター）、ジャカルタ：11～13歳（インター）	10年8か月（10年5か月）		塾	帰国枠中高一貫私立校 帰国枠私立大学	新聞	融合

第2節　結　果

1　帰国大学生の考える「帰国生の特性」

　インタビューデータの中で、「在外・帰国経験によってどのような力や特性が身についたと思いますか？」という質問に対する回答や、その他の言説で帰国生の特性について述べている部分について KJ 法を用いてカテゴリー化した。【図9−1】は、代表的なコメントを中カテゴリー別に示し（カテゴリー名は太字）、さらに大カテゴリーにまとめたものである。（　）内は回答者記号を示す。こ

第9章　帰国大学生が異文化経験を通じて得た特性とその活用

学力（マイナス）

帰国後の学習の遅れ
- 歴史と日本語が極端に弱かった（I）
- 帰国生用の英語の授業についていけなかった（J）
- 古文がわからなかった（D,I,N）

学力（プラス）

学力の高さ
- 勉強が好きになった（A,G）
- 海外に行かなければ入れなかった学校に入れた（G,J,L）

公正さ

人種偏見のなさ
- 様々な国の人と偏見を持たずに接することができる（A,H,N）

公正な判断力
- 滞在国についてのマスコミの情報の偏りがわかる（H）

コミュニケーション能力

プレゼン能力の獲得
- 人前で発表する力が身についた（N,P）
- PPT等を作る能力が大学で役立つ（G）

英語力
- 英語ができるので受験や将来に有利
- 大学の授業で得をしている（G,J）
- ディベートやディスカッションの力がついた（H）

社会性（マイナス）

協調性の欠如
- 協調性を失った（J）

不適応の言い訳
- うまくいかないことをすべて帰国のせいにする（M）

日本の常識の欠如
- 日本の常識を失った（J,N）

社会性（プラス）

協調性
- 数少ない日本の友達と折り合っていくために協調性が身についた（F,P）

自己開示力
- 自分のことを理解してもらうための努力ができる（E）

豊かな人脈
- 海外の友達と今も仲良くしている（E）

マナーの獲得
- 欧米風のマナーを身につけた（N）

視野の広さ

多様性への寛容さ
- 多様性に対して寛容になれる（A，H，N）

反日感情の理解
- 現地での反日感情が理解できる（K，M）

海外の出来事への関心
- 海外の出来事に自然に目がいく（C，F）
- 滞在していた国の歴史などをよく理解

多角的なものの見方
- いろいろなものの見方ができる（A,B,D）
- 在外地が特殊（アフリカ）だったので独自の考えを身につけた（P）

視野の広さ
- 視野が広がった（A,B,D,H）

積極性

積極性
- 積極的に様々なことに取り組める（E,I,J）

度胸
- 人前で話す度胸が身についた（L,G）

日本文化への思い入れ

日本語・日本文化の重視
- 日本のよいところや価値観をきちんと理解し、大切にしている（F,I）

【図9-1】インタビュー結果から抽出された帰国生の特性

173

第2部　帰国生が異文化経験を通じて得た特性とその活用

の結果、「学力」（プラス面・マイナス面）、「社会性」（プラス面・マイナス面）、「公正さ」、「コミュニケーション能力」、「視野の広さ」、「積極性」、「日本文化への思い入れ」、という七つのカテゴリーが抽出された。

　これらを第4章の先行研究により示された従来の「帰国生の特性」といわれていたものと比較すると、ほぼ一致していることがわかる。帰国大学生自らが海外経験を経て獲得した特性と考えているものは、従来の外から見たそれとあまり差異がないという結果ではあるが、コメントした対象者のばらつきからもわかるとおり、全員がこの特性を備えているというわけではないことには留意が必要である。

2　特性の活用に対する意識

　以上みてきたとおり、帰国大学生は、自らの海外経験を通して何らかの特性を得られたと認識していることが明らかになった。それでは帰国生自身はそうした特性を「活かす」ことについて、どのような意識をもち、実際に行動しているのだろうか。

　半構造化インタビューの結果の中で、「帰国生としての経験を活かす」ことについての意識および実際の行動について述べられた部分を取り出して、特にその積極性に着目し、KJ法を用いて質的に分析を行った。その結果、【表9-2】に示すとおり、意識および行動それぞれのレベルで、活用について積極的なもの、消極的なものに分類することができた。

　すなわち、意識面でも行動面でも特性の活用に積極的である「積極的活用型」、意識面では積極的に活かそうとしても実際に活かす場面がない「積極的待機型」、意識面では特に活かすつもりはないが行動としては活かす結果になっている「受動的活用型」、意識面でも行動面でも活用に消極的である「消極的待機型」の4タイプである。これらに加えて、さらに、自分自身を帰国経験と切り離して考えることが不可能であるとする「融合型」、帰国生であることを誰にも話すことなく、経験そのものを封印している「封印型」の2タイプを加え、全部で六つのタイプに類型化した。

　以下、これら6タイプについて、具体的な言説を示しながら、それぞれの特色を述べる。

第9章　帰国大学生が異文化経験を通じて得た特性とその活用

【表9-2】「帰国経験を活かす」ことへの意識の6タイプ

	タイプ	該当対象者	意識	行動
1	融合型	I/M/N/O/P	帰国経験は自分とは切り離せない	活かしている ↓ **活用グループ**
2	積極的活用型	C/J/K	積極的に活かすべき	
3	受動的活用型	D/G/L	機会があれば活かすが無理に活かすことはない	
4	積極的待機型	E	積極的に活かすべき	活かしていない ↓ **非活用グループ**
5	消極的待機型	B/H	機会があれば活かすが無理に活かすことはない	
6	封印型	A/F	できれば封印しておきたい	

【タイプ1】融合型＝対象者 I、M、N、O、P

　第1のタイプは自分の中に「帰国経験」が埋め込まれ、自らと不可分なものと認識しているもので、これを「融合型」と名付けた。滞在期間でみると複数の在外期間の合計が8年を超える者が多く、このタイプに属する5名中4名を占める。英語圏からの帰国者が2名、中国語圏1名、生後間もなくからアフリカや東南アジアを転々とした者が2名である。

　このタイプの典型的な事例は中国に8年間滞在していた対象者Mで、「帰国生としての経験を活かすことをどう思うか」というインタビューアーの問いに対し、「帰国ということは自分の一部で、だからそれを活かすといったら私を活かすことだから。私の顔つきにも体格にも、全てに帰国ということが影響している。そういう意味で自分と切り離せないものとして帰国の経験を活かしていくと思う。まして隠すことなんてありえません。」と述べている。すなわち、意識して経験を活かすのではなく、自分の意識や行動の全てに、好むと好まざるにかかわらず帰国経験が影響しているというのである。

175

第2部　帰国生が異文化経験を通じて得た特性とその活用

　「融合型」に属する対象者は、在外中から現在にかけて、その言説に成功体験の回想が多い。5名のうち3名は海外との学生交換をアレンジするような大学内外のサークル活動において、中心メンバーとして活躍している。帰国枠で高校に入り、その後一般入試で国立大学に進学した対象者Ｉは、「（外資系の企業に入りたいという理由には）英語ができることも含まれますね。前提になっているということです。（帰国生であるということを）殺してもいいかな。殺しても生きていくことはできる。普通に技術者としてＮ社など、そのようなところでずっとやっていっても、それはそれで楽しいと思います。（活かすも殺すも）どちらでもありという感じです。」と述べ、帰国経験なくしては自分を語ることはできないとしながらも、将来的には、帰国生である自分も活かすことも考えつつ、帰国生でない部分で勝負することになっても問題ないとしている。

　また、同じく帰国枠で高校に入学後、附属の私立大学に進んだＨは「（英語ができることを）ずっとちやほやされてきたわけですけれどもそこで勝負したくない。英語はできるのが当たり前でそこで勝負してもダサい感じがするので、思考力や実行力などきちんと評価してもらいたい。（略）英語は……強みであることは否めないのですけれども、特にそれを前面に出した仕事をすることなど考えていないです。」と述べている。

　語学力などにおける帰国であることによる優位性を認める一方で、それ以外の部分で認められ、力を発揮することに価値をおいているというのが、このタイプの特徴といえよう。

【タイプ2】積極的活用型＝対象者Ｃ、Ｊ、Ｋ

　第2のタイプは、帰国経験を意識して積極的に活かしたいという思いが強く、現在の大学生活はもちろん将来にわたって、できる限り帰国経験を活かしたいとするものである。一方では、在外時にたいへんな思いをして頑張ってきたという気持ちがあり、それを無駄にしないために、あえて帰国経験を活かすという意識を強く保ち続けている場合が多い。

　ニューヨークに8年間滞在した対象者Ｊは、「やはり自分で『活かしたい』という気持ちはすごく強いです。（帰国経験を活かしているのは）全ての面においてですね。自分自身で意識して活かしていこうと思っています。英語力だけ

176

ではなく、いろいろな生活のスタイルや行動のスタイルなど、そのようなことを。将来的にも、できる限り経験したことは全部、日本でも役立てていきたいと思っています。」と述べ、あらゆる面において意識的に帰国経験を活用していこうとする姿勢がうかがえる。

　同じく「積極的に活用したい」と答えた対象者Cは、「（帰国経験を）プラスにするのもマイナスにするのも自分。（略）自分が海外にいたことを活かして人に何かできるというのもすごいプラスになるかなと思うし、自分が帰国生であること、チェコにいたことを誇りに思えることが一番のプラスかなって。そこを隠したりしたら本当にマイナス、自分の３年間を否定することになるので」と、自分の海外経験をプラスにとらえることに重きを置いており、それを活用することによって過去に苦労してきた自分に報いたいという強い思いが見て取れる。

　また、このタイプに属する者は、自らの帰国経験を肯定的に振り返るとともに、その経験を周囲によく話す傾向があり、その行為自体にも価値を見いだしている。対象者Kによる「日本に帰って改めて思うと海外に行けてよかったなって。いろいろなことを体験できた充実感があります。いずれもやっぱり、将来絶対に活かしたいなっていう気持ちがあります。（略）経験したことを自分の中に溜めておくんじゃなくて、実際にいろんな人に話したり、伝えるのもすごく大事なことだなって思います。」という言説は、その代表的な例である。自分のためだけではなく、周囲の人々のためにも帰国経験を役立てたいという気持ちがこのタイプを特徴付けているといえよう。

【タイプ３】受動的活用型＝対象者D、G、L
　取り立てて帰国経験を活かそうと意識してはいないが、普段の授業や受験などで自然に活かす結果となっているタイプを「受動的活用型」と名付けた。特に大学生活で英語を使う場面が多い者や、受験の際に英語の得点が高かったことで、結果的に帰国生であることを活かすことになったタイプである。「活かしている」とした能力は、海外で身につけた特性の中でも英語力や一般的な学力であることが多く、対象者Gは「別に活かそうという気持ちは（ありません）。学校生活においてそれを使って何か積極的にやろうということはないです。(略)

第2部　帰国生が異文化経験を通じて得た特性とその活用

普段英語の論文も読みますし、パワーポイント（で発表資料）を作ったりすることもあるし、そのような意味で大学に入ってからの方が帰国生として得られた英語能力のようなものを使う機会は全然多いです。」と述べており、もともと活かすつもりはなかったものの、受動的な形ではあるが、大学生活において英語力やプレゼンテーション能力を活用していることがわかる。

　また、対象者Lは、「海外での経験は貴重で楽しかったし懐かしいけれど、それを使って何かに役立てようとは別に……ただ、結果的に海外の経験を活かして大学に合格できたので、今はよかったと思っています。」として、意識の上では帰国経験を活かすことは考えていないものの、実際の受験の際にはそれが役立ったと回想している。

　対象者Dも、「（英語は）嫌い嫌いといいながらも、結果として英語にいろいろ助けられたりしている」と述べており、英語圏からの帰国で、時に英語に辟易としながらも、結果的にはそれを活用している姿がうかがわれる。

【タイプ4】積極的待機型＝対象者E
　4番目は、帰国経験を活かしてみたいという意識的はありつつも、実際に活かす場面がなく、将来何らかの形で活かす機会が来るのを待ちたいとするタイプである。非英語圏からの帰国生で、在外時に日本人学校に在籍していた対象者Eのみが該当した。

　代表的な言説は、「海外の人の方が、周りの目を意識したりしないで積極的に自分の伝えたいことを伝えるという姿勢があって、それはいいことだと思うので、自分に活かせたらと思って意識することはあります。（略）（滞在地が）英語圏ではなかったので、直接英語を活かしてどうこうということはないと思うのですが、せっかく海外に何年もいたから、それを自分の中で活かしてみたいという意識的な部分もあるかなと思います。」といったもので、英語圏以外の帰国生としての特質もいくつか認識しつつも、実際にはそれを活かすことなく過ごしていることがわかる。

第9章　帰国大学生が異文化経験を通じて得た特性とその活用

【タイプ5】消極的待機型＝対象者B、H

　次は、積極的に活かそうという意識は低いものの、もし将来的に活かすことがあれば活かしてもよい、というタイプで、「消極的待機型」と名付けた。英語圏からの帰国生でも、英語力や学力にそれほど自身がない対象者2名がこのタイプに属している。

　フィンランドで生まれ、アメリカおよびシリアに長期にわたり滞在した対象者Hは、「私はそれほど積極的に活かすという方ではないと思うので、自分の選んだ道で、いつか活かすところがあればいいな、ぐらいの気持ちなので。(略) 活かさないともったいないなと思うこともあるのですけれども、でもそこまで積極的にやらなくてもいいのではないかなとは思います。」と述べ、消極的ながら将来機会がくれば自分の体験を活かしたいと考えている。また、ジャカルタの日本人学校に在籍していた対象者Bも、「(海外経験は) 活かせたらいいですけど、なんかあんまり思いつかない。意識は低い方だと思います。まあ、ためになるなら、という感じですかね。」と、意識して積極的に活かそうとはしていないが、活かしたいという気持ちはあることがうかがわれる。

【タイプ6】封印型＝対象者A、F

　最後に紹介するのは、帰国後から現在まで、帰国生であることを周囲に隠しており、必要に迫られない限りは自分の海外経験を人に話すことすらないというタイプである。これを文字通り「封印型」と命名した。

　対象者Aは帰国後に入った中学校でいじめにあい、なるべく目立たないようにするために帰国経験を隠すようになった。「海外に住んでいたことでちょっと違うやつと思われるのがいやで、高校に入ってから特に機会がない限りは、自分から帰国のことは言わないようにしていました。」と述べており、周囲と違うということで中学時代にいじめられたことから、高校では帰国経験を封印していた。

　また、渡米直後から英語の苦手意識を持ち続けていた対象者Fは、帰国して編入した一般中学校で意図に反して特別視され、先生から呼び出されて英語の通訳をさせられた体験などから、帰国経験を決して表に出したくないと考えるようになった。高校進学後も「(帰国後の高校時代) 英語の授業で、わたしはそ

179

第2部　帰国生が異文化経験を通じて得た特性とその活用

こまで発音がよくなかったので……友達に「英語しゃべってみてよ」と言われたりしてそれがもう本当に嫌で。（略）一般的にだったら（帰国経験を）活かした方が多分いろいろな世界も広がると思うので、全然活かしていいと思うのですけれども、自分は多分活かさないで進むだろうと思います。」「（帰国経験は）できれば封印しておきたいです。（帰国経験を積極的にアピールするようなことで）逆にまた期待されても困るといいますか、いやなので。」と述べ、英語への自信のなさに加えて、帰国後の受入れ校における配慮の欠如が、自らの海外経験を封印する要因になっていることが推測される。

　ただし、この2名にとって海外経験が苦々しい思い出だけに彩られているわけではない。対象者Aがインタビューの最後に「こうした体験を人に話すことがないので、この機会（インタビュー）は楽しかったです。そうした機会もないと話さないし、思い出すこともない。」と述べたように、特に帰国生としての特質や能力を発揮することが期待されていない場面であれば、帰国生であることを意識しすぎることなく、封印を解くことも可能なのである。

3　特性の活用についての意識の差異の形成要因

　2で提示した6類型【図9-1】について、積極的・消極的にかかわらず帰国経験を活用している「活用グループ」＝【タイプ1＝融合型】【タイプ2＝積極的活用型】【タイプ3＝受動的活用型】と、活用していない「非活用グループ」＝【タイプ4＝積極的待機型】【タイプ5＝消極的待機型】【タイプ6＝封印型】の二つに分け、その意識の差異に影響を与える要因を明らかにするために、以下に示す属性8項目（①在外期間、②在外地、③渡航時期、④帰国時期、⑤現地での在籍校、⑥補習校や塾の有無、⑦帰国後の受入れ形体、⑧大学での専攻）について、それぞれ検討を行った。

①在外期間

　調査協力者のうち、在外年数の合計が2年以上～5年未満を「短期型」、5年以上～8年未満を「中期型」（4名）、8年以上を「長期型」（7名）と分類した。

第9章　帰国大学生が異文化経験を通じて得た特性とその活用

	活用グループ	非活用グループ
短期型（5名）	C/D/	A/B/E
中期型（4名）	G/I/	F/H
長期型（7名）	J/K/L/M/N/O/P	—

　長期型は全員が「活用グループ」に属しており、「非活用グループ」に属するのは短・中期型のみであった。中期型で非活用グループに属するFとHは英語圏の滞在であったが、どちらもESLにいる期間が長く、英語に苦手意識を持っていたと述べており、その点が非活用の原因になっていると考えられる。

②在外地
　滞在地別に、英語圏（英語圏の国からの帰国、もしくは非英語圏であってもインターナショナルスクールに在籍して英語を学んでいた者）と、非英語圏からの帰国生に分けた。滞在地が複数にわたる場合は滞在期間の長い方を優先した。

	活用グループ	非活用グループ
英語圏（11名）	D/G/I/J/K/L/N/O/P	F/H
非英語圏（5名）	C/M	A/B/E

　英語圏からの帰国者11名のうち9名は「活用グループ」に属しており、在外中に身につけた語学が英語であることは帰国経験の活用に関わる大きな要因となっていることが示唆される。
　一方、「非活用グループ」に属する5名のうちA、B、Eは非英語圏からの帰国であり、F、Hは英語圏からの帰国であるものの英語力にあまり自信がなく、現地校でもESLに長くいるなど、英語習得に苦労した経験を語っている。非英語圏（中国）からの帰国であるが活用グループに属しているMは、帰国枠で入学した大学で中国語を専攻しており、日常的に中国語力を活用しているといえる。

181

第2部　帰国生が異文化経験を通じて得た特性とその活用

③渡航時期

渡航時期を「5歳まで」、「5歳以降10歳まで」、「10歳以降」の三つの年齢層に分け、それぞれの特色をみた。

	活用グループ	非活用グループ
5歳まで（7名）	J/L/N/O/P （↑全員10歳以降に再渡航）	E/H
5歳以降10歳まで（3名）	I/K	F
10歳以降（6名）	C/D/G/M	A/B

　10歳以降に渡航した6名のうち4名は「活用グループ」に属しており、また、10歳未満に渡航した者のうち10歳以降に再渡航経験のあるJ、L、N、O、Pの全員が「活用グループ」であった。すなわち、10歳以上で渡航あるいは再渡航経験のある11名のうち、現地校に通っていたほぼ全員が「活用グループ」に属しており、年齢が高くなってから渡航した場合、帰国後に活用し得る何らかの経験を得ている可能性が高いということができる。一方、5歳までに渡航してその後渡航経験がないのはEのみであるので、渡航年齢が低い場合との比較についてはさらに検討が必要である。

④帰国時期

　対象者の最終帰国時期を、10歳以降12歳まで、12歳以降15歳まで、15歳以降の3段階に分けた。

	活用グループ	非活用グループ
10歳以降12歳まで（2名）	D	E
12歳以降15歳まで（9名）	C/G/I/L/N/P	A/B/F
15歳以降（5名）	J/K/M/O	H

第9章　帰国大学生が異文化経験を通じて得た特性とその活用

　各段階に活用・非活用各グループが混在してはいるが、15歳以降の帰国者5名のうち4名、12歳以降15歳までの帰国者9名のうち6名が「活用グループ」に属していた。③の渡航時期とも関連し、年齢が高くなって帰国した方が帰国経験を活用する傾向があるといえる可能性が示唆されたといえる。

　⑤現地での在籍校
　在外中の在籍校について現地校、インターナショナル校、日本人学校の3タイプに分け、それぞれの特色を検討した。複数の学校に在籍経験を持つ場合は、一番長いものを在籍校とした。

	活用グループ	非活用グループ
日本人学校	C	A/B/E
インターナショナル校	K/N/O/P	—
現地校	D/G/I/J/L/M	F/H

　現地校とインターナショナル校に在籍していた帰国生はほぼ全員が活用グループに属していた。日本人学校在籍で「活用グループ」に属しているCは、日本人学校の教員である父親の赴任に伴って海外生活を送り、その経験から教師を目指して教育学部へ進学しており、海外での体験を積極的に活かしていくという意識が非常に高い。海外で獲得したとされる特性は決して語学力のみではないことがうかがわれる。

　⑥補習校や塾の有無
　日本人学校に通学していたA、B、C、Eを除くほぼ全員が補習校あるいは塾に通っており、帰国経験の活用の要因としては差異を検証することはできない。ただし、ニューヨークに滞在中は補習校をとても楽しみにしていたHは、「シリアに移って補習校がなくなってから引っ込み思案になってしまった」と述べ、I、Lにも補習校の友達と遊ぶことを楽しみにしていたといった言及がみられるなど、現地において果たしている役割は大きいことがうかがわれる。一方では、現地校と環境の異なる補習校での人間関係が築けず、途中で補習校をやめ

第2部　帰国生が異文化経験を通じて得た特性とその活用

てしまったＤのような例もみられた。

⑦帰国後の受入れ形態

　対象者16名中12名が、帰国後、何らかの帰国生受入れ体制を備えた中・高・大学へ進んでいる。これを「帰国枠での受入れ」とし、さらに「帰国生向けの進度別授業や補習がある学校」と、「特別な配慮のない学校」に分けた。これに対し、帰国生としてではなく一般生と同等の条件で入った学校に在籍したものを「一般枠での受入れ」とした。

	活用グループ	非活用グループ
一般枠	G	A/B/F
帰国枠　特別な配慮なし	L/M	E/H
帰国枠　進度別授業や補習あり	C/D/I/J/K/N/O/P	―

　帰国枠への受入れで進度別授業や補習があった学校に在籍していた者は全員が「活用グループ」に属していた。一方、一般枠で帰国生に対する配慮のない学校に在籍した場合、対象者Ｇを除いて全員が「非活用グループ」であった。Ｇの受入れ校は中高一貫の最難関レベルの私立男子校であり、帰国生は実際には多く在籍していたが、特にそれを意識することもなかったと述べており、普通の一般枠とは少し状況が異なっている。

⑧大学での専攻分野との関連

　現在の大学での専攻は、法学４名、文学・文芸・語学３名、心理学２名、工学２名、教育学１名、国際１名、美術１名、社会学１名、新聞１名と多岐にわたっている。このうち明らかに海外生活の影響のもとに専攻を決めたと述べているのは、日本人学校の教員であった父親の影響を受けて教員を目指している対象者Ａ（美術）、Ｃ（教育）と、「海外の出来事が日本では正しく報道されていない」ことに怒りや違和感を覚えてメディアに携わろうとしたＰ（新聞）とＨ（文芸メディア）、の４名であった。Ａは「封印型」、Ｈは「消極的待機型」で、海外経験を積極的に活かそうとしてはいないが、進路選択に海外生活が影響して

第9章　帰国大学生が異文化経験を通じて得た特性とその活用

いることは興味深い。

　また、特に海外生活を意識して専攻を選んだわけではないが、英語の配点の高い学部を受験して結果として合格・進学した対象者L（国際教養）やO（法学）、帰国枠で大学受験をする際に現地で獲得した言語を専攻したM（中国語）などは、二次的に帰国経験の影響を受けて進路を選択したということができる。なお、今回の調査協力者の中では16名中14名が文系に進学しているが、これが帰国生固有の特徴であるかどうかは明確ではなく、今後さらに検証が必要である。

　以上みてきたように、今回の調査対象となった帰国大学生は、16名中14名が、積極的・消極的にかかわらず帰国経験や特性を活かしている、あるいは活かそうとしていることがわかった。また、帰国生の特性を活かすことについての意識の形成要因として八つの属性について検討を行った結果、それぞれの属性において「活用グループ」に属する割合は、「在外期間」については、長期＞中期＞短期、「在外地」については、英語圏＞非英語圏、「在外時の在籍校」については、現地校およびインターナショナルスクール＞日本人学校、「帰国後の受入れ形態」については、進度別授業や補習のある帰国枠＞特別な配慮のない帰国枠＞一般枠、という順に高くなっていることが示された。

第3節　考　察

　本調査の結果により、帰国大学生が自らの海外体験から得られた特性として認識しているものは、従来周囲から認識されているものとあまり変わらないことが示された。しかしながら、対象者からは「外国にいなかった場合の自分、という比較対象がないので答えにくい」というコメントも多く、本来の気質や生活習慣として身についているものと、帰国生の特性といえるものとの区別は今回のインタビュー結果からだけでは困難である。さらに厳密で客観的なデータを得るためには、在外経験のない大学生との比較を行うことが必要であろう。帰国経験や特性を「活かす」ことについては、今回の調査対象となった帰国大学生のほとんどが、帰国経験や特性の活用について何らかの肯定的な意識をもち、実際に行動していることが示された。これは、本書第5章でみた帰国中学生の場合とは異なる結果となっており、本研究による新しい知見といえよう。大学

185

第2部　帰国生が異文化経験を通じて得た特性とその活用

生は授業やサークルなどで英語などを活かす場面が多いことや、中学生に比べて在外年数が長くなることで「活用グループ」に多い「融合型」の学生が増加することが要因であると考えられる。

　一方、特性を活かすことについての考え方の決定要因として八つの属性について検討を行ったが、それぞれの属性において「活用グループ」に属する割合を比較した場合、「在外期間が長く、在外地が英語圏で、現地校およびインターナショナルスクールに在籍し、帰国後に進度別授業や補習のある帰国枠で日本の学校に受け入れられた場合」が、最も帰国生としての体験を活かしやすい環境にある、という可能性が示唆された。この結果から、帰国生の特性を活かす場合に「英語」と「現地校」がキーワードとなっていることが推察されるが、これは欧米偏重主義の日本社会における学校風土を反映したものと考えられる。本研究でも、英語圏の現地校からの帰国でありながら英語が苦手な帰国生が「封印型」あるいは「消極的待機型」に陥ったことが示されており、こうした日本の学校風土が、その傾向を助長する可能性があるといえよう。なお、渡航時期ならびに帰国時期については、渡航が複数回にわたる対象者が多いため、さらに検証が必要である。

　ここで、本研究の結果として得られた「帰国生の特性を活かすこと」についての類型を、これまでの先行研究の知見に照らしてみよう。かつて帰国生の不適応についての研究が多くなされた1980年代、裘岩（1987）により20～30代の帰国生を対象としたインタビュー調査が行われ、その結果、帰国生の適応方略の3タイプとして「①削り取り型」「②付け足し型」「③自律型」の3類型が挙げられた。このうちの「削り取り型」は、いわゆる「外国剥がし」の圧力の内面化の過程であり、最も問題の大きい適応方略と指摘されている。本研究の結果として得られた「封印型」に属する対象者にも、対象者Aの事例のように、外部からの圧力、すなわち帰国後の「いじめ」の経験から、自らの海外経験を封印したケースが見受けられた。帰国生教育の問題は決して過去のものではなく、継続して取り組むべき課題であることが示されたといえよう。

　さらに、同じく裘岩が示した「③自律型」の適応方略は、自分を海外経験によって特別視する基本的視座を持たず、「外国で育ったことは個性の一つのあり方に過ぎない」とする視座から適応を図るストラテジーであるが、当時はこ

186

第9章　帰国大学生が異文化経験を通じて得た特性とその活用

れに該当する帰国生が少ないとして、論文中では詳しく述べられていなかった。このタイプに相当するのが本研究で示された「融合型」であると考えられるが、今回の調査では、対象16名のうち「融合型」に属する者が5名と最も多くなっているのは注目に値する結果であろう。このタイプの人数が増加したのは、グローバル化に伴い帰国生の存在自体が特別なものでなくなったこと、学校教育環境において個性の重視や多様化がいきわたるようになったことなどが背景要因として考えられるが、さらに検討が必要である。

　さらに、本研究の結果からは、帰国生の特性を活かすための受入れ形態としては「帰国枠」で進度別授業や補習のシステムのあるものが望ましいことが示唆された。近年、インターネットをはじめとするメディアがボーダーレスに発展し、海外でも日本向きの生活を送る家庭が増えたことを受け、受入れ形態としても帰国枠を廃止して一般混入の形態に移行する学校も増えているが、「帰国生の特性を活かす」という面から考えると、帰国枠での受入れは存続させる価値があるといえよう。

　本研究では16名という限られたデータからの検証であるので、得られた知見を一般化することは妥当ではなく、今後はさらにデータを増やして結果の精緻化を図ることを目指したい。その後、冒頭で述べたように、中学校・高校・大学という一連の流れにおける「帰国経験を活かす」ことについての意識とその形成要因の変化、そして、それに対する社会や学校の果たす役割について、体系的に把握したいと考えている。

　また、本研究の成果をふまえ、「在外時の経験」が、帰国経験の活用に関する意識や帰国経験の意味づけにどのように影響するかを検討することも、今後の課題である。さらに、受入れ側（学校）や家庭で認識されている「帰国生の特性」が帰国生自身の意識とどのように異なるのかを探ること、短期あるいは長期の留学（語学留学・交換留学・学位取得など）から帰国した大学生との意識の違いについても、研究を進めたいと考えている。

第2部　帰国生が異文化経験を通じて得た特性とその活用

第10章 研究結果の総括と総合的考察

　本研究では、帰国中学生および高校生・大学生が、在外中および帰国後の異文化経験を通じてどのような力を得たと考えているのか、また、その特性を活用することに対してどのような意識を持っているのか、またその関連する要因について、質問紙およびインタビュー調査により検討することを目的として分析を行った。

　【第1部　帰国生をめぐる動向と現状】では、海外に学ぶ子どもたちおよび帰国生の現状について、海外日本人駐在員を取り巻く環境の歴史的変遷をふまえて検討し、何がどう変化しているのかを明らかにした。続く【第2部　帰国生が異文化経験を通じて得た特性とその活用】では、帰国生が異文化経験を通して得たと考えている特性を明らかにし、さらに、それら帰国生の特性を活用することについて帰国生自身はどのように考えているのか、帰国生自身への調査結果によって検討した。

　本章では、まず第1節において本研究の全容を展望するために各章の研究成果を総括し、続く第2節では研究結果から得られた新たな知見を示し、本研究の意義について述べる。第3節においては、第2部の実証的分析で得られた本研究の知見について、第1部の文献研究で明らかになった帰国生の現状および第4章で示した先行研究や、分析に関連する理論に照らして、総合的に考察を行う。

第10章　研究結果の総括と総合的考察

第1節　研究結果の総括

1　第1部の研究結果の総括

　まず、第1章から第4章の文献研究から明らかになったことを述べる。

　第1章では帰国生を生み出す背景となる日本人の海外駐在について、その時代的流れと現状について概観した。1980年代以降30年間の海外長期滞在者の動向に注目すると、長期滞在者数の増加（3.5倍）と、その滞在先の変化を大きな特徴として挙げることができる。1992年の段階では、アジアの長期滞在者は北米の約半数に過ぎなかったが、2006年を境に滞在先の首位が北米からアジアへと変わり、約20年でアジア長期滞在者数は3倍以上に増え、30万人を超えた。また、かつての海外駐在員は一部大企業のエリート層に限られていたが、近年のプッシュ要因の変化により、中小企業や地方企業の製造・販売・管理などに携わる一般的な社員が、派遣の主な対象となっている。

　第2章では、海外で学ぶ子どもたちの現状について、滞在先や在籍する学校の変化に焦点を当てて概説した。保護者の海外転勤等に伴って海外で学ぶ義務教育段階の子ども数は1971年から現在までの40年間で10倍に増加し、2012年の時点で約67,000名であった。子どもたちの滞在地域についても、海外赴任先の変化に伴って北米からアジアへの移行がみられ、2005年にアジア地域の滞在子ども数が北米を抜いて1位になった。2011年ではアジア地域滞在者が4割を超え、北米3割、欧州2割という構成である。もう一つの大きな特徴として、日本人学校から現地校への移行、すなわち「日本人学校離れ」と、現地校やインターナショナルスクールに通いながらも補習授業校には通わない子どもの増加、すなわち「補習校離れ」が挙げられる。2002年を境に「現地校やインターナショナルスクールのみ」に通う子どもの数が、「日本人学校」および「現地校やインターナショナルスクール＋補習授業校」に通う子どもたちを上回り、現在では全世界合計のほぼ7割が日本人学校以外の就学形態にあることが明らかになった。

　第3章では、海外生活を終えて日本へ帰国した子どもたちの帰国後の受入れ

189

に関する制度や在学状況などについて、彼らを取り巻く社会経済的環境の変化をふまえて概観した。一年間に帰国する学齢期の子どもの数は、1977年には5,900名に過ぎなかったが、1992年には13,777名にまで増加し、2000年代に入って10,000～12,000名程度で微増減を繰り返している。受入れ形態には①帰国生クラス、②段階的混入クラス、③一般混入クラス、の3種類があり、小学校では約9割、中学校では約6割が公立校に受け入れられているが、このうち帰国生に対する何らかの配慮のある学校に在籍する者はごく一部である。

　日本における帰国生は1960年代からその存在が認識され、1970年代から80年代にかけては「救済の対象」として、日本社会や学校生活への適応を主眼とする教育が施されていた。1980年代半ば頃から、帰国生を将来国際的に活躍し得る可能性を持つ人材ととらえる研究が出現し、その「特性伸長」に目が向けられるようになる。1990年代に入ると、在日外国人児童生徒の急増や「帰国子女エリート説」などによる影響を受けて、帰国生教育の問題はひとまず落ち着いたとみなされ、学校教育における主眼は「国際理解教育」「共生教育」へと移った。さらに2000年代に入り、政府によるグローバル人材育成が急速に進められるなかで、帰国生の持つ語学力やコミュニケーション能力の活用に期待する声も大きくなっている。

　第4章では、帰国生教育に関する研究の動向について概説した。まず第1節では帰国生教育研究の歴史的な流れと、近年に至るまでの研究数などの動向について述べ、第2節では佐藤（1996）の提唱する海外・帰国生教育研究の三つのレベルによる帰国生教育研究の分析枠組みを紹介した。第3節はその枠組みにそって、「単一文化視点」および「比較文化的視点」に立つ研究として、帰国生の適応やアイデンティティ形成、および帰国生の特性伸長に関する研究について述べた。第4節は「異文化間的視点」に立つ先行研究として、「受入れ側の問題」として帰国生教育をとらえ、その生（なま）の声を聞く研究について論ずるとともに、国際理解教育に関する研究や、サードカルチャーキッズ（TCK）という考え方についても紹介し、日本の帰国生教育の特殊性について分析を行った。

　本研究における新しい取組に関する先行研究については、第5節の「帰国生教育研究の新しい動きとグローバル人材としての帰国生」に示した。1970年代、

帰国生は「救済の対象」であり、帰国生教育研究は、「新しい教育問題」であった。そして現在、急速な日本社会のグローバル化のニーズに応えて、帰国生教育は「活用期」というべき新しい局面を迎えている。しかしながら、「グローバル人材としての帰国生」という視点に立つ先行研究は現状では決して多くはないことから、さらなる実証研究の必要性について論じた。

2　第２部の研究結果の総括

　第５章では、帰国中学生が自分の在籍する「受入れクラス」に対して抱く意識について因子分析を用いて分析し、「友達との関係」「日本語運用力」「楽しさ・居心地のよさ」「積極的参加」「自由な自己表現」「在外経験の肯定的活用」「先生・友達からの是認」の７因子を抽出した。これらの因子の受入れ形態別による差異を検討したところ、「積極的参加」および「先生・友達からの是認」の２因子において有意差が認められた。「在外経験の肯定的活用」意識因子については、七つのクラス意識因子において最も下位尺度得点が低く、受入れ形態別の差異は見られなかった。このことから、いずれのクラス形態でも帰国中学生の「異文化経験の活用」に対する関心が低いことが明らかになった。属性別にみると、『学年』『在外年数』『帰国後年数』『海外での在籍校』『現地との親和度』『在外時の使用言語』との関連が有意であり、学年が低く、在外年数が５年以上10年未満、帰国後年数が短く、海外で現地校もしくはインターナショナルスクールに在籍し、現地との親和度が高く、在外時に現地の言葉を使用していた者が、在外経験の肯定的活用について高い得点を示した。『滞在地（英語圏・非英語圏）』『性別』『在外年数』および『社交度』による有意な差異は検出されなかった。他のクラス意識因子との関連においては、全体として「日本語運用力」が低い者、「自由な自己表現力」や「積極的参加」の意識が高い帰国生が、在外経験をクラスでより活用している傾向がうかがわれた。

　第６章では、帰国高校生487名を対象に行った質問紙調査の結果を基に、帰国高校生が在外中および帰国後の経験（すなわち帰国経験）を通じて獲得したと認識している特性について分析を行った。因子分析の結果、帰国高校生の特性は、「国際人としての態度」「外国語力」「対人関係力」「国際的知識・経験」「自己表現力」「日本人としての自覚」の６因子であることが明らかになった。

第2部　帰国生が異文化経験を通じて得た特性とその活用

これらの特性因子の下位尺度得点の属性7要因（学年、性別、在外年数、帰国後の年数、在外地、海外での在籍校、帰国後の在籍校）による差異について検討した結果、まず『性別』では「国際人としての態度」において女子の平均値が有意に高かったが、他の因子では有意な差はみられなかった。『滞在地（英語圏・非英語圏）』では、「外国語力」「国際的知識・経験」「自己表現力」において、英語圏が非英語圏を有意に上回っていた。『学年』についてはいずれの因子においても下位尺度得点の有意な差はみられなかった。『在外年数』では、「外国語力」「対人関係力」「国際的知識・経験」「自己表現力」の各因子において、長期滞在者の下位尺度得点が短期・中期滞在者を上回っていた。『海外での在籍校』では、「外国語力」「国際人としての態度」「国際的知識・経験」「自己表現力」で現地校およびインターナショナルスクールが日本人学校を有意に上回った。『帰国後の在籍校』については、「日本人としての自覚」を除く全ての因子において『帰国生受入れ目的型』が有意に高得点を得ていた。以上の結果から、大まかな傾向として、英語圏からの帰国生で、在外期間が長期にわたり、帰国後年数が短く、在外時に現地校やインターナショナルスクールに在籍し、帰国後は帰国生受入れへの配慮がある学校へ受け入れられた学生は、自らの帰国生としての特性を強く意識していることが示唆された。

　属性のうち、最も多い五つの特性因子において有意差が見られたのは『帰国後の受入れ形態』であり、帰国生受入れ目的校や段階的混入校に受け入れられた帰国生の方が、一般混入校の帰国生に比べてその特性を強く認識していることが明らかになった。帰国後の在籍校の選択は、帰国生の特性を活かすことを考える上で、非常に重要な意味を持つことが示唆されたといえる。

　次に、在外時および帰国後の在籍校や、家庭によるサポートの度合いが「特性7因子」に与える影響を重回帰分析により検討したところ、多くの特性因子に対し、特に『帰国後の在籍高校』や『帰国後の家庭』によるサポートの度合いが、強く影響することが明らかになった。中学段階での帰国生と高校段階での帰国生を比較すると、中学段階で帰国した帰国生の方が、高校段階での帰国生に比べて『帰国後』のサポートによる影響を強く受ける傾向にあり、特に『帰国後の家庭』によるサポートは「外国語力」「対人関係力」「国際的知識・経験」「自己表現力」の4因子に強く影響していた。これに対して『在外時の家庭』によ

192

第10章　研究結果の総括と総合的考察

るサポートは、中学段階での帰国生ではどの特性因子にも有意な影響をもたらさなかった。この結果から、特に中学校段階での帰国生に対する家庭によるサポートは、在外時よりも、むしろ等閑になりがちな「帰国後」の方が、帰国生の特性を活かす上で、重要な役割を果たす可能性が示唆された。

　一方、高校段階での帰国生の場合、『帰国後の高校』によるサポートが「国際人としての態度」「外国語力」「対人関係力」「国際的知識・経験」「自己表現力」の5因子に有意な影響をもたらしていた。すなわち、高校段階で帰国し、高校によるサポートが大きい場合には、帰国生が自らの特性を強く認識することが示された。また、高校段階の帰国生では、中学段階と異なり、『帰国後の家庭』によるサポートはいずれの特性因子にも有意な影響をもたらしていない。帰国高校生はすでに家庭からのサポートを離れ、在籍する高校によるサポートがほぼ全ての特性因子の認識に深く関わっているといえる。この結果から、学校による帰国生受入れ体制の整備が、帰国高校生の特性伸長・活用に重要な役割を果たすことが示唆されたといえよう。なお、中学段階の帰国生では有意な影響が検出されなかった『在外時の家庭』によるサポートは、高校段階では「国際人としての態度」および「外国語力」の2因子に影響をもたらしており、特に「外国語力」では、現地向きのサポートをした場合はプラスに、日本向きのサポートをした場合はマイナスに作用していた。高校段階での帰国生では、『帰国後』よりも『在外時』の家庭によるサポートの影響が大きいことが示唆された。

　第7章では、帰国高校生が自らの帰国経験を活かすことに対する意識とその関連要因を検討した。因子分析の結果、「帰国経験を活かす」ことに対する意識については、「キャリア・社会貢献型」「学校貢献型」「融合型」「不活用型」「特権利用型」の5因子構造が示された。

　これらの「活用型5因子」の関連要因について分析した結果、「キャリア・社会貢献型」因子については、男子よりも女子、英語圏で現地校に在籍していた場合、帰国生受入れ目的校に受け入れられた帰国生が、有意に高い得点を示していた。また、帰国後年数が短く、3年生で、帰国生受入れ目的校に受け入れられた帰国生が「学校貢献型」としての活用を強く意識していた。「融合型」は、現地校に在籍して受入れ目的校へ受け入れられた帰国生で得点が高く、自分の中に帰国経験を取り込み、特に意識することなく帰国経験を活用していた。「特

193

第2部　帰国生が異文化経験を通じて得た特性とその活用

権利用型」では、1年生、在外時にインターナショナルスクールに在籍、帰国後年数短期で受入れ目的校へ受け入れられた帰国生で有意に得点が高く、帰国直後の帰国生が、利用できる帰国生の特権をよく活用していることが示唆された。一方、在外年数が短い場合や、日本人学校在籍者、一般混入校に受け入れられた帰国生は「不活用型」になる傾向がみられた。

　次に、在外時および帰国後の『帰国生（在外生）であることに対する肯定度』が「活用型5因子」に与える影響について検討した。この結果、在外時に海外での生活を楽しみ、現地の学校において肯定的な経験を積み重ねた帰国生は、帰国経験の肯定的活用の意識が高い傾向にあることが明らかになった。また、帰国後に帰国生として得をしていると感じた者や、帰国後のクラスでの友人関係が良好で、帰国生であることを誇りに思う帰国生は、同じく帰国経験の活用について肯定的な意識を持つことが示唆された。

　最後に、第7章で検証した帰国高校生が獲得したと認識している「特性因子」と、その活用についての意識である「活用型因子」の関連について検証した。まず、「キャリア・社会貢献型」の活用意識を持つ帰国生は、「外国語力」や「国際的な知識や経験」があり、「日本人としての自覚」を持ち、「国際人としての態度」を身につけている傾向があることが示唆された。これに対して「学校貢献型」意識が高い帰国生は「対人関係力」の得点が有意に高かった。また、帰国経験を自分と不可分のものととらえ、取り立てて意識することなく生活の中で活用する「融合型」の帰国生は、高い「外国語力」をもち、「対人関係力」に優れ、「国際人としての態度」を備えていることが明らかになった。一方、「不活用型」因子においては、有意な影響は全てマイナス方向であった。「外国語力」が低く、「対人関係」も消極的で、「国際的知識・経験」を身につけていないと感じる帰国生は、「活かすべき帰国経験を獲得していない」と感じ、帰国生であることで周囲に期待されることを嫌い、「帰国経験を話す機会があっても断る」という傾向にあることが示された。

　第8章では、帰国高校生の「将来のキャリアに対する意識」についての分析を行った。この結果、「国際キャリア志向」「国内キャリア志向」「国内外不問」の三つのキャリア因子が抽出され、すでに高校生段階において明確に国際的キャリアをイメージしている者、国内での就職をイメージしている者、どちら

でもない者がいることが明らかになった。

　また、帰国生の「特性6因子」と「キャリア因子」との関連を分析したところ、「外国語力」や「国際的知識・経験」のような直接的にキャリアにつながる特性を獲得したと認識する帰国生は「国際キャリア志向」への意識が高いことが明らかになった。一方、「国内キャリア志向」に有意な影響をもたらしたのは「日本人としての自覚」因子のみであった。

　さらに、帰国経験の「活用型因子」が、「キャリア因子」に及ぼす影響を検証した結果、「キャリア・社会貢献型」因子が、国内・国外にかかわらずキャリア因子に影響することが明らかになった。すなわち、帰国経験をキャリアや社会貢献のために意識的に活用しようと考えている帰国生は、将来のキャリアについてもまた高い意識を持っているものと考えられる。

　第9章では、帰国大学生の帰国経験や特性を「活かす」ことについての意識と、それに影響する属性要因について分析を行った。この結果、調査対象となった帰国大学生のほとんどが、帰国経験や特性の活用について何らかの肯定的な意識をもち、実際に行動していることが明らかになった。特性を活かすことについての考え方に影響する属性としては、「在外期間が長く、在外地が英語圏で、現地校およびインターナショナルスクールに在籍し、帰国後に進度別授業や補習のある帰国枠で日本の学校に受け入れられた場合」が、最も帰国生としての経験を活かしやすい環境にある、という可能性が示唆され、帰国生の特性活用には「英語」と「現地校」がキーワードとなっていることが推察された。

第2節　新たな知見と本研究の意義

　まず、第4章に掲げた本研究の五つの課題に対する結果を述べ、研究結果によって導き出された本研究の知見を示す。

研究課題1　帰国中学生は自らの在籍する受入れクラスに対してどのような意識を持っているか。その関連要因やクラス意識相互の関係はどのようなものか。
＜第5章＞

　帰国中学生が自分の在籍する「受入れクラス」にどのような意識を持っているかを分析し、「友達との関係」「日本語運用力」「楽しさ・居心地のよさ」「積

第2部　帰国生が異文化経験を通じて得た特性とその活用

極的参加」「自由な自己表現」「在外経験の肯定的活用」「先生・友達からの是認」
の7因子を抽出した。これらのクラス意識7因子の中で「在外経験の肯定的活
用」は最も下位尺度得点が低く、いずれの受入れ形態でも同様の結果であった。
この結果から、どの受入れ形態においても、帰国生が海外生活で得た経験や語
学力をクラスで活かすことをさほど重要に感じておらず、在外時の経験を活か
すことがなくても、クラスの中で楽しく、居心地よく過ごしていることが示唆
された。

　さらに「在外経験の肯定的活用」因子を従属変数、他の6因子を独立変数と
して重回帰分析を行ったところ、全体としては「日本語運用力」が低く、「自
由な自己表現力」や「積極的参加」の意識が高い帰国生が、在外経験をクラス
でより活用している傾向がうかがわれた。また、関連する属性要因としては、
現地校やインターナショナルスクールに在籍していた者、在外時に現地語をよ
く使用していた者、帰国後年数が1年以内の者、2年生、現地との親和度の高
い者が、有意に得点が高い傾向が見られた。

研究課題2　帰国高校生は、海外在住時および帰国後の異文化経験を通じてど
のような特性を得たと認識しているか。また、その特性は家庭および学校によ
るサポートや、帰国生の属性とどのような関連があるか。＜第6章＞

　帰国高校生が自らの異文化経験を通じて得たと認識している特性として、「国
際人としての態度」「外国語力」「対人関係力」「国際的知識・経験」「自己表現
力」「日本人としての自覚」の六つの特性因子が認められた。これらの特性因
子に最も強い影響を及ぼす属性要因は『帰国後の在籍校』で、帰国後の受入れ
形態が帰国生の特性活用に大きな関連を持つことが明らかになった。このほか
の傾向として、英語圏からの帰国生で、在外期間が長期にわたり、帰国後年数
が短く、在外時に現地校やインターナショナルスクールに在籍し、帰国後は帰
国生受入れへの配慮がある学校へ受け入れられた場合に、帰国生としての特性
を強く認識することが示唆された。さらに、多くの特性因子に対して特に『帰
国後の在籍高校』や『帰国後の家庭』によるサポートの度合いが強く影響して
おり、帰国高校生の特性は帰国後の学校や家庭からのサポートにより、その意
識が大きく変化することが明らかになった。

196

第 10 章　研究結果の総括と総合的考察

研究課題3　帰国高校生の「異文化経験の活用」に対する意識とその関連要因
はどのようなものか。異文化経験を通じて獲得した特性の差異により、その活
用に対する意識にどのような影響があるか。＜第7章＞

　「異文化経験を活かす」ことに対する意識として、「キャリア・社会貢献型」
「学校貢献型」「融合型」「不活用型」「特権利用型」の五つの活用型因子が見い
だされた。これらの因子には、在外時および帰国後の在籍校や、性別、帰国後
年数、学年が有意に影響を及ぼしていた。また、在外時および帰国後の『帰国
生（在外生）であることに対する肯定度』が高いほど、帰国経験の活用につい
て肯定的な意識を持つことも示唆された。

　さらに、帰国生の「特性因子」と、その活用についての意識である「活用型因子」
の関連について検討したところ、獲得した特性の違いによって、活用意識型に
も差異が生じる傾向が示された。例えば、「キャリア・社会貢献型」の活用意
識を持つ帰国生は、「外国語力」や「国際的な知識や経験」があり、「日本人と
しての自覚」を持ち、「国際人としての態度」を身につけている傾向があるの
に対し、「学校貢献型」意識が高い帰国生は「対人関係力」の得点が有意に高かっ
た。一方、「不活用型」因子においては、有意な影響は全てマイナス方向で、「外
国語力」が低く、「対人関係」が消極的で、「国際的知識・経験」を身につけて
いないと感じる帰国生の得点が高かった。

研究課題4　帰国高校生の「キャリアとしての異文化経験の活用」に対する意
識とその関連要因はどのようなものか。＜第8章＞

　帰国高校生の考える将来のキャリアとしては、「国際キャリア志向」「国内キャ
リア志向」「国内外不問」の三つのキャリア因子が抽出された。この「キャリ
ア因子」と帰国生の「特性6因子」との関連を分析したところ、「外国語力」や「国
際的知識・経験」のような直接的にキャリアにつながる特性を獲得したと認識
する帰国生は「国際キャリア志向」への意識が高いことが明らかになった。一
方、「国内キャリア志向」に有意な影響をもたらしたのは「日本人としての自
覚」因子のみであった。また、帰国経験の「活用型因子」が、「キャリア因子」
に及ぼす影響を検討した結果、「キャリア・社会貢献型」活用意識が、国内・

197

第2部　帰国生が異文化経験を通じて得た特性とその活用

国外かかわらずキャリア因子に影響することが明らかになった。

研究課題５　帰国大学生は、異文化経験を通じてどのような特性を得たと認識し、それをどのように活用しようとしているか。また、その意識に影響する要因は何か。＜第９章＞

　帰国大学生が異文化経験を通じて得た特性としては、「学力」（プラス面・マイナス面）、「社会性」（プラス面・マイナス面）、「公正さ」、「コミュニケーション能力」、「視野の広さ」、「積極性」、「日本文化への思い入れ」、という七つのカテゴリーが抽出された。

　帰国生としての経験を活かすことに対する考え方は、意識面でも行動面でも特性の活用に積極的である「積極的活用型」、意識面では積極的に活かそうとしても実際に活かす場面がない「積極的待機型」、意識面では特に活かすつもりはないが行動としては活かす結果になっている「受動的活用型」、意識面でも行動面でも活用に消極的である「消極的待機型」の４タイプである。これらに加えて、さらに、自分自身を帰国経験と切り離して考えることが不可能であるとする「融合型」、帰国生であることを誰にも話すことなく、経験そのものを封印している「封印型」の２タイプを加え、合計６タイプに類型化された。この考え方に影響する属性要因として、在外期間、在外地、海外および帰国後の在籍校が挙げられることが示唆された。

　以上に挙げた本研究の結果によって得られた新たな知見について、以下に箇条書きで述べる。

　1. 異文化経験を通して得た特性の活用については、帰国中学生は全体的に意識が低く、在外経験をクラスで活用することがなくても、クラスでの楽しさ・居心地の良さには関連がないことが示された。一方、帰国高校生では「キャリア・社会貢献型」「学校貢献型」「融合型」「特権利用型」の活用型因子がある一方、「不活用型」もみられた。

　2. 帰国高校生の「特性因子」に影響する属性要因は、在外地・在外年数・帰国後年数・在外時および帰国後の在籍校である。６因子中最も多い５因

第10章　研究結果の総括と総合的考察

子において「帰国後の受入れ形態」による有意差が見られ、帰国生受入れ目的校や段階的混入校に受け入れられた帰国生の方が、一般混入校の帰国生に比べてその特性を強く認識していることが明らかになった。帰国生がその特性をより強く認識するためには、教育的な配慮のある受入れ体制の整った学校への受入れが有効であると考えられる。

　在外地（英語圏・非英語圏）別の分析の結果、「外国語力」「国際的知識・経験」「自己表現力」においては英語圏が非英語圏を有意に上回ったが、「国際人としての態度」「対人関係力」「日本人としての自覚」の３因子では有意な差異はみられず、英語圏以外に滞在した帰国生も、こうした特性については英語圏滞在者と同様に認識していることが示唆された。近年人数が増えているアジア圏等の非英語圏からの帰国生についても、その特性の伸長・活用について、より配慮が必要である。

3．帰国高校生の「特性因子」と、その活用についての意識である「活用型因子」には有意な関連が見いだされた。例えば、外国語力に優れて国際的知識・経験を持ち、日本人としての自覚や国際人としての態度を身につけている帰国生は「キャリア・社会貢献型」活用意識が高く、また、対人関係に優れて国際的知識・経験を持つ帰国生は「学校貢献型」活用意識が高い傾向がある。一方、外国語力や対人関係力が高くなく、国際的知識・経験を獲得していないと感じる帰国生は「不活用型」に陥る可能性が高い。全ての活用型因子において、帰国生クラスに受け入れられた帰国生の得点が有意に高く（不活用型では低く）、受入れ形態が重要な要因であることが示された。

4．在外中および帰国後の帰国生であることに対する肯定感が高いほど、特性活用の意識が高い傾向にある。在外時および帰国後のクラスでの良好な友人関係や、帰国生であることを誇りに思えるような環境作りが重要であるといえる。

5．特に「帰国後」の学校や家庭によるサポートが、帰国生の特性の認識に

199

第2部　帰国生が異文化経験を通じて得た特性とその活用

　強い影響を及ぼす。特に、高校入学前に帰国し日本の中学校に在籍した帰
　国生は『帰国後の家庭』によるサポートが、高校段階での帰国生の場合は『帰
　国後の高校』によるサポートが、それぞれ能力因子に対して強い影響をもた
　らしていることが示唆された。在外中には家庭による子どものサポート
　だけでなく、等閑になりがちな帰国後のサポートが、異文化経験を活かす
　ための鍵となる可能性がある。

6．帰国高校生の将来のキャリアについては「国際キャリア志向」「国内キャ
　リア志向」「国内外不問」の3因子を得たが、このうち「国際キャリア志
　向」「国内キャリア志向」両方に、「キャリア・社会貢献型」活用意識が有
　意な影響をもたらしていた。異文化経験をキャリアや社会貢献のために意
　識的に活用しようと考えている帰国生は、将来のキャリアについても国内
　外問わず高い意識を持つものと考えられる。また、これらのキャリア因子
　は、「キャリア・社会貢献型」因子に関連する属性要因（英語圏に滞在、女子、
　現地校在籍、受入れ目的校在籍）により、間接的な影響を受けることが推察
　される。

7．帰国大学生の特性活用についての意識の類型化により、在外中に非英語
　圏で日本人学校に在籍し、帰国後に帰国生受入れに対する特別の配慮のな
　い学校へ受け入れられた場合に「封印型」に陥る可能性がある一方で、英
　語圏に長期間滞在し、現地校およびインターナショナルスクールに在籍し、
　帰国後に進度別授業や補習のある日本の学校に帰国枠で受け入れられた場
　合は、海外経験により得た特性を活かしやすい可能性が示唆された。「英語」
　と「現地校」がキーワードとなっていることが推察された。

第10章　研究結果の総括と総合的考察

第3節　総合的考察

1　帰国中学生と帰国高校生の「異文化経験を活かす」ことに対する意識の差異

　研究課題1に対する結果から、知見の「1」で述べたとおり、中学生段階の帰国生にとって異文化経験を通して得た特性をクラスで活かすことは重要な意味を持たず、よりよい友達関係や日々のクラス活動への参加の方が優先されていることが明らかになった。帰国中学生は、なぜ自らの異文化経験を活かすことに無関心なのだろうか。この理由について、中学生および高校生の発達段階、および日本の学校文化に関する理論から考察しよう。

(1)　中学生の発達段階における「仲間関係」

　アメリカの精神医学者H. S. Sullivan は、青年期を「前青春期（preadolescence）」「初期青春期（early adolescence）」「後期青春期（late adolescence）」の三段階に分け、それぞれの心理的発達段階における対人関係の重要性を説いた（Sullivan, 1953; 中井他訳, 1979）。Sullivan によれば前青春期は8歳〜12歳頃とされ、この時期には満足欲求や安全欲求を経験する重要な他者として「仲間」が親と同等かそれ以上に重要となる。この時期に築かれる家族外の同性の人物との親密な関係は「親友関係（chumship）」と呼ばれる。帰国中学生が属するのは「前青春期」から「初期青春期」にかけての発達段階であり、この段階においては、クラス内の友人関係が学校生活において多くの比重を占めていることが推測される。さらに、Blos（1962）は、前青春期は、今までのように子どもとしていることもできず、親から離れて自立することもできない、新たな自己を模索し始める過渡期にあって、友人の中に自分と同質のものを見いだそうとし、安心感を求める段階であることを指摘した。このように、中学生段階は仲間関係を大切にし、その中での「同質性」を見いだすことで満足感や安全・安心感を得る年代であるといえる。自らの異文化経験を活かすことは、すなわち「異質性」を強調することにつながるため、中学生段階の帰国生にとっては最も優先度の

201

第2部　帰国生が異文化経験を通じて得た特性とその活用

低い結果となったことが考えられる。

　チャムシップ（chumship）について日本で研究を行った保坂・岡村（1986）は、児童期から思春期の仲間関係について、以下のような段階に分類を行い、「仲間関係発達段階仮説」と名付けた（保坂, 1996）。

①ギャング・グループ：小学生（児童期後半）
　　同一行動による一体感を特徴とする同性同輩集団
②チャム・グループ：中学生（思春期前半）
　　同一言語による一体感の確認を特徴とする同性同輩集団
③ピア・グループ：高校生（思春期後半）
　　自立した個人として尊重しあい、異質性を認めることが特徴の性別年齢混
　　合（可能な）集団

　このように、青年期の友人関係は、小学高学年生・中学生で見られる「類似性」を重要視した関係から、高校・大学生で見られる「互いの違いを理解した相互的な関係」へと変化していくことがわかる。

　スクールカウンセラーとしての経験を持つ黒沢ら（2004）は、上に示した保坂らの仮説を検証するため、中学生を対象とした仲間関係発達尺度の開発を試み、「ピア・プレッシャー」という新しい因子を見いだした。これがすなわち「親密さ」と「同調圧力」が併存し表裏を成す性質のものであることを示すものであるといえる。黒沢（2002）は、この同調圧力について、「子どもたちの仲間関係やそこからの圧力は、成長促進要因にも成長阻害要因にもなりうる」ことを示唆している。この「同調圧力」については、続く本節2項で詳しく述べたい。なお、近年の子どもたちの仲間関係の変質として、保坂（1998）は、「ギャング・グループの消失」「チャム・グループの肥大化」「ピア・グループの遷延化」という言葉を用いて、仲間関係の希薄化を指摘している。チャム・グループ世代である中学生段階において、仲間への強い同調はみられるが、表面的な行動レベルの同調であり皮相的な関わりが多く、また、ピア・グループ世代の高校段階になっても周りを気遣い表面的に周囲にあわせた生き方を続け、互いの価値観や異質性を認め合い乗り越えるという成熟には程遠い状態であるという。伊

藤（2001）は、近年の子どもたちは、摩擦のない表面的な同調の中を浮遊しぶつかりを避けるという仲間づきあいに終始することで、異なる個性や価値観を持った人間同士の成熟した人間関係へと変容するきっかけが奪われる傾向があると述べている。

このほか、和田（1996）は、友人関係への期待を中学生から大学生を対象に調査し、中学生より高校生・大学生の方が友人と言い合うことを望むことや、友人関係の中で自分自身が向上することを望むといった内面的な関係を期待するようになることを報告している。これらの結果から、友人関係の中で生じる期待は年齢によって変化し、それは年齢とともにより内面的な関係を期待し、さらに相互的になることがわかる。

(2) 同調圧力の作用

こうした発達段階による解釈のほかに、日本の学校文化における「同調性」についても触れる必要があるだろう。「同調」（conformity）は社会心理学的概念であり、アメリカ人大学生を対象として行われた Asch（1951）の実験により広く認識されるようになった。この実験では、自分の信念と異なっていても、周囲にあわせて行動してしまうケースが提示され、全員一致の多数派（実験協力者）の中で、一人でも違う回答をすると、同調率が大きく低下し６％になること、また、多数派が３名以上いると十分に同調を引き起こすが、それ以上ではあまり差異がないことも示された。

Deutsch, M. & Gerard, H.B.（1955）によれば、同調過程には、「規範的影響（normative influence）」と「情報的影響（informational influence）」の二つの影響力が作用している。「規範的影響」とは、受容されたいという動機づけに基づいて多数派の行動や基準と一致する方向に自分の行動を変化させることである。個人的には規範が誤りであると認識していたとしても、集団メンバーからの否定的評価を回避したり、集団の目標達成のために協調するなど、他者からの期待に応える形で集団に同調していく。一方、「情報的影響」は、正しい判断を下したいという動機づけに基づいて他の集団成員の意見や判断を参考にした結果、自分の判断や行動を変化させる過程である。自己の判断の正しさが明確でない場合、周りの多数集団が形成する規範が「正しさの代用品」

第2部　帰国生が異文化経験を通じて得た特性とその活用

としての機能を果たし、人はそれを正しいものと受け入れて同調する。さらに、Deutsch, M. & Gerard, H.B.（1955）は、「規範的影響力」と「情報的影響力」のもたらす結果の決定的な違いは、前者による変化が集団への公的な服従（public compliance）にとどまるのに対して、後者による個人の変化は私的な受容（private acceptance）へとおよぶ点であると述べている。

　この「同調」が文化によって起こりやすさが異なるかどうかを検討したのが高野・纓坂（1997）である。過去に日本とアメリカ行われた実証的研究の再検討を行った結果、文化による同調（協調）率の有意な差異は見いだされなかった。アメリカ人に比較して日本人は集団主義的であるという通説があるが、実験の結果では「同調」は通文化的な現象である。Frager（1970）は、Asch の実験の日本における追試のため、日本人の大学生を被験者として、Asch（1956）と同様の実験を行った。この結果、同調行動の割合は 25% で、Asch の実験における 32% よりも低かった。ただし、Bond & Smith（1996）によれば、アメリカにおいて同調率は時代とともに低下してきており、Smith & Bond（1993）では、Asch 以後にアメリカで行われた八つの研究における同調率の平均値は 25% とされている。したがって、年代の異なる Frager（1970）と Asch（1956）の結果を単純に比較することは妥当ではない（高野・纓坂, 1997）。

　しかしながら、日本の学校文化に限ってみた場合、欧米の学校と比較して、学校・学年・クラス・班などの活動において全員一緒の一斉行動が多いことを、恒吉（1996）は指摘している。日本の一斉共同体主義は同調への動機づけとして、特に学校などの組織において小集団管理のもとでの相互規制を用いており、それは集団責任体制を駆使しながら、行動面での同調への圧力がかかりやすい仕組みであると指摘し、例として日本の学校での給食の場面の同調性を挙げている。こうした仕組みは、開放的で多様な人びとを前提としたものではなく、同質的で自己完結的な、お互いの顔の見える共同体的集団を志向したものである。このような「日本的」集団主義について恒吉（1992）は、「帰国生や外国人児童生徒のような何ら協調的な価値観を内面化していない児童であっても、日本の学校においては、制度化されている各種の集団活動（学級や班）に参加するように方向付けられる」とし、その構造的要因は、文化を越えて特定の行動様式（思考様式）を誘因する性質のものであると述べた。日本の学校に受け入れ

第10章　研究結果の総括と総合的考察

られた帰国生は、クラスや班などの集団活動を通じて同調圧力がかかりやすく、次第に「同質的で自己完結的な、お互いの顔の見える共同体的集団」(恒吉, 1996) の成員となると考えられる。日本の組織が、同質性の前提のもとに顕在化することを避けてきた異質性の存在を認識し、それに意義を見いだす視点の転換と、それを生産的に支える制度的整備が求められている（恒吉, 1995）のである。

(3)　潜在的カリキュラムの作用

　このような同質性を志向する一般クラスにおける教室文化については、もう一点、「ヒドゥン（潜在的）カリキュラム」の存在を忘れてはならない。日本のみならず世界の学校および社会システムにおいて、古くからその存在が指摘されてきたが、この概念を初めて正式に提唱したのは、Jackson (1968) であり、「教室での学級生活に適応するための暗黙のルールの発見」という文脈において、この用語を用いた（溝上, 2006）。Jackson (1968) および Snyder (1971) によれば、「教師（教える側）にも学生（教えられる側）にも気づかれているにもかかわらず、隠されている」もので、公のカリキュラムよりも根深く、影響力が強いとされる。Martin (1976) は、ヒドゥン・カリキュラムとは「教師または学校によって、意識されていないか、また意図されていても公然としたものとしてではなく学習者に認められているもの」と定義している。こうした隠れたルールや力は、教師の意図にそって学ぶこともあれば、環境や人間関係から無自覚的に学ぶこともあるのである (Giroux, 1978)。さらに Bloom (1972) は、「ヒドゥン・カリキュラムは多くの点において公のカリキュラムよりも効果的であると思われる。なぜならば、ヒドゥン・カリキュラムは学生が学校へ通っている長い年月を通して彼らに普及し、また矛盾がないのでヒドゥン・カリキュラムによって裏打ちされた授業は長い間記憶されているのである。そして、それらの授業は毎日経験され、学習される」と述べ、ヒドゥン・カリキュラムが公のカリキュラムよりも影響力を持つものであると指摘した。

　佐藤 (1989) は、「ヒドゥン（潜在的）カリキュラム」について「目に見えない形で、子どもたちに影響を与え、その経験を形づくり、方向づけていくカリキュラム」と定義し、学校やクラスにおける様々な圧力が「目に見えないカリ

205

第2部 帰国生が異文化経験を通じて得た特性とその活用

キュラム」として帰国生に働きかけている可能性を指摘した。佐藤は、潜在的
カリキュラムには以下の三つの形態があるとしている。

① 学校生活の中で子ども同士の人間関係を通して無意識に学習されるもの
② 教科の学習を通して間接的に学習されるもの
③ 教師との関係の中で無意識に学習されるもの

　第3章で述べたとおり、2008年現在で、中学校段階の帰国生の6割以上が公
立学校、3割以上が私立学校に受け入れられている。そのどちらにおいても、
帰国生への受入れ上の配慮がなされている学校はごく限定的であり、帰国中学
生の多くは特に何の配慮もないまま、一般クラスに混入されているのが現状で
ある。帰国中学生を受け入れる一般混入クラスの場合、先にも述べたとおり発
達段階的に友達関係が学校生活の重要な要素であることから、上記①が特に大
きな影響を持つと考えられる。帰国中学生は「一般生との交流」のない「閉鎖的」
な帰国生クラスを「日本への適応の妨げ」とみなして否定し、「一般生との乖離」
を避けようとしている（岡村, 2011a）。一般クラスにおいて一般生と交流を持てば、
その人間関係を通して、日本の学校文化における「ヒドゥン・カリキュラム」
により無意識のうちに、集団主義や同質性志向を学び取っていくものと考えら
れるだろう。また、集団を構成する成員相互間の心理的結合が深まり、集団の
心理的凝集性が大であれば、それだけ、逸脱者への集団圧力が大となる。ヒドゥ
ン・カリキュラムが準拠すべきものであり、その学級成員に対する影響力が大
であればあるほど、逸脱者は他の成員から圧力をかけられる可能性が高くなる。
つまり、ヒドゥン・カリキュラムへ適応できない児童は学級から排除される傾
向にあるといえる（田中, 1983）。

(4) 帰国中学生の異文化経験活用の可能性
　このように、帰国中学生は「友人との関係」が優先される初期青春期（Sullivan,
1979）の発達段階にあるため、異文化経験を活かすことに対し関心を持ちにくい。
さらに、日本の学校文化における同調圧力や潜在的カリキュラムの存在も、そ
の活用の妨げとなると考えられる。それでは、帰国中学生の特性活用は不可能

第 10 章　研究結果の総括と総合的考察

なのだろうか。ここで重要となるのが「家庭からのサポート」と「帰国生クラス」の存在である。

　第 6 章で述べたとおり、特に中学校段階で帰国した場合、帰国生の特性因子の中でも「外国語力」「対人関係力」「自己表現力」「国際的知識・経験」の認識には、家庭のサポートによる影響が顕著であることが明らかになった。これは、中学校段階での帰国生が一般混入の公立中学校に帰国することが多い現状を反映したものと考えられ、学校でのサポートが十分でない分を、家庭でのサポートによって補っていると推測することができる。あるいは、本節で述べてきたような中学生の発達段階や教室文化の影響、あるいは高校入試との関連において、たとえ学校からの「在外経験を活かす」ためのサポートがあったとしても、それをきちんと受け取ることができなかった可能性もあるだろう。いずれの場合も、帰国中学生の特性の伸長には、帰国後の家庭によるサポートが重要なカギを握るものと考えられる。

　また、第 4 章に述べた岡村（2011a）の研究では、「帰国生クラス」に在籍する帰国生は、帰国生クラスに対して高い肯定度を示し、「帰国生としてのありのままの自分」を発揮して、「多様な個性と価値観」を認めあう雰囲気の中で、気楽に楽しく過ごしていることが示唆された。これに対して、一般クラスに混入された帰国生では「一般生との乖離」を恐れ、帰国生クラスを「日本への適応の妨げ」ととらえて嫌う傾向があることが示され、同調圧力の存在がうかがわれる結果となっている。この結果から、帰国生クラスにおいては、一般クラスに比べて同調圧力や潜在的カリキュラムの作用が低いことが想定される。

　第 5 章に示したとおり、帰国中学生では「帰国生クラス」「一般混入クラス」「段階的混入クラス」のいずれの形態でも、「在外経験の肯定的活用」に対する関心が低いという結果であったが、「帰国生クラス」の活用と、家庭によるサポートにより、活用を促す可能性があるといえよう。

(5)　帰国高校生の異文化経験の活用に関する考え方
　中学生段階の帰国生にとっては「在外経験の活用」は重要な意味を持たなかったが、高校生段階においては意識の変化が見られた。第 6 章および第 7 章でみたとおり、帰国高校生は、自らの異文化経験から得た特性を「国際人としての

第2部　帰国生が異文化経験を通じて得た特性とその活用

態度」「外国語力」「対人関係力」「国際的知識・経験」「自己表現力」「日本人としての自覚」の６因子として認識し、異文化経験を将来のキャリアや社会貢献として活用しようとする「キャリア・社会貢献型」、自分が所属する学校のために役立てようとする「学校貢献型」、自分の中に融合させた形で特に意識せずに活かしていく「融合型」、帰国生に与えられた特別受験枠などの特権を利用しようとする「特権利用型」という四つの活用型によって活用していることが明らかになった。ただしこのような「活用型」がある一方で、「不活用型」の帰国生も見られ、羽下・松嶋（2003）で示された「隠匿型」の存在を裏付ける形となった。

　中学生から高校生段階のこうした意識の変化については、高校生がすでに「チャム・グループ」を脱して「ピア・グループ」の発達段階へと移行したことが大きな要因として考えられる。保坂（1996）によれば、高校生が属する「ピア・グループ」は「自立した個人として尊重しあい、異質性を認めることが特徴の性別年齢混合（可能な）集団」と定義される。中学生で見られる「類似性」を重要視した関係から、互いの違いを理解した相互的な関係へと変化していくことで、高校段階では、帰国生がその特性を発揮しやすい環境が整ってくるものと考えられる。Atwater（1992）は、青年期には自己の安定のために友人との関わりを希求するが、特に青年期後期（高校生後期〜大学生期）では知的・情緒的成熟に伴いお互いの違いを受容しつつ相手との信頼・自己開示に基づいた友人関係が維持されると述べており、異文化経験の活用についても、中学生期とは異なる意識を持つようになるものと考えられるだろう。

　中学生と高校生の意識の差異については、発達段階に加えて、受入れ環境の違いも大きな要因と考えられる。第３章で述べたとおり、中学校では帰国生クラスへの受入れ枠は多くなく、一般公立校に混入形態で受け入れられるケースが６割に上っている。一方高校では帰国生受入れを目的とした学校が私立を中心に多く設置されており、本調査の対象となった高校９校のうち、帰国生受入れを目的として作られた学校が４校（私立２校、国立２校）あり、私立のもう１校については、帰国生クラスの設置があった。こうした高校では学校そのものが「帰国生クラス」ともいうべき環境となっており、中学校でみられた同調圧力や潜在的カリキュラムによる作用のようなものは、圧倒的に少ないと考え

208

第10章　研究結果の総括と総合的考察

られる。

　こうしたことから、高校生段階では、発達段階と受入れ環境の相乗効果により、その異文化経験によって得た特性を活用しやすいということができる。次に、こうした帰国生受入れ環境について、「帰国生クラス」の存在意義と家庭によるサポートに焦点を当てて考察を行いたい。

2　帰国生受入れ環境としての学校と家庭による影響

　第6章および第7章に示した研究課題2・3の結果から、知見「2」「3」に示すとおり、帰国高校生の「特性因子」やその「活用意識因子」には「帰国後の受入れ形態」が大きな影響をもたらし、帰国生受入れ目的校や段階的混入校に受け入れられた帰国生の方が、一般混入校の帰国生に比べて自らの持つ特性を強く認識し、様々な形で活用しようと意識していることが明らかになった。さらに、知見「4」に示すとおり、在外時および帰国後の『帰国生（在外生）であることに対する肯定度』が高いほど、帰国経験の活用について肯定的な意識を持つことも示唆された。加えて、知見「5」に示すとおり、高校入学前に帰国し日本の中学校に在籍した帰国生は特に『帰国後の家庭』によるサポートが、高校段階での帰国生の場合は特に『帰国後の高校』によるサポートが高いほど、帰国生がその特性を強く認識することも明らかになった。このように、帰国生の特性活用には、帰国後の学校や家庭による受入れ環境と積極的なサポートが大きなカギとなる可能性がある。在外時および帰国後のクラスでの良好な友人関係や、帰国生であることを誇りに思えるような環境作りが重要であるといえる。これらの結果について以下に考察を行いたい。

　(1)　帰国生クラスの効果

　第6章および第7章に示す研究課題2・3の対象となった高校生段階における帰国生受入れについては、すでに第3章にも述べたとおり、海外子女教育財団の分類による以下の3形態がある。

　　＜AⅠ群＞　帰国子女受入れを主たる目的として設置された高等学校
　　＜AⅡ群＞　帰国子女受入れ枠を設けている高等学校ならびに特別な受入れ

209

第2部　帰国生が異文化経験を通じて得た特性とその活用

　　　　体制を持つ高等学校
＜Ｂ群＞　帰国子女の受入れに際し特別な配慮をする主に私立の高等学校

　ＡⅠ群に属する帰国生受入れのために設置された学校では、特に現地校出身
者が不利にならないような帰国枠入試を行っている。入学後も習熟度別教科指
導や日本語指導のシステムがあり、伸ばしたい語学は現地校レベルの授業を受
けることも可能である。ＡⅡ群の学校は「帰国生受入れ枠」を持つが、帰国生
向けに特別な選考方法を導入している学校がある一方で、有名進学校などでは
一般生と同じ入試を行い、選抜の際に多少の考慮をする程度という学校もあり、
その選考は多種多様である。また、受入れ後に教科の補習や特別な語学クラス
での指導を行うところや、一般生と全く同じ授業を行うところなど、入学後の
対応も様々である。Ｂ群は帰国枠を設けていないが、入試の際に多少の加点を
するなどの配慮があると答えた学校である。

　本研究の対象となった高校9校のうち、ＡⅠ群が1校（私立1校）、ＡⅡ群が
8校（国立3校、公立3校、私立2校）で、全てが帰国生受入れに特別に配慮を
持つ学校であった。特にＡⅠ群の学校は1学年240名中約160名が帰国生とい
う集中校であり、一般生も在籍しているが、学校そのものが帰国生クラスとい
う見方ができる。一方ＡⅡ群に属する公立校では、帰国枠での受験はあるものの、
在籍者が1学年10名以下の学校が多かった。

　それでは、帰国生受入れ校においては、入学後にどのような指導が行われて
いるのであろうか。高校の場合について、稲田（2012）は多くの帰国生受入れ
に携わっている高校3校の教師の語りより、以下の4点を帰国生への配慮とし
て挙げている（それぞれの内容は筆者による要約）。

①参加型・少人数・レベル別指導
　一方通行の講義型の授業に慣れていない帰国生のために、実験やプロジェク
ト型の授業形式を取り入れる、10〜25名程度の少人数クラス体制で教員と生徒
のコミュニケーションを図り、自分のペースで不安感なく勉強できるよう配慮
する、等。
②編入学の受入れと補習の日常化

210

第 10 章　研究結果の総括と総合的考察

編入学をいつでも受け入れる、昼休み時間を使って個人的に補習を毎日行い、職員室で個人的な質問を受ける、知識を埋めるのではなく違う形の学力をつけていく、等。

③「アメリカを思い出すところ」―「いつも一緒」ではない学校文化

（アメリカから帰国してきた子どもに対しては）アメリカにいた時のことを思い出せるような雰囲気の場所を作る、大人数のクラスにいるだけでは疲れてしまうので少人数や個人でいられる場所を確保する、等。

④「英語重視」の相対化

英語圏からの帰国生の保護者からは英語能力向上の要望が強いが、得意の英語だけでなく日本語もバランスよく伸ばす、非常に英語ができる生徒はさらに伸びるよう習熟度別クラスで指導する、多様な背景にあわせたバランスのよいカリキュラムを重視する、等。

このように、帰国生受入れ高校では、少人数制や日常的な補習、習熟度別クラス、生徒との双方向型授業などを取り入れ、多様なカリキュラムを展開していることがわかる。日本に帰ってきたからといって、全面的に日本の学校教育に取り込まれることなく、海外での学習スタイルも活かすことができ、時には海外にいた時の雰囲気も味わえるような工夫もなされる中で、帰国生は自らの特性を意識し、活用することが可能になると考えられる。

また小中学校段階では、第3章で示したように、頻度や内容の差異はあるが、英語指導や日本語指導、補習・個別指導、取り出し授業、面談、カウンセリング、生活指導・生活面の適応指導、家庭との連絡・連携などの対応がなされている。このような帰国生に配慮のある学校は高校（ＡＩ群に属する学校）では東京都内では1校のみ、全国でも5校しかない。

また、第7章第3節の2に示したとおり、帰国生受入れに配慮のない学校に受け入れられた帰国生は「不活用型」に陥る傾向が高いことも明らかになった。このほか、「不活用型」に関わる属性としては「在外年数」と「在外時の在籍校」があり、在外年数が短期の者、在外時に日本人学校に在籍していた者は、不活用型である傾向が有意にみられた。すなわち、在外中に日本人学校に在籍していた帰国生は日本語力等に問題が少ないため、一般混入体制で受け入れられる

211

第2部　帰国生が異文化経験を通じて得た特性とその活用

ことが多い。このため、さらに帰国生としての特性を意識することが少なく、不活用になってしまうものと考えられる。

　この結果は、現在の帰国生受入れ体制に関する重要な示唆を含んでいる。現在、急速なトランスナショナル化が進むなかで、在外時および帰国後の子どもたちの困難は、目に見える形では現れにくくなっている。日本食が世界に広まるとともに日本食材も簡単に入手できるようになり、通信手段の発達により、日本の新聞やテレビ放送も楽しめるようになった。かつては国際電話のみであった通信手段はインターネットの発達により Skype などの無料サービスでテレビ電話が可能である。Facebook をはじめとした SNS で日本の友達と常につながり、バーチャルの世界では、どこにいても日本を離れることなく体験することができる。帰国後を見据えて受験準備を行う子どもたちのために大都市では日本の塾が進出し、現地校に通いながら、ほぼ毎日、日本の塾へ通うことも珍しくない。このように日本の生活から乖離することなく、日本語力にも学習環境にも不自由することなく海外で過ごすことにより、帰国生本人も家族も、帰国への心理的なハードルが下がっていることが考えられる。それだけに、実際に帰国して現実の日本社会に身を置いたとき、日本の学校文化に根強く存在する同調圧力や潜在的カリキュラムによる作用を、より強く受けてしまう可能性がある。ところが、受入れ側においては、日本語力や学習上の困難が少ない帰国生が増えたことで、従来設置していた帰国生の受入れを取りやめる学校が、特に国公立校で急増している。第3章第2節の【表3-4】でみたとおり、帰国子女教育振興財団の便覧を基にした稲田の調査（2011b）によれば、帰国生受入れ校として便覧に掲載された学校数を 1989年-1999年-2009年 の順にみると、小学校では国立7-8-8、公立104-65-23、中学校では国立11-11-9、公立55-32-15 となっており、特に公立学校の数がこの20年間で減少の一途をたどっている。これは、第3章で述べた「帰国・外国人児童生徒受入促進事業指定地域センター校」指定校の解除が原因である。一方私立校では、同じく過去20年間で小学校が9-17-41、中学校が64-131-195 と逆に3倍以上となっているが、私立の受入れでは、昨今の国際化や英語重視の風潮を受け、教科の補習や日本語指導ではなく、帰国生の英語力の伸長に力を入れて学校の進学実績を伸ばすことや、学校の国際的なブランドイメージへの貢献を狙う学校も多

212

第10章　研究結果の総括と総合的考察

い。実際に帰国生の受入れ実績のない学校も少なくなく、その実情は多様である。注目すべきは公立小中学校における受入れ校の減少であろう。私立校は授業料が高額であり、国立校はそもそもの設置数が非常に少ない。誰でも入学できる公立学校にこそ、帰国生に対する配慮の整った受入れ校が必要なのではないか。第3章にも述べたとおり、小・中学生段階では、ほとんどの帰国生が一般混入の公立校へ受け入れられざるを得ないのが現状であり、ここに近年の帰国生受入れの大きな課題があるといえる。

(2)　家庭によるサポートの影響

　第6章に示した研究課題2の結果から、知見「5」に示すとおり、特に中学校段階で帰国した子どもたちにとって、帰国後の家庭によるサポートが高いほど「外国語力」「対人関係力」「国際的知識・経験」「自己表現力」の四つの特性因子を強く認識することが明らかになった。高校段階で帰国した場合は、中学段階より家庭のサポートが有意な影響をもたらしていないが、「外国語力」については有意な関連がみられた。

　帰国生は多くの場合、幼少期に、保護者の都合で海外へ渡航する。そこには自らの積極的な意思はなく、むしろ「行きたくない」という消極的な気持ちが勝る場合が多い。特に小中学校段階で渡航し、現地校に通う場合には、保護者によるサポートが不可欠である。ここに、自らの意志で渡航する「留学生」と、「帰国生」の最大の相違があるのではないだろうか。現地での生活全般に始まり、現地校での学習や語学力、また、帰国後に日本の学校生活、ひいては受験において求められる学力等について、全ての戦略を子どもに代わって、保護者、特に母親が担わなければならないのである。

　額賀（2012）は、ロサンゼルスに住む日本人家族を対象にして、母親が子どもの「グローバル型能力」を育成するために、どのような教育戦略を立てるかを検証した。その結果、母親たちは二文化にまたがる「越境ハビトゥス」を獲得し、子どもたちの「グローバル能力」と「日本型能力」の両方を伸長するために、日本の育児よりもさらに「徹底した母親業」に従事していることが明らかになった。しかしながら、本研究の結果からは、こうした在外時の家庭によるサポートは、第6章に示した【表6-4】【表6-5】で明らかなとおり、帰国

213

第２部　帰国生が異文化経験を通じて得た特性とその活用

生のいずれの特性因子に対しても有意な影響がみられない。これはどのような
理由によるものであろうか。

　本研究で用いた質問紙において、家庭によるサポートとして挙げた項目は「私
の親は海外にいても日本と同じような生活ができるよう配慮してくれた」「日
本語力を保持するための援助をしてくれた」（日本向きサポート）、「現地でなけ
ればできない経験ができるよう配慮してくれた」「現地の学校の授業について
いけるための援助をしてくれた」「現地の言葉を獲得するための援助をしてく
れた」（現地向きサポート）などであり、まさに先述した額賀の意図するところ
の「トランスナショナルな社会空間の整備」であると考えられる。こうした家
庭によるサポートは、帰国生が在外時を振り返ったとき「あって当然」の前提
としてとらえられていることが考えられる。また、そのような家庭による「戦略」
は、在外中の「グローバル型能力」の獲得や、日本で困らないような学力や語
学力の保持を主眼としたものであったことから、帰国後、志望校に子どもが入
学することでその目的が果たされ、失われているのではないだろうか。額賀の
研究では帰国後の母親たちの戦略の変容については述べられていないが、協力
者の多くが帰国生受入れの充実した進学校へ進んでいることから、帰国後のサ
ポートは学校に任せることになったことも考えられる。

　本調査で明らかになった帰国高校生の特性因子のうち、「外国語力」「対人関
係力」「国際的知識・経験」「自己表現力」は、いずれも帰国後の家庭からのサ
ポートによってより強く認識され、特に中学校段階で帰国した場合にその傾向
が強い。中学校段階では多くの帰国生が一般混入形態で学校からのサポートが
期待できず、第６章に示した研究課題１の結果にみるとおり帰国生自身も「特
性の活用」に関心が薄いことから、このような特性については引き続き家庭か
らのサポートが重要であるといえる。在外時のサポートばかりでなく、等閑に
なりがちな帰国後にこそ、家庭や学校によるサポートが必要なのである。

（3）　コミュニティ心理学的アプローチによる「異文化経験の活用」
　このように、帰国生の受入れには学校や家庭という環境が大きな役割を担っ
ているが、その上に立って受入れの施策を講じる文部科学省をはじめとした行
政機関の影響を忘れてはならない。帰国生にとって、家族や学校の友人や教師

第10章 研究結果の総括と総合的考察

との関係は最も身近なものであり、さらに、教育委員会や地方自治体、国による帰国生受入れの取組は、帰国生教育に直接的に作用する。また、帰国生の親の職業による社会・経済的地位も、彼らの日本社会や学校生活における処遇に大きな影響をもたらすものである。

　学校教育現場のほか家庭や地域を含めた「コミュニティ全体」で帰国生を受け入れるという視点には、コミュニティ心理学的なアプローチが有効であると考える。ここで、Bronfenbrenner（1979）による児童発達の生態学理論のモデルを用いて、帰国生を取り巻く環境について考察してみたい。Bronfenbrennerは、人間の発達は、成長しつつある個人としての人間と、環境との相互作用によるものととらえ、理論および実証的研究両方のレベルで、研究モデルの中に文脈を組み込むための基礎を提供しようと試みた（Bronfenbrenner,U., 1979; 磯貝訳, 1996）。発達とは、通常「個々人が認知したり環境を操作したりする仕方の継続的な変化」を示しているが、「生態学的な場（Ecological Setting）」とは、一つのものは他のものの中にあるという、一組の入れ籠構造、ないしは場面をいう（Duffy &Wong, 1996; 植村監訳, 1999）。Bronfenbrennerはこの生態学モデルにおいて、全部で50の定義を提示しており、その第一の定義で「人間発達の生態学とは、人と環境の相互影響性によってダイナミックに拡大され、生態学的環境は、それぞれが次々に組み込まれていくような、位相的に同じ中心を持つ四つの入れ籠構造のように考えた。そしてそれぞれの構造は、ミクロ・メゾ・エクソ・マクロシステムと呼ばれる」と解説している（Bronfenbrenner, 1979）。

　このモデルを援用した【図10-1】に示すように、帰国生は様々なシステムに取り巻かれている。まず帰国生に一番近いのが「ミクロシステム」であり、ここは、父親・母親・きょうだい等の家族、親戚や近所の人々、学校の先生や学習サポートスタッフ、友人などの、帰国生が直接相互作用を行う場である。次の円が「メゾシステム」で、帰国生が参加している二つあるいはそれ以上のミクロシステム間の連携から成る相互関係である。例えば、学校や家庭などにおける活動や対人関係の連携や、在外時に一緒だった帰国仲間のグループ、海外子女教育振興財団や帰国生母の会フレンズなどのサポートグループもここに属するであろう。Murrell（1973）によれば、子どもは家庭・学校・仲間の三つのミクロシステムの全てのメンバーの価値観や目標が合意に達している時、

215

第2部　帰国生が異文化経験を通じて得た特性とその活用

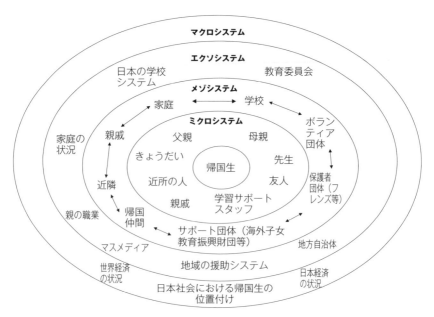

【図10-1】帰国生を取り巻くBronfenbrennerの生態学理論モデル（筆者作成）

これらを重要なものとして受容する可能性が高く、その行動はこれらの目標にあわせるように焦点づけられるとされている。すなわち、このメゾシステムの相互連携がうまくなされていれば、帰国生の行動の方向性は定まるものと考えられる。帰国生の特性活用を例にとると、家庭で子どもの特性活用を望んだとしても、学校でその機会が提供されなかったり、仲間によってそれが評価されなかったりすれば、ミクロシステムメンバーの価値観は合意に達することなく、帰国生にとって重要なものとして受容されない。結果としてその行動も、特性活用から離れたものとなってしまう。これが一般クラスによる受入れの現状を表すものと考えられる。一方、帰国生クラスでの受入れであっても、必ずしも学校と家庭との連携が密接であるとは限らない。第3章の【表3－6】でみたように、帰国生受入れ校における「受入れ後の指導・教育方針・特色」として「家庭との連絡・連携」を行っていると答えた学校は小学校で11％、中学校では2％に過ぎず（稲田, 2010a）、学校と家庭のさらなる連携が必要であるといえよう。

第 10 章　研究結果の総括と総合的考察

　さらにその外側の円が「エクソシステム」で、これは日本の学校システムや、教育委員会、地方自治体や地域の援助システム、マスメディアなど、子どもが直接関わることはないが、子どもの行動する場面に影響を与える社会構造である。日本の帰国生教育が国の政策により様々な変遷を経てきたことは第 3 章に述べたとおりであるが、その施策がメゾシステムに影響を与え、帰国生受入れに強く関わっているのは言うまでもない。しかしながら、現状では帰国生教育に関する施策は、受入れ現場に十分な影響力を持つとは言い難い。海外子女教育振興財団の調査（佐藤他, 2011）による帰国生受入れを行っている国立小学校へのインタビューでは「国の方針を直に受け、予算の削減を受けて帰国児童教育に十分な手当てができないことや、研究会で外部に向けて発信する機会が減ったこと、何より、国としての帰国児童受入れの方向性がはっきりしないことへのもどかしさ」が述べられており、政府が帰国生教育に関する確たる指針を持っていないことがうかがわれよう。

　『マスメディア』についても、序章で述べたような帰国生を題材にした著作や映像は近年ではほとんどみられず、「いじめ」などの社会問題として取り上げられることもない代わりに、佐藤（2006）の研究で報告されたような、1980年代後半から 90 年代にみられた、帰国生をおしゃれでトレンディな存在として「もてはやす」風潮も過去のものとなっている。良くも悪くも社会の「関心がない」という、最も深刻な状況に陥っているということができるだろう。また、かつては大企業や政府機関のエリートに限られていた帰国生の『親の職業』も、現在では中小企業を含む一般的なサラリーマンが多くなり、Goodman（1991）が帰国生を「新しい特権層」と称した頃のような、親の力が政府を動かすということもなくなっている。このように、帰国生教育に関わる「エクソシステム」の作用が、かつてに比べて非常に弱くなっているのが現状である。

　一番外側の円が「マクロシステム」であり、日本経済の動向や、それに伴う帰国生の社会的な位置づけなどがここに属すると考えられる。2000 年代以降の急速なグローバル化志向により、帰国生に対する企業の期待は高まることが予想され、これを契機として、帰国生を取り巻くシステム全体にも変化がもたらされることが期待される。

　さらにこの図において注目すべきなのは、これらのシステムは双方向的に、

217

第2部　帰国生が異文化経験を通じて得た特性とその活用

すなわち同心円の外部から内部へ、また、内部から外部へ、相互に影響しあうということである。例を挙げると、本研究の第8章で明らかになった帰国生の特性活用意識因子のうち、「学校貢献型」意識は、学校と個人の相互関係として、個人が学校に貢献することで、学校や教師を変えていく可能性を含んでいる。同じく「キャリア・社会貢献型」因子は、帰国生がそのグローバルな特性をキャリアとして活かしたり、ボランティア団体などを通じて社会貢献を行ったりすることにより、日本社会への影響をもたらすであろう。このような帰国生自身の動きが、内から外への作用として国の施策へ働きかけ、結果として、帰国生に対する施策に何らかの影響を与える循環を生み出すことも考えられる。

　本研究でみてきたように、多くの帰国生は自らの経験を通して獲得した特性を様々な形で活かそうとしており、その活用意識は、在外時の肯定的な経験や帰国後の受入れ形態の如何によって高めることが可能であることも明らかになった。帰国生受入れをコミュニティ全体のものととらえて全てのレベルにあるシステムを機能させ、受入れ環境を整備することにより、帰国生の特性活用への取組が初めて活発化するものと考えられる。その一方で、「帰国生の側から」コミュニティの全てのシステムへ働きかけていく可能性も極めて重要であろう。帰国生の主要な滞在先が北米などの英語圏からアジア地域へ変化している現在、彼らが異文化経験を通して身につけた能力は、「外国語力」「国際的知識・教養」ばかりでなく「国際人としての態度」「対人関係力」「自己表現力」「日本人としての自覚」など、いっそう多岐にわたることが予想される。これらの能力は、彼らが直接関係を持つミクロシステムに十分に働きかけることができるものである。日本の教室文化に根強い「同調圧力」や「潜在的カリキュラム」をこうした帰国生の力で取り払い、外国人児童生徒や一般生、さらには教師をも巻き込んだ人間関係を構築することができれば、日本の学校文化を変容させることは十分に可能であろう。そこからさらにメゾシステム、エクソシステムへと働きかけることによって、かつての保護者の力に代わり、帰国生自身の力で帰国生受入れのシステムを変える可能性もある。

　本研究では、帰国生の特性活用に対する帰国生受入れ環境の果たす役割について述べてきたが、単に帰国生受入れ校を増やしたり、受入れのための配慮のある限定された学校において体制を整備したりするだけでは、問題の根本的な

解決をみることはできない。日本の学校における多文化共生は、すなわち「帰国生クラス」にみられる多文化受容の体制を学校全体、そして社会全体に行き渡らせることから始まるのではないだろうか。そのために、帰国生が学校生活においてその異文化経験から得た特性を活かし、受入れ現場に働きかけていくことは、極めて意義のあることといえるだろう。

3　帰国高校生のキャリアに対する意識

　第8章に示した研究4の結果から、知見「6」に見るとおり、帰国生には国際協力に関する仕事や国際公務員、あるいは日本企業への就職であっても海外関係の仕事をするなどの「国際キャリア志向」の者、日本企業へ就職して国内で働くことや日本の公務員や教員になるなどの「国内キャリア志向」の者、どちらにもこだわらない「国内外不問」の3形態が見られた。また、異文化経験から得た特性の中で「外国語力」「国際的知識・経験」を強く認識している者が「国際キャリア」を目指す傾向があることも明らかになった。この意思決定のプロセスについて、アメリカの教育学・心理学者John D. Krumboltz の社会的学習理論モデルにそって考察してみたい。Krumboltz は、社会心理学者Albert Bandura らによって1963年に提唱された「社会的学習理論　Social Learning Theory」（後に社会的認知理論）から影響を受け、「社会的学習理論（SLTCDM; Social Learning Theory of Career Decision Making)」を提唱した。この理論によると、キャリア意思決定に影響を与える要因には以下の四つがあり、これら4要因が複雑に影響しあった結果、個人の信念、スキル、行動が生まれるとされる（Krumboltz, 1979; 大庭, 2007; 松本, 2008)。

①　遺伝的特性・特別な能力（Genetic endowment and special abilities)
　職業的な好みやスキルを獲得するための能力に影響を与えるもの。「遺伝的特性」は性差（ジェンダー）、民族、身体的外見、身体的障害などを指す。「特別な能力」は知能や音楽・芸術に関する能力や運動能力などが含まれ、遺伝的特性と環境との相互作用の結果として生じる。
②　環境的状況・環境的出来事（Environmental conditions and events)
　個人のコントロールを超える、社会的力・政治的力・経済的力などを指す。

219

第2部　帰国生が異文化経験を通じて得た特性とその活用

具体的には、様々な職種の金銭的・社会的報酬、労働法や労働組合法、自然災害、身の回りにある資源の入手可能性、技術開発、社会的組織の変化、家族の社会的・経済的資源、教育システム、コミュニティの影響力など。

③　学習経験（Learning experience）

「学習経験」の中には、「道具的学習経験」と「連合的学習経験」がある。「道具的学習経験」とは、行動の直後に生ずる結果によって強化されることで獲得・維持される学習であり、「先行的要素」→「潜在的・顕在的行動」→「結果」の三段階の構成要素から成る。

④　課題接近スキル（Task approach skills）

学習経験と遺伝的特性と環境的影響力の相互作用の結果であり、課題への取り組み方や認知プロセスや情緒的反応が含まれる。例えば、ある子どもが、「医者」というモデルの観察学習を通して、医者になりたいと思った場合、「医者になる」という課題に対して、十分な本人の能力と経済的資源という遺伝的特性と環境的影響力の相互作用により、医学部に入ることが可能になる。そののちも、「国家試験にパスする」という目標を定め、そのために「医学知識を勉強する」などの取組をする、などの一連の過程が課題接近スキルである。

「①遺伝的特性・特別な能力」としては、帰国生が異文化経験を通して得た「特性」、すなわち本研究でみた「外国語力」「国際人としての態度」「対人関係力」「国際的知識・経験」「自己表現力」「日本人としての自覚」というような能力を、その「特別な能力」とみることができるだろう。「②環境的状況・環境的出来事」としては、在外時の学校や家庭の環境や、帰国後の受入れ環境、そして家庭からのサポートなどがこの範疇として考えられる「③学習経験」には「道具的学習経験」と「連合的学習経験」があるが、このうち「道具的学習経験」は「先行的要素」→「潜在的・顕在的行動」→「結果」という一連のプロセスによって起こる。在外時の体験から培った能力や技能、特に「外国語力」「国際的知識・経験」を活かして活動し、結果として自分自身や周囲からのフィードバックを受けることで道具的学習経験を積むことができる。「自己表現力」が高い帰国生＜先行条件＞を例にとると、学校の集会などで大勢の前で自分の異文化経験を発表したり、クラスで滞在国の説明などをしたりする＜行動＞機

会を持ち、クラスの友人や教師からの評価を得た＜結果＞場合、「学校の集会などで大勢の前で自分の異文化経験を発表する」「クラスで滞在国の説明などをする」などという行動が獲得・維持されると考えられる。その学習経験を積み重ねることにより、将来も自分の異文化を活かして社会に還元できるようなキャリアを考える可能性がある。「④課題接近スキル」は学習経験と遺伝的特性と環境的影響力の相互作用の結果であり、自分が将来、帰国生としての経験を活かした職業に就きたいと思い、そこに遺伝的特性と環境的影響力が作用し合って、課題が達成される。

　以上のようなプロセスを繰り返すことにより、将来のキャリアについての意思決定が影響されることが想定されるが、ここでは「環境」が大きな役割を果たしている。遺伝的な特性や特別な能力は、学校や家庭によるサポートというような環境的な状況において、環境的な出来事によって活かす場を与えられる。またその学習経験や課題達成も「環境」の中で行われ、周囲からのフィードバックやサポートによって完結するものである。第2項で述べたように、帰国生をコミュニティ全体で受け入れることが、キャリアについての意思決定においても重要であることがわかる。

　なお、このモデルにおいては「外国語力」や「国際的知識・経験」などの目に見えやすいスキルを身につけた帰国生がその能力をキャリア形成への意思決定に結びつけているが、非英語圏からの帰国生が増加すれば、こうしたスキルを持たない帰国生も増えることは必須である。しかしながら、非英語圏からの帰国生であっても、「対人関係力」「国際人としての態度」「日本人としての自覚」という特性は英語圏滞在者と同様に認識しており、キャリアとして活用することが可能であると予想される。環境的出来事として、このようなスキルを活かす場を設定することが、重要な配慮であるといえよう。

　さて、本研究は、「帰国生がその特性を活かして社会へ還元する」という図式を前提としたものであったが、この概念は、実は極めて重要な問題を孕んでいる。それは、「国家戦略としてのグローバル人材育成」と、「帰国生の特性活用」が本質的に異なるということである。

　2000年代以降、教育界および経済界において、国際的な競争力を持つグローバル人材の育成が急務といわれるようになった。2009年には文部科学省と経済

第2部　帰国生が異文化経験を通じて得た特性とその活用

産業省が「グローバル人材育成委員会」を立ち上げ、その報告書に「グローバル型能力」育成を「国家戦略の一環」として推進することを述べた。さらに2011年には経済団体連合会により「グローバル人材育成に関する提言」がなされ、グローバル人材を「日本企業の事業活動のグローバル化を担い、グローバル・ビジネスで活躍する日本人及び外国人人材」と定義した上で、企業・大学・政府に求められるそれぞれの取組について述べている。

　Michell（2003）は、異なる他者と協同し違いから学び、国を統合する上で多様性を肯定的にとらえることのできる「多文化的自己（The multicultural self）」を提唱し、それと対照する概念として「戦略的コスモポリタン（strategic cosmopolitan）」を挙げている。これは「多様性の中での国家統合という理想を目指すのではなく、国際的競争力に関する認識や素早く変わる個人および国の状況に戦略的に適応する必要性によって動機づけられた」ものであり、アメリカ、カナダ、イギリスの教育政策がこうした競争主義的な「戦略的コスモポリタン」育成を目指すものであるとして批判している。

　現在の日本において進みつつあるグローバル人材育成は、まさに「戦略的コスモポリタン」の育成を目指すものであるといえるが、この考え方は、根本的に帰国生の特性と相容れないものを含んでいる。前掲の額賀（2013）はロサンゼルスにおける調査において、帰国生の「グローバル型能力」として「社交力」と「順応力」を見いだしたが、この調査で帰国生の母親たちは「戦略的コスモポリタン」に賛同していない。彼女たちは「地位達成という極めて個人主義的な目的だけでなく、グローバル化する社会の中で異質な他者との関係性を幅広く築くために『グローバル型』能力が必要である」と考えており、これがすなわち、社会的連帯や道徳的・公共的価値観を重視する「民主主義的コスモポリタン」（Calhoun, 2002）であると額賀は指摘している。裘岩（1987）および江淵（2001）、羽下・松島（2003）が指摘したとおり、多くの帰国生は「人と違う何か特別なもの」という意識や、「留学とは違う」体験をしてきたという意識を持っている。この「留学とは違う」という感覚は、最初から目的を持って自発的かつ戦略的に渡航しているわけではないことに由来するものであろう。そこに「戦略的」であるか否かの決定的な差異の根拠がある。帰国生は、親の赴任に伴って多くは幼少期に海外へ渡航する点で、戦略的に海外へ学びにいく「留学生」

222

第10章　研究結果の総括と総合的考察

とは異なっているのである。

　しかしながら、グローバル人材になることを目的として「戦略的」に海外へ渡った留学生が、帰国してから「民主的コスモポリタニズム」に覚醒することはあり得るだろう。それとは逆に、幼少期からの海外生活において「民主的コスモポリタン」としての資質を身につけて帰国した子どもたちが、日本社会で「戦略的コスモポリタニズム」に取り込まれる可能性もある。本研究でみた帰国生の「特性活用意識因子」のうち、活用型因子は「キャリア・社会貢献型」「学校貢献型」「融合型」「特権利用型」の4種類であったが、このうち、「融合型」は帰国生であることが自分自身の中に不可分に埋め込まれていると認識しており、すでに「民主的コスモポリタニズム」の主体たる「多文化的自己」の素養を備えているものと考えられる。また「学校貢献型」には、社会的連帯や道徳的・公共的価値観という意味で「民主的コスモポリタン」の萌芽を見ることができるだろう。一方で、「キャリア・社会貢献型」のうちの「キャリア型」意識が強いものは、帰国生としての特性を意識的に活かそうとするもので、「戦略的コスモポリタニズム」へ移行する可能性が高いと考えられる。特にこの活用型では「外国語力」「国際的知識・経験」「国際人としての態度」「自己表現力」「日本人としての自覚」の全ての特性において高得点の帰国生が多く、国の提唱する「グローバル型能力」と一致している。

　ここに、「民主的でありながら戦略的」であるという、アンビバレントな帰国生の姿が見えてくる。幼少期からの異文化経験によって形成された「多文化的自己」を基盤にして、外国語力や国際的な知識や経験、自己表現力を発揮し、一方で日本人としてのしっかりとした自覚を持つ、それこそが本当の意味での「グローバル人材」なのではないかと考えるのである。政府や経団連によるグローバル人材育成は、「グローバル型能力」を身につけた一部のエリートが日本のグローバル化を牽引するというビジョンによるものであるが、そこに共生社会は存在しないであろう。帰国生や外国人児童生徒が「多文化的自己」のまま日本社会に受け入れられ、彼らが異文化経験により培った特性を発揮することによって、他の子どもたちや教員たちにも「多文化的自己」が芽生える。日本社会全体にそのような、動きが広がることによって、共生社会が構成され、「民主的コスモポリタニズム」が成立する。その基盤の上にこそ、グローバルに活

223

第2部　帰国生が異文化経験を通じて得た特性とその活用

躍する真の「コスモポリタン」を育成することができるのではないだろうか。

第4節　本研究の意義と今後の課題

　本研究は、これまで明らかにされてこなかった「帰国生自身」が異文化経験によって得たと認識している特性やその活用についての意識、また、将来のキャリアに関する考え方について、コミュニティ心理学的アプローチに基づいて検証を行ってきた。近年、帰国生を対象とした大規模な調査が行われることが少なかった中で、中学生321名、高校生487名に対する質問紙調査に基づき量的な検証結果を示した点で、意義あるものといえよう。とりわけ、本研究のコミュニティ心理学的な知見の一つとして、帰国生の特性を活用するためにはコミュニティ全体での受入れが必要であり、教育的な配慮のある受入れ体制の整った学校への受入れが有効であることや、帰国後こそ家庭からのサポートが必要であることを挙げることができる。また、逆に帰国生がその特性を活用することにより日本の学校教育および日本社会を変革する可能性があることが示唆されたのは、昨今の「帰国生教育は終わった」とする国の施策や帰国生教育の失速状態に一石を投じる結果であると考えられよう。さらに、近年急速に進みつつあるグローバル化の流れの中で、「戦略的」に海外へ渡る留学生とは異なる「民主的コスモポリタン」の資質を身につけた者として帰国生をとらえることは、今後、「グローバル人材」としての帰国生の位置づけに対し、一つの指針を提示するものではないだろうか。

　ただし、本調査の対象となったのは、東京都内の帰国生受入れ校（中学校9校、高校9校、計18校）に限られ、全国的な傾向を探るには至らなかった。東京以外の地域にも大規模な帰国生受入れ校が存在しており、今後は本研究の知見をふまえつつ、調査対象校を全国規模に広げて検証を行いたい。なお、本研究では取り上げなかった「帰国生受入れ体制のない学校」に在籍する帰国生については、あえて一般混入を選んでいる場合と、地域的な問題等により他に選択肢がなくやむをえず在籍している場合があると考えられる。このような点にも配慮しつつ、受入れ校でない学校に在籍する帰国生についても、その困難点や戦略についての分析を行いたいと考えている。

224

第10章 研究結果の総括と総合的考察

　帰国生の異文化経験を、学校において、また将来のキャリアとして活用するために、「不活用型」に陥りやすい一般混入型の帰国生に対するサポートは不可欠であり、この点について実際の受入れ現場とともに検討することも必要である。ただし、先行研究でもみたように、帰国生に対するステレオタイプを押し付けることで、現実の帰国生の姿を見失うことがあってはならない。また、「異文化経験の活用」を全ての帰国生に強制することは最も避けるべきことであり、現実の帰国生に寄り添い、彼らの声を聞きながら、学校や家庭、コミュニティ全体でできる具体的な帰国生サポートの形を探ることを課題としたい。そのためには、量的研究では拾い切れない個々の帰国生の言説に触れることが重要であり、本論文で扱うことができなかった本調査における自由記述へのコメントの質的分析も有効であると考える。

　また、本研究において「戦略的コスモポリタン」を目指すものととらえている、政府の「グローバル人材育成」施策によって派遣された留学（語学留学・交換留学・学位取得など）から帰国した大学生と、帰国生の意識の違いについても、研究を進めなければならない。「戦略的」な動機づけからの留学から「民主的コスモポリタニズム」の主体となる「多文化的自己」が育成されるのか、また、戦略を持たずに渡航した帰国生が「戦略的コスモポリタン」となることはあるのか、検証が必要であろう。

　現在、政府の対応から置き去りにされた感のある帰国生教育であるが、そのような中で帰国し、いま大学生になったかつての帰国生が中心となって2007年に「RTNプロジェクト」が立ち上げられた。このプロジェクトは、いわば帰国生による帰国生のための「自助グループ」であり、同じ帰国大学生や帰国経験のある社会人を対象としたインタビューや、在外校や帰国生入試についての情報発信、就職活動についてのセミナーを行うなどの活動を現在も展開している。これまで、帰国生向けの情報発信といえば、文科省や海外子女教育振興財団、帰国生の母親が運営するボランティアグループ、あるいは学習塾などによるものに限られていたが、これは帰国生自身が情報を共有・発信することで自らの経験を積極的に社会に役立てようとする非常に力強い動きであり、今後の活動が大いに期待されるところである。

225

引用・参考文献

阿部彩・千年よしみ（2001）「元帰国生の海外滞在経験の長期的影響と意義—フォーカス・グループ・ディスカッションから—」『東京学芸大学海外子女教育センター研究紀要』11号, 東京学芸大学海外子女教育センター, 1-20.

安藤延男（2009）『コミュニティ心理学への招待』新曜社, 東京.

アンドリュー・サミュエルズ＆フレッド・プラウト原著, 浜野清志・垂谷茂弘訳（1993）『ユング心理学辞典』創元社, 東京.

Asch, S.E.（1951）"Effects of group pressure upon the modification and distortion of judgements." In H. Guetzkow(Ed.), *Groups, leadership and men*, Carnegie Press.1-43.

Asch, S.E.（1956）"Studies of independence and conformity: I. A minority of one against a unanimous majority." *Psychological Monographs: General and Applied*, Vol. 70(9), 1-70.

Atwater, E.（1992）*Adolescence*. 3rd ed. New Jersey, Prentice Hall.Holt.Rinehart and winston.

Bandura, A. & Walters ,R.H.（1963）*Social Learning and Personality Development*.

Bandura, A.（1977）*Social Learning Theory*. Prentice-Hall., 原野広太郎監訳（1979）『社会的学習理論—人間理解と教育の基礎—』金子書房, 東京.

Bandura, A.（1985）「最近のバンデューラ理論」祐宗省三他編『社会的学習理論の新展開』金子書房, 東京.

Bandura, A.（1989）"Social cognitive theory." *Annals of child development. Vol.6 Six theories of child development* , 1-60. Greenwich, CT: JAI Press.

Bandura, A. & Wood, R.（1989）Social Cognitive Theory of Organizational Management. *The Academy of Management Review*, 14-3, 361-384.

Bandura, A.（1995）*Self-efficacy-in changing societies*. 本明寛・野口京子 監訳（1997）『激動社会の中の自己効力』金子書房, 東京.

Bennett, C.（1965）"Community psychology: Impression of the Boston conference on the education of community psychologist for community mental health." *Amer. Psychologist*, 20, 832-835.

Bennett, C. et al.（1966）*Community psychology*. Boston: Boston University Press.

Berry, J.W. et al.（1992）*Cross-cultural psychology: Research and applications,* Cambridge University Press.

ビアルケ（當山）千咲（2006）「生徒の異文化体験と親の教育戦略に関する一考察—ある帰国生のライフヒストリーの再構成に基づいて—」『教育研究』48号, 国際基督教大学教育研究所, 175-184.

Bond, R., & Smith, P.B.（1996）"Culture and conformity: A meta-analysis of studies using

Asch's（1952b, 1956）line judgment task." *Psychological Bulletin*, 119, 111-137.

Bronfenbrenner, U.（1979）"The Ecology of Human Development: Experiments by Nature and Design." MA: Harvard University Press., 磯貝芳郎・福富護訳（1996）『人間発達の生態学―発達心理学への挑戦―』川島書店, 東京.

Brown, S. and Lent, R.（1996）"A social cognitive framework for career choice counseling." *The Career Development Quarterly*, 44, 355-367.

Buhrmester, D., & Furman, W.（1986）"The changing functions of friends in childhood: A neo-Sullivanian perspective." In V. J. Derlega & B.A. Winstead(Eds), *Friendship and social interaction*. New York: Springer-Verlag, 43-62.

Caplan ,G.（1964）*Principles of Preventive Psychiatry*. Basic Books, Inc., Publishers 新福尚武監訳, 河村高信他訳（1970）『予防精神医学』朝倉書店, 東京.

Cottrell, Ann Baker（2011）*Explaining Differences: TCKs and Other CCKs, American and Japanese TCKs in Writing Out of Limbo :International Childhoods, Global Nomads and Third Culture Kids*. Gene Bell-Villada and Nina Sichel, Editors. Newcastle upon Tyne: Cambridge Scholars Publishing.

Densho「日系アメリカ人 Japanese American」（2010）
http://nikkeijin.densho.org/index.htm , 2013年6月閲覧.

Deutsch, Morton & Gerard, Harold B.（1955）"A study of normative and informational social influence upon individual judgment." *Journal of Abnormal and Social Psychology*, 51(3), 629-639.

独立行政法人 労働政策研究・研修機構（2008）『第7回海外派遣勤務者の職業と生活に関する調査結果』

Duffy, K.G. & Wong, Frank Y. , 植村勝彦監訳（1999）『コミュニティ心理学―社会問題への理解と援助―』ナカニシヤ出版, 京都.

江淵一公（1986）「帰国子女を取り巻く日本社会の環境的特質に関する研究」東京学芸大学海外子女教育センター編『国際化時代の教育』294-321, 創友社, 東京.

江淵一公（1988）「帰国子女のインパクトと日本の教育―『帰国児』をいかす教育の視点から―」『社会心理学研究』3(2)号, 社会心理学会, 20-29.

江淵一公（1994）『異文化間教育学序説―移民・在留民の比較教育民族誌的分析―』九州大出版会, 福岡.

江淵一公（2002）『バイカルチュラリズムの研究―異文化適応の比較民族誌―』九州大学出版会, 福岡.

榎本淳子（2000）「青年期の友人関係における欲求と感情・活動との関連」『教育心理学研究』48号, 日本教育心理学会, 444-453.

Erikson, Erik H.（1950, 2nd enlarged ed. 1963）*Childhood and society*. New York：Norton. 仁科弥生（訳）（1977, 1980）『幼児期と社会Ⅰ・Ⅱ』みすず書房, 東京.

Erikson, Erik H.（1959）*Identity and the life cycle*. Psychological Issues, Vol 1, International Universities Press.Inc. 小此木啓吾・小川捷之・岩男寿美子 訳（1973）「自我同一性 ―アイデンティティとライフ・サイクル―」誠信書房, 東京.

Erikson, Erik H.（1968）*Identity: youth and crisis*, Norton. 岩瀬庸理訳（1969）『アイデンティティ―青年と危機』北望社, 東京.

藤永保（1995）『発達環境学へのいざない』新曜社, 東京.

藤山一郎（2012）「日本における人材育成をめぐる産官学関係の変容―「国際人」と「グローバル人材」を中心に―」『立命館国際地域研究』第36号, 立命館大学国際地域研究所.

二村英幸（2009）『個と組織を生かすキャリア発達の心理学―自律支援の人材マネジメント論―』金子書房, 東京.

外務省 領事局政策課（2006, 2010, 2012）『海外在留邦人数統計』
http://www.mofa.go.jp/mofaj/toko/tokei/hojin/12/pdfs/WebPrint.pdf, 2013年5月閲覧

外務省（2012）「諸外国・地域の学校情報」
http://www.mofa.go.jp/mofaj/toko/world_school/05europe/infoC51000.html, 2013年4月閲覧

Garbarino, J. & Abramowitz, R.H.（1992）"Sociocultural risk and opportunity," *Children and families in the social environment*. Hawthorne, NY: Aldine de Gruyter.

Giroux, H.A.（1978）"Developing educational programs: Overcoming the hidden curriculum" *The Clearing House,* Vol. 52, No. 4 , 148-151, Taylor & Francis, Ltd.

Goodman,R.（1990）"*Japan's 'International Youth': The Emergence of a New Class of Schoochildren,*" Oxford: Clarendon Press. 長島信弘・清水郷美訳（1992）『帰国子女―新しい特権層の出現―』岩波書店, 東京.

羽下飛鳥・松島恭子（2003）「異文化体験と自己イメージの形成―帰国子女の『適応』過程の検討―」『生活科学研究誌』2号, 大阪市立大学, 217-232.

羽下飛鳥・松島恭子（2005）「異文化適応における追跡研究の意義と課題―帰国子女を例に―」『生活科学研究誌』4号, 大阪市立大学, 231-235.

Heyns, B.（1978）*Summer Reading and the Effects of Schooling*. Academic Press, New York.

東野治之（2007）『遣唐使』岩波書店, 東京.

姫田小夏（2011）「China Report 中国は今」第79回, ダイヤモンドオンライン.
http://diamond.jp/category/s-china_report, 2012年8月閲覧

平野吉三(2011)「グローバル時代の帰国子女教育とは」『月刊グローバル経営』第354号,

日本在外企業協会, 8-11.

襃岩ナオミ（1986）「『海外成長日本人』の適応における内部葛藤―ライフヒストリーによる研究から―」『異文化間教育』1号, 異文化間教育学会, アカデミア出版会, 京都, 67-80.

保坂亨（1996）「子どもの仲間関係が育む親密さ―仲間関係における親密さといじめ―」『現代のエスプリ』353巻, 至文堂, 東京, 43-51.

保坂亨・岡村達也（1986）「キャンパス・エンカウンターグループの発達的治療意義の検討」『心理臨床学研究』4(1), 日本心理臨床学会, 17-26.

保坂亨（1998）「児童期・思春期の発達」下山晴彦編『教育心理学Ⅱ　発達と臨床援助の心理学』東京大学出版会, 東京, 127-154.

星野命（1983）「子どもたちの異文化体験とアイデンティティ」小林哲也編『異文化に立つ子どもたち』有斐閣, 東京, 29-61.

星野命（1988a）「転校生の問題―帰国児童生徒を中心に―」『教育と医学』36巻4号, 慶応義塾大学出版部, 352-362.

星野命（1988b）「海外成長日本人の文化的ポテンシャル」『社会心理学研究』3巻2号, 日本社会心理学会, 30-38.

星野命（1990）「青年期の異文化体験と成長」『青年心理』84号, 金子書房, 東京, 2-10.

星野命（1994）「帰国子女の行動特性・言語意識」『日本語学』13号, 明治書院, 東京, 54－60.

星野命（2010）『異文化間教育・異文化間心理学』北樹出版, 東京, 124-139.

法務省「外国人登録者統計」http://www.moj.go.jp/nyuukokukanri/kouhou/nyuukantouro kusyatoukei110603.html , 2013年6月閲覧

Hung, S. & Yeoh, B.S.A.（2005）"Transnational Families and Their Children's Education: China's 'Study Mothers' in Singapore." *Global Networks* 5(4), 379-400.

布施晶子（2001）「PA50 帰国子女の適応スタイルに関する一考察―外国における日本文化の浸透度と順化度に関する調査（アメリカの場合）―」『日本教育心理学会総会発表論文集』43号, 日本教育心理学会, 50.

Illich, I.（1971）*Deschooling Society*. New York: Harper & Row. 東洋・小澤周三訳『脱学校の社会』（現代社会科学叢書）, 東京創元社, 東京.

稲田素子（2010）「研究ノート　帰国児童・生徒受入れ体制の変容―『帰国子女のための学校便覧』から見た小・中学校での変遷―」『国際教育評論』第7号, 東京学芸大学国際教育センター, 54－65.

石井進・五味文彦・笹山晴生・高埜利彦（2007）『詳説日本史』山川出版社, 東京.

伊藤亜矢子（2007）「8.　予防教育」『コミュニティ心理学ハンドブック』日本コミュ

ニティ心理学会編, 東京大学出版会, 東京.

伊藤美奈子（2001）「4章　学童期・思春期：不登校」下山晴彦・丹野義彦編『講座臨床心理学5. 発達臨床心理学』122-124, 東京大学出版会, 東京.

Jackson, P. W.（1990）*Life in classrooms*. Reissued with a new introduction. New York: Teachers College Press.（Original work published in 1968）

神繁司（1997）「ハワイ・北米における日本人移民および日系人に関する資料について(1)」『参考書誌研究』第47号, 国立国会図書館主題情報部編.
http://www5.cao.go.jp/keizai3/keizaiwp/wp-je56/wp-je56-010501.html , 2012年9月閲覧

加賀美常美代（2009）「日韓の女子学生の国際交流意識とキャリア形成の比較―お茶の水女子大学の国際意識調査から―」『人間科学研究』第4巻, お茶の水女子大学, 107-123.

Kano Podolsky, Momo（2004）"Crosscultural upbringing: A comparison of the 'third culture kids' framework and 'Kaigai/Kikokushijo' studies"（PDF）. Gendai Shakai Kenkyū 6: 67–78. Retrieved 2007-11-08.

嘉納もも（2004）「成長期の異文化接触―Third Culture Kids研究と海外・帰国子女研究の比較―」『現代社会研究』6号, 京都女子大学現代社会学部, 67-78.

河合隼雄・藤縄真理子（1979）「在外日本人適応・不適応についての臨床心理学的調査」小林哲也編『海外帰国子女教育研究IV』335.

経済企画庁（1956）『昭和31年年次経済報告』

経済企画庁総合計画局（1985）『「世界の中の日本」その新しい役割、新しい活力』国際化研究会報告.

経済産業省（2007）『グローバル人材マネジメント研究会報告書』経済産業省経済産業政策局.

経済産業省（2012）『大学におけるグローバル人材育成のための指標調査報告書』平成23年度中小企業産学連携人材育成事業.

経済同友会（1981）『新しい国際関係における日本の役割と対応』国際関係委員会報告.

北村晴朗（1973）『適応の心理』誠信書房, 東京.

Knodel, John, Werasit Sittitrai and Tim Brown（1990）"Focus Group Discussions for Social Science Research: A Practical guide with an emphasis on the topic of ageing," *Comparative Study of the Elderly in Asia Research Report, No. 90-3*, Ann Arbor, Michigan, University of Michigan, Population Studies Center, 39.

キャッツ邦子「公立学校の概要」『Scarsdale村から』
http://www.scarsdalemura-kara.com/schools.htm, 2013年4月閲覧

小林哲也編著（1975,1978）「在外・帰国子女の適応に関する調査報告」京都大学教育

学部比較教育学研究室『海外帰国子女教育研究Ⅲ』(「在外・帰国子女の適応教育の条件に関する総合的研究 研究集録」改題)

小林哲也(1981)『海外子女教育・帰国子女教育—国際化時代の教育問題—』有斐閣新書, 東京.

小林哲也 (1983)「海外子女教育研究の課題」『東京学芸大学海外子女教育センター紀要』2集, 東京学芸大学海外子女教育センター, 129-135.

小泉令三 (1995)「小学校高学年から中学校における学校適応感の横断的検討」『福岡教育大学紀要』第44号, 第4分冊, 295-303.

小島勝 (1990)「異文化接触と教育」田中圭次郎他編『国際化社会と教育』69-97, 昭和堂, 京都.

小島勝(1997)「海外・帰国子女教育の展開」江淵一公編『異文化間教育研究入門』2章.

公益財団法人海外子女教育振興財団 (1987)『月刊 海外子女教育』.

公益財団法人海外子女教育振興財団 (1991)『海外子女教育史』海外子女教育史編纂委員会編著, (財) 海外子女教育振興財団.

公益財団法人海外子女教育振興財団 (2012a)『在外教育施設のための海外子女教育振興財団ご利用ガイド』

公益財団法人海外子女教育振興財団 (2012b)『小・中学生を連れてイギリスへ赴任されるご家族へ—現地校入学のために—』

黒沢幸子(2002)『指導援助に役立つスクールカウンセリング・ワークブック』金子書房, 東京.

黒沢幸子・有本和晃・森俊夫 (2003)「仲間関係発達尺度の開発—ギャング、チャム、ピア・グループの概念に沿って—」『目白学園人間社会学部紀要』第3号, 目白大学人間社会学部, 21-33.

黒沢幸子・森俊夫・寺崎馨章・大場貴久・有本和晃・張替裕子 (2003)「『ギャング』『チャム』『ピア』グループ概念を基にした『仲間関係発達尺度』の開発—スクールカウンセリング包括的評価尺度 (生徒版) の開発の一環として—」『研究助成論文集』38, 安田生命社会事業団, 38-47.

黒沢幸子 (2004)「中学生の仲間関係、及び心理的発達とメンタルヘルスに関する縦断的研究—3年間の継時的変化と性差の観点から—」『目白学園人間社会学部紀要』第4号, 目白大学人間社会学部, 15-25.

Krumboltz, J. D. (1979) "Social Learning Theory of Career Decision Making." In *Social Learning Theory and Career Decision Making*, ed. A. M. Mitchell, G. B. Jones and J. D. Krumboltz, 19-49. Cranston, RI: Carroll Press.

桑原哲也 (2007)「日本企業の国際進出 日本企業の国際経営に関する歴史的考察—両

大戦間期, 中国における内外綿会社―」『日本労働研究雑誌』No.562, 独立行政法人
労働政策研究・研修機構, pp.17-29

LeCompte, M.（1978）"Learning to work: The hidden curriculum of the classroom."
Anthropology & Education Quarterly, 9(1), 22-37.

Lent, R. W., Brown, S. D., & Hackett, G.（1994）"Toward a unifying social cognitive theory
of career and academic interest, choice, and performance." *Journal of Vocational Behavior*,
45, 79-122.

Martin, J.（1976）"What should we do with a hidden curriculum when we find one?"（Article）
Curriculum Inquiry , Vol. 6: No.2 John Wiley & Sons. Inc.

松原達哉・伊藤咲子（1982）「海外帰国子女の民族的帰属意識・集団同調性・個人指
向性の研究」『東京学芸大学海外子女教育センター研究紀要』第1集, 東京学芸大
学海外子女教育センター, 5-24.

松本雄一（2008）「キャリア理論における能力形成の関連性―能力形成とキャリア理
論との統合に向けての一考察（下）―」『商学論究』56(2), 関西学院大学商学部, 65-
116.

南保輔（2000）『海外帰国子女のアイデンティティ―生活経験と通文化的人間形成―』
東信堂, 東京.

南保輔（2002）「海外帰国子女の学生経歴とライフコース―追跡調査に向けて―」『成
城大学文芸学部コミュニケーション紀要』15号, 成城大学文芸学部, 33-55.

箕浦康子（1984, 1991）『子供の異文化体験』思索社, 東京.

箕浦康子（1988）「日本帰国後の海外体験の心理的再編成過程―帰国者への象徴的相
互作用論アプローチ―」『社会心理学研究』第3巻第2号, 日本社会心理学会, 3-11.

箕浦康子（1994）「異文化で育つ子どもたちの文化的アイデンティティ」『教育学研究』
第61巻, 第3号, 日本教育学会, 213-221.

箕浦康子（1998）「異文化間教育の実践的展開―理論化にむけて（特集　異文化間教
育の実践的展開―その理論と方法）」『異文化間教育』第12号, 異文化間教育学会,
4-17.

Mitchell, K.,（2003）"Educating the national citizen in neoliberal times: from the multicultural
self to the strategic cosmopolitan." *Transactions of the Institute of British Geographers*, 28
(4), 387-403.

Mitchell, L. K. and Krumboltz, J. D.（1996）"Krumboltz's learning theory of career choice
and counseling," In Brown, D. and Brooks, L. and Associates (Eds.), *Career Choice and
Development,* 3rd Edition, Jossey-Bass, 233-280.

宮川透（1965）「日本精神史における"日本の回帰"」『日本』第8巻, 講談社, 東京.

引用・参考文献

溝上慎一（2006）「カリキュラム概念の整理とカリキュラムを見る視点—アクティブ・ラーニングの検討に向けて—」『京都大学高等教育研究』12, 京都大学高等教育研究開発推進センター, 153-162.

文部科学省（2004）『第2回初等中等教育における国際教育推進検討会資料』

文部科学省（2006）「平成18年版文部科学白書　第1節 国際社会で活躍する人材の育成」http://www.mext.go.jp/b_menu/hakusho/html/hpab200601/002/010/003.htm.　2013年6月閲覧

文部科学省（2007）『初等中等教育における国際教育推進検討会報告—国際社会を生きる人材を育成するために—』

文部科学省（2011）『産学官によるグローバル人材の育成のための戦略』産学連携によるグローバル人材育成推進会議.

文部科学省（2012）『産学協働人材育成円卓会議　アクションプラン—日本復興・復活のために—』

文部科学省『学校基本調査』各年度版.

文部省（1992a）『我が国の文教政策』

文部省（1992b）『学制百二十年史』学生百二十年史編纂委員会.

文部省教育助成局（1988）『昭和63年度海外子女教育実態調査結果』

森本豊富・ナカニシドン編『越境する民と教育—異郷に育ち地球で学ぶ—』あおでみあ書斎院／アカデミア出版会, 京都.

森吉直子（1999）「Developing the third eye 適応とは何か—第三の視座の萌芽　帰国生の事例から—」『東京学芸大学海外子女教育センター研究紀要』10号, 東京学芸大学海外子女教育センター, 29-49.

室松慶子（2013）「キャリアチェンジにおける自己・行動・環境の相互作用—Working Identity 理論研究—」『東洋法学』第56巻第3号, 東洋大学法学会, 33-63.

内閣府経済社会総合研究所（2012）『国民経済計算（SNA）』

長峰登記夫（2012）「日本企業による海外帰国子女の採用と時代的変遷—日本企業国際化の一断面としての帰国子女の就職—」『人間環境論集』第12巻第2号, 人間環境学会, 1-29.

中島和子（1998）『言語と教育』海外子女教育振興財団.

中西晃（1980）「帰国子女の特性」『帰国子女に関する調査研究』東京学芸大学海外子女教育センター, 30.

中西晃（1988）「青少年時代の異文化体験が人格形成に及ぼす影響」『昭和62年科学研究費補助金成果報告書』1985年度〜1987年度 研究課題番号:60450035, 代表者:中西晃.

233

中西晃（2001）「帰国子女教育と異文化理解」『異文化との共生をめざす教育―帰国子女教育研究プロジェクト最終報告書―』東京学芸大学海外子女教育センター, 15-28.

ニエカワ, A. M.（1985）「成人したかつての帰国子女の過去再検討」『バイリンガル・バイカルチュラル教育の現状と課題―在外・帰国子女を中心として―』東京学芸大学海外子女教育センター, 183-242.

日本経済新聞（1987）「もう一つの就職戦線、国際化モテる帰国子女」1987年9月6日版.

日本経済新聞「『海外生産拡大』33％」2011年10月10日版.

日本コミュニティ心理学会HP

http://www.rikkyo.ne.jp/grp/jscp/annai/nyuukai.html,　2013年6月閲覧

日本コミュニティ心理学会編（2007）『コミュニティ心理学ハンドブック』東京大学出版会, 東京.

日本在外企業協会（2011）『「海外・帰国子女教育に関するアンケート」調査の結果について』

日経産業新聞（1987）「社長アンケート、育て国際ビジネスマン―グローバルな視点必要―」1987年6月26日版.

野川道子編著（2010）『看護実践に活かす中範囲理論』メジカルフレンド社, 東京.

野口悠紀雄（2008）『戦後日本経済史』新潮選書, 新潮社, 東京.

額賀美紗子（2013）『越境する日本人家族と教育』勁草書房, 東京.

大庭さよ（2007）「ジョン・クルンボルツ―学習理論からのアプローチ―」渡辺三枝子編著, 新版『キャリアの心理学―キャリア支援への発達的アプローチ―』ナカニシヤ出版, 京都.

岡村郁子・加賀美常美代（2006）「帰国生受け入れにおける学校コミュニティの役割―取り出し／少人数授業に関する一考察―」『日本コミュニティ心理学会第9回大会論文集』日本コミュニティ心理学会, 59-60.

岡村郁子（2006）「帰国生の『受け入れクラス』に対する意識―受け入れ形態の差異に着目して―」お茶の水女子大学平成18年度修士論文.

岡村郁子（2011a）「『帰国生クラス』に対する帰国生の意識の分析―受け入れ形態の差異に着目して―」『言語文化と日本語教育』第42号, 日本言語文化学研究会, 21-30.

岡村郁子（2011b）「『帰国体験を活かす』ことに対する意識とその形成要因について―帰国体験をもつ大学生へのインタビュー調査の分析から―」『国際教育評論』8号, 東京学芸大学国際教育センター, 27-43.

Ong, A.（1999）*Flexible Citizenship: The Cultural Logics of Transnationality*, Durham, NC: Duke University Press.

Orford, J. (1992) *Community Psychology- theory and Practice*. John Wiley & Sons, Ltd., ジム・オーフォード著, 山本和郎監訳 (1997)『コミュニティ心理学　理論と実践』ミネルヴァ書房, 東京.

小和田 哲男 (2001)『史伝 山田長政』学習研究社, 東京.

Patricia, J. M. & Robert, J. (Eds), (1994) *Reducing risks for mental disorders: Frontier for preventive intervention research*, National Academy Press.

斉藤耕二 (1986)「帰国子女の適応・人格形成・日本語習得に関する研究」東京学芸大学海外子女教育センター編『国際化時代の教育』244-275, 創友社, 東京.

斉藤耕二 (1988)「帰国子女の適応と教育―異文化間心理学からのアプローチ―」『社会心理学研究』3(2)号, 日本社会心理学会, 12-19.

佐藤郡衛 (1989)「帰国子女の受け入れに関する社会学的研究―潜在的カリキュラム論によるアプローチ―」『東京学芸大学海外子女教育センター研究紀要』5号, 東京学芸大学海外子女教育センター, 43-62.

佐藤郡衛 (1995)『転換期にたつ帰国子女教育』多賀出版, 東京.

佐藤郡衛 (1996)「海外・帰国子女教育研究と異文化間教育」異文化間教育学会編『異文化間教育』10号, 異文化間教育学会, 27-43.

佐藤郡衛 (1997)『海外・帰国子女の再構築―異文化間教育学の視点から―』玉川大学出版部, 東京.

佐藤郡衛 (1998)「異文化間に育つ子どもの教育」『国際化時代の教育』148-166, 岩波書店, 東京.

佐藤郡衛・稲田素子・岡村郁子・小澤理恵子・渋谷真樹 (2011)『帰国児童・生徒教育に関する総合的な調査研究報告書』公益財団法人海外子女教育振興財団.

佐藤郡衛 (2012)「海外子女教育にみるトランスナショナルな教育戦略の実践に関する研究 」『平成24年度科学研究費補助金成果報告書』2010年～2012年度　研究課題番号: 25530908 代表者: 佐藤郡衛

佐藤弘毅・中西晃・小島勝・坂下英喜・佐藤郡衛・多田孝志編著 (1991)『海外子女教育史』海外子女教育振興財団.

佐藤真知子 (1999)『バイリンガル・ジャパニーズ―帰国子女100人の昨日・今日・明日―』人文書院, 京都.

関口知子 (2007)「移動する家族と異文化間に立つ子どもたち―CCK/TCK研究動向―」『南山短期大学紀要』第35号, 南山短期大学, 205-232.

関谷克志 (2008)「帰国報告―たかが3時間、されど3時間の補習授業校―」『帰国報告集』全国海外子女教育国際理解教育研究協議会（北海道国際理解教育研究協議会）.

渋谷真樹（2001a）「日本の学校における『帰国生』の適応と抵抗の過程―より積極的な帰国子女教育をめざして―」児童文化研究誌『舞々』21号, お茶の水女子大学, 29-51.

渋谷真樹（2001b）「『帰国子女』の位置取りの政治―帰国子女教育学級の差異のエスノグラフィー―」『教育社会学研究』70号, 日本教育社会学会, 240-242.

渋谷真樹（2001c）『『帰国子女』の位置取りの政治』勁草書房, 東京.

鹿野緑（2012）「海外・帰国子女研究の文献分析」『南山大学国際センター紀要』第13号, 南山大学国際センター, 1-15.

志水宏吉・清水睦美（2001）『ニューカマーと教育』明石書店, 東京.

下山晴彦（2009）『よくわかる臨床心理学』ミネルヴァ書房, 東京.

Smith, M.B.（1968）"Competence and socialization." *Socialization and society*. Boston, Little,Brown.

Smith, P.B. & Bond, M.H.（1993）*Social psychology across cultures*. London: Harvester Wheatsheaf.

Snyder, Benson R.（1970）*The Hidden Curriculum*, Alfred A. Knopf, New York.

総務省統計局 「統計トピックス（人口推計）」
http://www.stat.go.jp/data/jinsui/topics/topi292.htm, 2013年4月閲覧

Stevenson, H.W. & Lee, S.（1990）"Context of achievement," *Monographs of the Society for Research in Child Development*, Serial 221, 55.

須藤春佳（2008）「前青年期の親しい同性友人関係"chumship"の心理学的意義について―発達的・臨床的観点からの検討―」『京都大学大学院教育学研究科紀要』54巻, 626-638.

Sullivan, H. S.（1953）*Conceptions of modern psychology*. W. W. Norton., 中井久夫・山口隆訳（1976）『現代精神医学の概念』みすず書房, 東京.

鈴木雅一（2011）「国際人事労務管理講座 第24章 日本人海外駐在員」
http://www.intecjapan.com/suzuki/2011/04/01010300.html, 2012年9月閲覧

鈴木正幸（1984）「海外・帰国子女の教育」『教育学研究』第51巻 第3号, 日本教育学会, 286-295.

高畠克子（2011）『臨床心理学を学ぶ⑤コミュニティ・アプローチ』東京大学出版会, 東京.

高野陽太郎・櫻坂英子（1997）「"日本人の集団主義"と"アメリカ人の個人主義"―通説の再検討―」『心理学研究』第68巻4号, 日本心理学会, 312-327.

田中熊次郎（1983）『新訂児童集団心理学』明治図書, 東京.

田之内厚三・土屋明夫・和田万紀・伊坂裕子・鎌田晶子（2006）『ガイド 社会心理学』

北樹出版, 東京.

Taylor, Frederick Winslow（1911）*The Principles of Scientific Management*, Cosimo Classics（2006）, New York.

東京学芸大学附属大泉中学校（1993）『帰国子女と一般生の相互交流を柱とした帰国子女教育の方法』

東京学芸大学附属大泉中学校（2006）『帰国生徒教育学級要覧』

東京学芸大学海外子女教育センター帰国子女教育問題研究プロジェクト（1986）『国際化時代の教育―帰国子女教育の課題と展望―』創友社, 東京.

塚本恵美子（1988）「帰国子女の適応過程―帰国年齢・経過期間との関連についての母親からの調査報告―」『東京学芸大学海外子女教育センター研究紀要』15号, 93-110.

恒吉僚子（1992）「文化と社会構造―日本人論の比較社会学的考察―」『思想』1月 No.811, 2-18.

恒吉僚子（1995）「教室の中の社会―日本の教室文化とニューカマーの子どもたち―」佐藤学編『教室という場所』国土社, 東京.

恒吉僚子（1996）「第7章 多文化共存時代の日本の学校文化」堀尾輝久編著『講座学校6. 学校という磁場』柏書房, 東京.

植村勝彦（2007）「概説」『コミュニティ心理学ハンドブック』日本コミュニティ心理学編, 東京大学出版会, 東京.

UNESCO（1974）"Recommendation concerning Education for International Understanding, Co-operation and Peace and Education relating to Human Rights and Fundamental Freedoms."
http://portal.unesco.org/en/ev.php-URL_ID=13088&URL_DO=DO_TOPIC&URL_SECTION=201.html, 2013年6月閲覧

ユネスコ総会（1974）『国際理解、国際協力及び国際平和のための教育並びに人権及び基本的自由についての教育に関する勧告（仮訳）』.

University of Michigan, Population Studies Center（1990）*Guide with an Emphasis on the Topic of Aging, Population Studies Center Research Report*, No.90-3, Ann Arbor, Michigan.

ユーリー・ブロンフェンブレンナー著, 磯貝芳郎訳（1984a）「科学と人間の発達(1)かくされている変革」『児童心理』第38巻1号, 155-174, 金子書房, 東京.

ユーリー・ブロンフェンブレンナー著, 磯貝芳郎訳（1984b）「科学と人間の発達(2)かくされている変革」『児童心理』第38巻2号, 158-175, 金子書房, 東京.

Useem, J., Useem, R.H. & Ronoghue, J.D.（1963）"Men in the Middle of the Third Culture: Roles of American and Non-Western People in Cross-Cultural Administration," *Human*

Organization, 22(3), 169-179.

Van Reken, R.E., Bethel, P. (2005) "The Third Culture Kids: Prototypes for Understanding Other Cross Cultural Kids," *Intercultural Management Quarterly*, 6(4):3, 8-9.

Wardhaugh, R. (1998) *An introduction to sociolinguistics*. (3rd ed.) Blackwell.

渡部淳・和田雅史編著 (1991)『帰国生のいる教室』NHKブックス, 東京.

渡辺三枝子編著 (2007) 新版『キャリアの心理学―キャリア支援への発達的アプローチ―』ナカニシヤ出版, 京都.

山田礼子 (2004)「駐在員家族の教育観の変容―トランスナショナリズムとグローバル化の進展のなかで―」『異文化間教育』19号, 異文化間教育学会, 17-29.

山田礼子 (2005)「トランスナショナル化する駐在員家族―ロサンゼルスの駐在員家族を事例に―」『移民研究年報』第11号, 日本移民学会, 21-42.

山田礼子 (2007)「在米駐在員家族の変容する教育観―ロサンゼルスにみられる越境教育の進展―」森本豊富・ドン・ナカニシ編著『越境する民と教育―異郷に育ち地球で学ぶ―』アカデミア出版会, 京都.

やまだようこ (1998)「第1章 生涯発達」下山晴彦編『教育心理学Ⅱ 発達と臨床援助の心理学』東京大学出版会, 東京, 21-22.

山本力 (1984)「アイデンティティ理論との対話」鑪幹八郎他編『アイデンティティ研究の展望Ⅰ』ナカニシヤ出版, 京都, 9-36.

鑪幹八郎、山下格 (1999)「アイデンティティとは何か―その原点と現点を探る―」『アイデンティティ (こころの科学セレクション)』日本評論社, 東京.

吉田研作 (2000)「帰国子女のアイデンティティ形成にみられる要因」『コミュニケーション障害学』20(1)号, 日本コミュニケーション障害学会, 25-29.

Zax, M & Specter, G. (1974) *An Introduction to Community Psychology*. New York Wiley.

稿末資料

【稿末資料1】アメリカ合衆国・イギリス・中国における現地の教育概要の比較
（外務省「諸外国・地域の学校情報」および海外子女教育振興財団「現地校入学のために」
を基に筆者作成）

	アメリカ合衆国（NY州）	イギリス	中 国
●現地の教育の概要と特色			
学校制度	5・3・4制、6・2・4制、6・6制など、学校区によって異なる。	6・5・2・3（4）制 ※スコットランドでは7・4・2・4制。	6・3・3・4制（一部地域で5・4・3・4制）
義務教育期間	【義務教育期間】 6歳〜16歳 【公費による教育が受けられる期間】 5歳〜21歳（高等学校卒業資格を取得していないものに限る）	5歳〜16歳 （1学年〜11学年）	6歳〜15歳 （小学1年生〜初級中学3年生）
学校年度	7月1日〜6月30日	9月1日〜8月31日	9月1日〜7月中旬
学期制	学校によって異なるが、2学期制が多い	【3学期制】 1学期：9月1日〜12月31日 2学期：1月1日〜4月上旬 3学期：4月上旬〜8月31日 ※年度、地域により日程は若干異なる。	【2学期制】 1学期：9月1日〜1月中旬 2学期：2月中旬〜7月中旬
就学年齢基準日	その年の12月31日までに満6歳になる者は、同年の7月に小学1年生となる（保護者・校長の判断で、学年を下げることも可。）	その年の8月31日までに満5歳になる者は、その年の9月1日に義務教育の第1学年に入学する。	その年の8月31日までに満6歳になる者はその年の9月1日に義務教育の第1学年に入学する。

| 教育概要・特色 | 州教育委員会は州内全体の教育政策の策定などを行う。その下に、約700の学校区が設定されており、各学校区にそれぞれ教育委員会が置かれ、教育予算の策定や学校の運営などを行っている。各学校区の教育予算は、ニューヨーク市など5つの大都市圏を除き、基本的に学校区住民の不動産税（Property TAX）に依存しているため、学校は地域社会との密接な連携の下に運営されている。したがって、教育環境・水準は学校区によって異なるが、学区制となっていることから、居住地域を決定する際には留意が必要（越境入学の場合は、各学校区が定めた入学金・授業料などを支払えば、認められることもある）。 | 義務教育は11年間で、初等教育（5歳～11歳）と中等教育（12歳～16歳）に分かれる。生徒は義務教育終了時にGCSE（全国学力試験）を受験し、その結果を元に進路を決めることとなり、大学進学希望者は、6th Formと呼ばれる2年間の受験用コースに進み、Aレベル試験を受けて、3年間の大学を選ぶことになる。駐在員子女が日本の大学を帰国子女枠で受験する場合においても、Aレベルのいくつかの科目試験に合格していることが受験条件とされる場合が多い。イギリスではGCSE、Aレベルなどの試験がきわめて重要な社会的資格となる。なお、近年はAレベルに加え、国際バカロレアを認める大学も増えている。なお、イングランド以外では、スコットランドやウェールズの地域において少し違う教育制度もあり、また寄宿舎制や私立学校も多く存在する。 | 1978年以降の改革開放政策のもとで、教育は重要な政策的課題として位置づけられた。特に、創造性を中心に据えた「資質教育」の全面的推進という方向での改革が進められている。義務教育の普及がほぼ達成された現在、初等・中等教育における最重要課題は、地域間格差の是正や教育機会の公平化である。2006年には、義務教育法を改正、同年施行し、これまでの18条の簡単な条文から、全体で63条と大幅に増やし充実を図っている。また、2010年7月には、2020年までの教育発展計画である「国家中長期教育改革・発展計画綱要」が新たに策定され、現在、これに基づいた教育施策が展開されている。9年制義務教育は、農村部から段階的に無償化を進めてきており、2008年9月には全面無償化の方針が打ち出された。今後は各地域での普及と定着が重点とされている。都市部では、現在の課題は受験競争の激化、およびこれに伴う学習負担の増加や教育費の増加、知育偏重の傾向などである。特に生活水準の著しい向上と「一人っ子政策」の実施による子どもへの大きな期待が相まって、児童生徒の受験競争は日本以上であると言われている。英語教育は小学校3年生から、都市部ではそれ以下から行われている。 |

稿末資料

●現地の学校段階別教育の概況			
1．就学前教育			
	Pre-Kindergarten（Pre-school）については、小学校への併設の動きもあるが、義務化にはいたっていない。（ＮＹ州においては、そもそもKindergartenは義務化されていない）。	無償の就学前教育制度が確立されている。機関にはNursery School（2歳～5歳未満）、Infant School（4歳～7歳）に併設されたNursery Class（3歳～5歳未満）などがある。給食は有料だが、弁当を持参してもよい。遠足も実費がかかる。	就学前教育は義務ではない。対象年齢は3歳～5歳。就園率は3歳で約56.6%（2010）。中国では共働きが一般的であるので保育時間は長く、寄宿制（土・日曜日のみ帰宅）もある。外国人が入園できる幼稚園は限られていたが、現在受け入れる幼稚園が増えている。費用は外国人料金である場合がある。
2．義務教育			
	基本的な教育目標：ニューヨーク州民すべての知識、技能、機会・の増進 ・年齢・期間：6歳～16歳 ・7月1日から翌年の6月30日（実際の授業期間は8月下旬～9月上旬から6月中・下旬） ・年間授業日数：180日以上 ・学校運営経費の原資：学校区住民の不動産税（Property TAX）（ニューヨーク市など5つの大都市圏を除く）	義務教育は日本の場合と異なり、かならずしも学校機関に就学させる義務はない。小学校及び中等学校が義務教育に該当する。公立学校の学費は無償であり、全国共通のナショナル・カリキュラムに基づいて教育が行われている。ただし、学校によって教育内容に差があることは事実である。	義務教育は小学校6年間、初級中学（日本の中学校に相当）3年間の9年制（地域によっては、小学校5年間、初級中学4年間）。1995年より完全学校5日制となり、土・日は休日であるが、都市部では受験競争が激しいため宿題や補習も多く、教育部の負担軽減の通知にもかかわらず、なお子どもの負担軽減が課題となっている。 外国人が入学できる学校は限られていたが、（北京では芳草地小学校（現在の芳草地国際学校）、北京五十五中学など）、現在受け入れる学校が増加している。学費も外国人料金が適用されて中国人の児童生徒よりも高額となることがある。中国人児童生徒とは別の国際部に受け入れられ、授業を受けることになる。
義務教育の学校段階種類および就学状況	・小学校：6歳から10歳または11歳　Ｋ～5年または6年など ・中学校：6年～8年、7年～8年など ・高等学校：9年～12年（16歳になるまでは就学義務あり）	初等教育：5歳～11歳、1年生～6年生 中等教育（前期）：12歳～16歳、7年生～11年生	小学校：6歳～12歳、1年生～6年生、就学率99.7%（2010） 初級中学：13歳～15歳、1年生～3年生、就学率100.1%（2010）

241

カリキュラム・教授言語	<標準的な授業教科>： 小学校：算数、公民、地理、保健、体育、理科、国語（英語）、ニューヨーク史、アート（音楽、図画工作、美術など） 中学校：国語（英語）、社会（アメリカ史、地理）、理科、数学、体育、保健、美術、音楽、実用技術、図書館技術、外国語 高校：必修科目　国語（英語）、社会（アメリカ史、政治、経済）、数学、科学、保健、体育、音楽または美術 選択科目　外国語、技術家庭、職業教育、 <学年の進級について（進級基準・留年の基準など）>： ・出席率、授業態度、宿題提出率などを総合的に勘案して、進級を決定（基準は学校によって異なる）。 <州による統一学力試験の実施学年と時期>： ・全学年で、州統一テストを1月、7月または8月に実施。 州による12年生卒業試験の有無・実施時期・受験時期： ・一般的に卒業試験はないが、高校卒業資格を得るためには、規定の単位を履修するほか、州の単位認定試験に合格する必要がある。 < High School Diploma を取得するための条件>： * 卒業に必要な単位数に関しては以下のサイトを参照 http://www.emsc.nysed.gov/part100/pages/1005b.html	公立学校ではナショナル・カリキュラムにより義務教育を4段階に分けている。 ・Key Stage 1（5歳～7歳、Year 1～2） ・Key Stage 2（8歳～11歳、Year3～6） ・Key Stage 3（12歳～14歳、Year7～9） ・Key Stage 4（15歳～16歳、Year 10～11） 数学、英語、理科、歴史、地理、技術、情報技術、音楽、芸術、体育、現代外国語、市民教育の12科目が必修となっている。教授言語は英語。 私立学校は基本的にナショナル・カリキュラムの束縛を受けない。しかし多くの学校では、学校独自の特性を生かしながらもかなりの部分で同カリキュラムを導入している。	国が定めた基準をもとに、各省・市教育委員会（教育庁）の指導下、各学校でカリキュラムの編成がなされる。教科書は基本的には有償だが、無償にする地域が増えている。 各教科は日本とほぼ同様で、そのほか各種活動もある。使用言語は中国語。
義務教育段階の学費	【授業料】 無償	【授業料】 公立は無料、私立は9,500～18,000 £Stg.／年 【その他の費用】 スクールランチ・遠足代など	2008年9月から都市部も含めて全面無償化の方針が打ち出され実施されている。

巻末資料

スクールインフォメーション	（共通） ・年間の授業日数：180日以上 ・通学方法：スクールバス、自家用車、徒歩、公共交通機関（学校によって異なる） （学校段階別） ・学年毎の年間授業時間数：小学校：900単位時間、中・高等学校：990単位時間 ・1学級の人数（州平均）：小学校：22人、中学校：23〜24人、高等学校：23〜24人	登下校は保護者の送迎…条例で保護者が学校に子どもを送迎すべき年齢が規定されているため、小学校では保護者が子どもを送迎する。 ただし、高学年になれば学校に届け出をして、子どもだけで登下校することもある。	通学は、徒歩、バス、自家用車が用いられる。
保護者会、ボランティアなど	「Back to School night」という保護者会が行われ、校長や学級担任、各教科の担任からの説明がある。特にミドルスクールでは教科ごとで担任が違うので、教師と話をするよい機会となっている。 図書館ボランティア、各種PTA集会の軽食等の準備をするホスピタリティ・コミッティーへの参加、インターナショナルフェアへの出展など、奉仕活動がある。	年に数回、Parents' Eveningと呼ばれる先生との面談が行われる。夜開催されるので、両親そろって参加することが望ましい。 読み聞かせや音読の相手、校外学習の付き添いなど、多くの学校では授業のサポートのためのボランティア活動や、学校の修繕費用などを調達するためのバザーをも開催される。	（記載なし）
3．義務教育以降			
学校段階・種類	・2年制大学（Community Collegeなど） ・4年制大学（College、Universityなど） ・大学院（修士課程、博士課程）、専門大学院 ・いずれも、公立・私立がある。	（記載なし）	義務教育以後の学校には、普通高級中学、中等専門学校、技術労働者学校、職業中学がある。全体の約52％は普通高級中学に在学している（2010）。

243

進学状況	高等学校卒業資格以上の資格の取得率が86.7%、学士以上の取得率が35.6%（2006年）	2010年英国教育省からの統計より抜粋 進学率：イングランド86%、ウェールズ82%、ノーザンアイランド75%、スコットランド62% 就職：イングランド2%、ウェールズ2%、ノーザンアイランド7%、スコットランド19% トレーニング：イングランド5%、ウェールズ6%、ノーザンアイランド13%、スコットランド5% 無職・その他：イングランド5%、ウェールズ6%、ノーザンアイランド3%、スコットランド13% 不明：イングランド2%、ウェールズ4%、ノーザンアイランド2%、スコットランド1%	高級中学など後期中等教育段階への進学率は、初級中学卒業生の約86%（2009）。外国人が入学できる高級中学は限られていたが（北京では北京五十五中学など）、現在受け入れ校が増えている。 大学への進学率は、高等教育の拡大政策で入学者増が図られ、急上昇している。2010年時点で約26.5パーセントであり、2020年までに40%に高めることが目標となっている。また大学入学統一試験があり、試験科目は、主に3教科（共通3科目「言語・文学」「数学」「外国語」）＋X（各高等教育機関が指定）となっている。
●現地の学校への日本人の就学状況			
日本人の就学状況	日本人学校に通学している以外の日本人の子女は原則としてすべて現地校に通学している。	日本人駐在員子女などの現地校への編入学は、小学校段階では公立・私立ともに可能だが、中学校段階で渡英した場合には受け入れ校が極端に狭まる（15歳以上の子女は現地校には入学できないと考えたほうが無難）。 また現地の私立校では宿題が多く出され、親子で取り組む姿が見受けられる。さらに定期的に個人面談が開かれ、夫婦そろっての出席が求められる。現地校通学には家庭の援助が欠かせず、学校と家庭との密接な連絡態勢も必要となる。	小・中学生の多くは日本人学校に在籍し、そのほかは国際校及び現地校に通っている。高校生について、日本人学校に高等部がないため、北京五十五中学などの現地校やその他の国際学校などに通っている。 2011年より、上海日本人学校に高等部が設立された。
外国人に対しての特別な学費負担	なし	公立学校は基本的になし	中国国民の義務教育段階は無償化が図られているが、外国人子女を対象とした学校については無償化は進められていない。
外国人の就学義務	法律上の明記はないが、国籍を問わず、保護者には就学義務が課せられていると理解される。	なし	なし

244

外国人に対する言語特別指導	学校区によって異なるが、原則として英語指導が必要な児童生徒に対しては、ESL が提供される。	EAL（English as an Additional Language）という英語の特別指導を行っている学校が公立校にもあるが、通常クラスの授業の中で追いつかせた方が効率よく英語を身につけられるという国の方針により、多くの学校では取り出しクラスを設けるのではなく、補助教員（Teaching Assistant)をクラスに配置し、サポートが必要な生徒の補助にあたるという方法をとる。	特に行われていない。
入・編入学手続き	【必要書類（学校区により異なるので当該学校区教育委員会に確認のこと）】 出生証明（パスポートで可） 当該地区に居住していることを証明する書類（家屋の賃貸契約書、光熱水費等の領収書） 健康診断書（含む予防接種証明書）（英文） 【予防接種の種類（学校区教育委員会に確認のこと）】 小児麻痺・流行性耳下腺・はしか・風疹・ジフテリア・水疱瘡		各学校により異なる。

【稿末資料2】帰国中学生を対象とした質問紙（第5章で使用）＜一例として一般混入クラス生徒用質問紙＞

アンケートへのご協力のお願い

帰国生のみなさん、こんにちは。

このアンケートは、みなさんが日本に帰ってからの学校生活や日常の様子についておたずねするものです。答えてくださったことについては個人の秘密を守り、学校の先生方やおうちの方にはお話しいたしません。

また、このアンケートは学校の成績とは関係ありません。どのように答えてもあなたのマイナスになることはいっさいありませんので、深く考えすぎず、わかる範囲で、あなたの感じているとおりにお答えください。

アンケートはこのページを入れて全部で4ページです。書き終わったら、もとのとおりに封筒に入れて封をして、担当の先生に提出してください。アンケートの中の言葉や答え方でわからないことがあればおうちの方にきいてもかまいませんが、回答はあなた自身の考えで記入してください。お名前の記入はいりません。

　　7月10日（月曜日）までに（　　　　　　　　）先生に提出してください。

なお、同封しましたクリアファイルは協力してくださったみなさんへのお礼の気持ちですので、どうぞお受け取りください。質問などありましたら、メールか電話でご連絡いただければお答えいたします。

ご協力のほど、どうぞよろしくお願いいたします。

【連絡先】省略

あなたのいる学校は＜公立・国立・私立＞　　クラスは＜帰国生クラス・一般クラス＞　←どちらかに○

年令＜　　才＞　　性別＜男・女＞　　　　学年＜　年　組＞　←　かならず書いてください

＜Ｉ＞　まず、あなた自身の海外体験や、帰国後の生活などについて教えてください。

Ｑ１：一番最近日本に帰ってきたのはいつですか？（学年で答えてください）

＜　小学校　・　中学校（←どちらかに○）　　　　年生の　　　　月ごろ＞

Ｑ２：海外にいた時に通っていた学校などの番号に、いくつでも○をつけてください。

①現地校　②日本人学校　③インターナショナルスクール　　④補習授業校　⑤塾　⑥その他（　　　　）

↑いくつかの学校に通っていた人は、3つの中でいちばん長くいた学校に○

Ｑ３：海外にいたとき、主に使っていた言葉は何語でしたか。

1.学校で→①先生と（　　　　　語）　　②友だちと（　　　　　語）

2.家で→①お父さんと（　　　　語）②お母さんと（　　　　語）③きょうだいと（　　　　語）

Ｑ４：海外にいたとき主に遊んでいたのはどんなお友達ですか。それぞれひとつずつに○をしてください。

1.学校で　→①現地の友達　②日本人の友達　③両方　④その他（　　　　　　　　　　）

2.家で　　→①現地の友達　②日本人の友達　③両方　④その他（　　　　　　　　　　）

稿末資料

Ｑ５：これまでに滞在していた国（都市）と滞在期間を、わかる範囲で書いてください。
①国名＜　　　　　　＞都市名＜　　　　　　　＞＜　　　才～　　　才まで　　　　年　　　ヶ月間＞
②国名＜　　　　　　＞都市名＜　　　　　　　＞＜　　　才～　　　才まで　　　　年　　　ヶ月間＞
③国名＜　　　　　　＞都市名＜　　　　　　　＞＜　　　才～　　　才まで　　　　年　　　ヶ月間＞
↓４カ国以上のときはこの下に書いてください↓　　　　＜合計　　　ヶ国に　あわせて　　　年　　　ヶ月間＞

Ｑ６：海外にいた時のお友だちと、今もメールや手紙などで連絡を取り合うことがありますか。

		ほとんど毎日	週に１回くらい	月に１回くらい	クリスマスなどだけ	まったくない
1	現地の友だちと	5・・	・4・・	・3・・	・2・・	・1
2	日本人の友だちと	5・・	・4・・	・3・・	・2・・	・1

Ｑ７：学校でお友だちと遊ぶときの様子について、あてはまる番号にそれぞれひとつずつ○をしてください。
　1.遊ぶ時→　①たくさんの友だちと遊ぶのが好きである　②２～３人のグループでいるのが好きである
　　　　　　　③どちらかというと１人でいる方が好きである。
　2.初めて会った人と→　①話すのは恥ずかしい　②すぐに仲良くなれる　③緊張してうまく話せない

Ｑ８：TOEFL・TOEICを受験したことがあればスコアを、英検や漢検など級をもっていたら教えてください。
1.TOEFL（　　点）2.TOEIC（　　点）3.英検（　　級）4.漢検（　　級）5.その他（　　　　）

Ｑ９：海外にいたときの学校に戻りたいと思うことはどれくらいありますか。あてはまる数字に○をして、
そのわけも教えてください。
　　　　①よくある　　②ときどきある　　③どちらともいえない　　④ほとんどない　　⑤まったくない
　　　＜①②と答えた方→　どんな時に帰りたくなりますか＞＿＿＿＿＿＿＿＿＿＿＿＿＿＿＿
　　　＜④⑤と答えた方→　なぜ帰りたくないのでしょうか＞＿＿＿＿＿＿＿＿＿＿＿＿＿＿＿

Q10：日本の中学校に入ってから大変だったことは何ですか。あてはまる数字に○をして下さい。

		とても大変 やや大変 どちらともいえない あまり大変ではない 大変ではない			とても大変 やや大変 どちらともいえない あまり大変ではない 大変ではない
1	通学	5・・4・・3・・2・・1	7	制服などの規則	5・・4・・3・・2・・1
2	宿題	5・・4・・3・・2・・1	8	クラスの人数が多い	5・・4・・3・・2・・1
3	授業	5・・4・・3・・2・・1	9	あいさつなどの礼儀	5・・4・・3・・2・・1
4	給食	5・・4・・3・・2・・1	10	友だちづきあい	5・・4・・3・・2・・1
5	日本語	5・・4・・3・・2・・1	11	時間を守ること	5・・4・・3・・2・・1
6	部活動	5・・4・・3・・2・・1	12	委員会活動	5・・4・・3・・2・・1

247

＜日本の学校でいちばん楽しいことは何ですか？＞→＿＿＿＿＿＿＿＿＿＿＿＿＿＿＿＿＿＿

Q11：帰国してから、日本の生活に慣れる上で大変だったことは何ですか。あてはまる数字に○をして下さい。

		とても大変 / やや大変 / どちらともいえない / あまり大変ではない / 大変ではない			とても大変 / やや大変 / どちらともいえない / あまり大変ではない / 大変ではない
1	人が多いこと	5・・4・・3・・2・・1	4	お手伝い	5・・4・・3・・2・・1
2	乗り物に乗ること	5・・4・・3・・2・・1	5	家の住み心地	5・・4・・3・・2・・1
3	塾やおけいこ	5・・4・・3・・2・・1	6	親せき付き合い	5・・4・・3・・2・・1

Q12：帰国してから、おうちの方（ご両親）のあなたに対する態度は、海外にいた時に比べて変わりましたか。

		とてもきびしくなった	ややきびしくなった	変わらない	やや甘くなった	とても甘くなった
1	学校や塾などの勉強の面	5・・・・4・・・・3・・・・2・・・・1				
2	進学や進路の面	5・・・・4・・・・3・・・・2・・・・1				
3	お手伝いや身のまわり・生活の面	5・・・・4・・・・3・・・・2・・・・1				

＜Ⅱ＞　帰国後に入った学校で、あなたが今いるクラスで感じていることについておたずねします。
次の5－1までで、あてはまる数字に○をしてください。

＜例＞「ややそう思う」なら　→　5・・④・・3・・2・・1

		とてもそう思う / ややそう思う / どちらともいえない / あまりそう思わない / まったくそう思わない
1	学校に来るのが楽しい	5・・・4・・・3・・・2・・・1
2	仲のよいグループでは中心的なメンバーである	5・・・4・・・3・・・2・・・1
3	自分のことを認めてくれている先生がいる	5・・・4・・・3・・・2・・・1
4	勉強や運動、特技、おもしろさなどで友だちに認められている	5・・・4・・・3・・・2・・・1
5	クラスやクラブ活動でリーダーシップをとることがある	5・・・4・・・3・・・2・・・1
6	クラスの行事や活動に進んで参加している	5・・・4・・・3・・・2・・・1
7	部活動や生徒会活動によく参加している	5・・・4・・・3・・・2・・・1
8	学校生活が充実し、満足している	5・・・4・・・3・・・2・・・1
9	クラスでみんなから注目されるような経験をしたことがある	5・・・4・・・3・・・2・・・1

10	グループを作るとき、最後まで残ってしまうことがある	5・・・4・・・3・・・2・・・1
11	まわりの目が気になって不安や緊張を感じることがある	5・・・4・・・3・・・2・・・1
12	クラスでひとりぼっちだと感じることがある	5・・・4・・・3・・・2・・・1
13	休み時間など一人でいることが多い	5・・・4・・・3・・・2・・・1
14	クラスの人から無視されるようなことがある	5・・・4・・・3・・・2・・・1
15	クラスでからかわれたりばかにされたりするようなことがある	5・・・4・・・3・・・2・・・1
16	授業がわかりやすい	5・・・4・・・3・・・2・・・1
17	先生と気軽に話すことができる	5・・・4・・・3・・・2・・・1
18	このクラスは居心地がいい	5・・・4・・・3・・・2・・・1
19	友だちが勉強などのわからないところをよく助けてくれる	5・・・4・・・3・・・2・・・1
20	先生や友達の話している日本語がわからない	5・・・4・・・3・・・2・・・1
21	授業で日本語をうまく話せない	5・・・4・・・3・・・2・・・1
22	プリントやテストの日本語を読むのがむずかしい	5・・・4・・・3・・・2・・・1
23	思ったことを作文などに書くことがむずかしい	5・・・4・・・3・・・2・・・1
24	海外の学校に比べて人数が多すぎる	5・・・4・・・3・・・2・・・1
25	一般生より帰国生の友達の方がつきあいやすい	5・・・4・・・3・・・2・・・1
26	帰国生なのに外国語があまり得意でないのが恥ずかしい	5・・・4・・・3・・・2・・・1
27	お互いの意見や個性を尊重しあえる	5・・・4・・・3・・・2・・・1
28	海外で経験したことをクラスの友だちによく話している	5・・・4・・・3・・・2・・・1
29	ありのままの自分を出すことができる	5・・・4・・・3・・・2・・・1
30	海外で学んだ言葉を休み時間などによく使っている	5・・・4・・・3・・・2・・・1
31	海外で得た経験を英語の授業などでいかす機会がある	5・・・4・・・3・・・2・・・1
32	言いたいことをお互いはっきり言い合える	5・・・4・・・3・・・2・・・1
33	帰国生であることで、クラスでいやな思いをしたことがある	5・・・4・・・3・・・2・・・1
34	帰国生であることで、得をしていると思うことがある	5・・・4・・・3・・・2・・・1

＜Ⅲ＞あなたの今いるクラスは「一般クラス」ですが、もし帰国生しかいない「帰国生クラス」があったとしたら、どう感じるでしょうか。

SQ1-1：「帰国生クラス」について、あなたはどのように感じると思いますか。
次の5－1までで、あてはまる数字に○をしてください。

		とても そう思う	やや そう思う	どちらとも いえない	あまり そう思わない	まったく そう思わない
1	日本の学校生活に慣れるのにもっと役立つだろう	5 ・・・ 4 ・・・ 3 ・・・ 2 ・・・ 1				
2	帰国クラスがあればもっと気楽でのびのびできそうだ	5 ・・・ 4 ・・・ 3 ・・・ 2 ・・・ 1				
3	帰国生しかいないクラスはつまらなそうだ	5 ・・・ 4 ・・・ 3 ・・・ 2 ・・・ 1				
4	帰国生クラスに入ってみたい	5 ・・・ 4 ・・・ 3 ・・・ 2 ・・・ 1				
5	帰国クラスより、一般クラスの方が楽しいと思う	5 ・・・ 4 ・・・ 3 ・・・ 2 ・・・ 1				

＜その他、帰国生クラスについて感じると思うことを自由に書いてください＞

SQ1-2：一般生と同じクラスに入って、勉強やお友だちづきあい、行事などで何か困ったことはありましたか。もしあれば自由に書いてください。

＜Ⅳ＞この質問は、これまでに日本語や英語、その他の教科などで「少人数授業（補習）」を受けたことのある人だけにお聞きします。

SQ2-1：少人数授業を受けている（いた）科目と、週当たりの時間数を教えてください。
（科目＿＿＿＿＿＿＿＿週＿＿時間）（科目＿＿＿＿＿＿＿＿週＿＿時間）（科目＿＿＿＿＿＿＿＿週＿＿時間）

SQ2-2：少人数授業について、どれくらい満足していますか。あてはまる数字に○をしてください。
　①とても満足　　②やや満足　　③どちらともいえない　　④やや不満である　　⑤とても不満
＜どうしてでしょうか＞

SQ2-3：少人数授業を受けることについて、どのように感じていますか。あてはまる数字に○をしてください。

		とても そう思う	やや そう思う	どちらとも いえない	あまり そう思わない	まったく そう思わない
1	特別に教えてもらえるので得をしている	5 ・・・ 4 ・・・ 3 ・・・ 2 ・・・ 1				
2	心のよりどころになっている	5 ・・・ 4 ・・・ 3 ・・・ 2 ・・・ 1				
3	授業でわからないところがよくわかるようになった	5 ・・・ 4 ・・・ 3 ・・・ 2 ・・・ 1				
4	いつまでも続けてもらいたい	5 ・・・ 4 ・・・ 3 ・・・ 2 ・・・ 1				

稿末資料

5	帰国生の友達と勉強できるので楽しい	5・・・4・・・3・・・2・・・1
6	先生と親しくなれるのでうれしい	5・・・4・・・3・・・2・・・1
7	クラスの授業に出られないのがいやだ	5・・・4・・・3・・・2・・・1
8	クラスから少人数で出て行くのが恥ずかしい	5・・・4・・・3・・・2・・・1
9	早く少人数授業を卒業してクラスに戻りたい	5・・・4・・・3・・・2・・・1

＜その他、少人数授業（補習）について感じていることを自由に書いてください＞

＊＊＊＊皆さん、ご協力どうもありがとうございました。＊＊＊＊

251

【稿末資料3】帰国高校生を対象とした質問紙（第6章～8章で使用）

【帰国高校生の皆さんへ　アンケート調査へのご協力のお願い】

　このたびはアンケートにご協力をいただき、ありがとうございます。
　このアンケートは、皆さんの帰国生としての意識や、「帰国生としての経験を活かす」ことについての考え方などをお尋ねするものです。結果は統計的に分析を行い、研究論文のデータとして使用させていただきますが、個別の回答内容について公表することはいっさいありません。また、どのように答えてもあなたのマイナスになることはありませんので、深く考えすぎず、あなたの感じている通りにお答えください。
アンケートは表面・裏面あわせて全部で4ページです。ご不明な点やご質問がありましたら、以下の連絡先までご連絡ください。どうぞよろしくお願いいたします。

【連絡先】省略

Q1：まず、あなた自身と、あなたの海外滞在歴等についてお聞きします。
＊学校名（＿＿＿＿＿＿＿＿高等学校 ）＊学年・クラス（＿＿＿年＿＿＿組）　←　必ず書いてください
＊年令（＿＿＿＿＿＿＿＿才）＊性別（ 男　・　女 ）
＊現在の在籍クラスは（帰国クラス・一般クラス）＊日本語クラスをとっていますか？（はい・いいえ）
＊日本に帰ってきてから（＿＿＿＿＿年＿＿＿＿＿ヶ月）
＊高校入学前に通っていた日本の中学校があれば　学校名（＿＿＿立＿＿＿中学校）（帰国クラス・一般クラス）
【1】これまでに滞在していた国（都市）と滞在期間を、わかる範囲で書いてください。
　　　　また、滞在が学齢期にあたった場合、その時に通っていた学校の種別を、以下の番号で記入してください。
　　　　〔学校番号：　①現地校　　②日本人学校　　③インターナショナルスクール　　④その他（　　　　　　　）〕
1.国名（　　　　　　　）都市名（　　　　　　　）（　　才～　　才まで　年　　ヶ月間）〔学校番号＿＿＿＿＿〕
2.国名（　　　　　　　）都市名（　　　　　　　）（　　才～　　才まで　年　　ヶ月間）〔学校番号＿＿＿＿＿〕
3.国名（　　　　　　　）都市名（　　　　　　　）（　　才～　　才まで　年　　ヶ月間）〔学校番号＿＿＿＿＿〕
　　　　　必ず書いてください　→　＜合計　　ヶ国に　あわせて　　　年　　　ヶ月間滞在＞
　　4カ国以上に滞在した方はこの下に書いてください

【2】海外にいた時の補習校や塾、家庭教師のうち、利用していたものにいくつでも〇をつけてください。
　　　　①補習授業校　　②日本の塾　　③日本の勉強のための家庭教師　　④現地の勉強のための家庭教師
【3】海外にいたとき、主に使っていた言葉は何語でしたか。
　　　1.学校で→　①先生と（　　　　　語）　②友だちと（　　　　　語）
　　　2.家で→①お父さんと（　　　　　語）②お母さんと（　　　　　語）③きょうだいと（　　　　語）
【4】海外にいたとき主に遊んでいたのはどんな友達ですか。それぞれひとつずつに〇をしてください。
　　　1.学校で　→①現地の友達　②日本人の友達　③両方　④その他（　　　　　　　　　　　　　　　）
　　　2.家で　　→①現地の友達　②日本人の友達　③両方　④その他（　　　　　　　　　　　　　　　）

稿末資料

Q2：あなたは自分が帰国生であることについてどう思いますか。1～5で当てはまるところに○をつけてください。

【日本に帰ってきてから】	とても そう思う	やや そう思う	どちらとも いえない	あまり そう思わない	まったく そう思わない
1. 帰国生であることで、得をしていることがある	5	4	3	2	1
2. 帰国生でよかったと感じることが多い	5	4	3	2	1
3. 帰国生であることを誇りに思っている	5	4	3	2	1
4. 帰国生であることで、クラスで注目されて嬉しかったことがある	5	4	3	2	1
5. 帰国枠を使ってよい学校に入ることができた	5	4	3	2	1
6. 帰国生であることで、クラスで居場所がないと感じる	5	4	3	2	1
7. 帰国生であることで、クラスで友達ができない	5	4	3	2	1
8. 帰国生であることで、友達にからかわれたり、仲間外れにされたりした	5	4	3	2	1
9. 帰国生であることで、クラスで注目されて、いやな思いをした	5	4	3	2	1
10. 海外生活で得たものより日本にいなかったために失ったものの方が大きい	5	4	3	2	1
11. 海外に行かなければよかったと思うことがある	5	4	3	2	1

【海外にいた時】	とても そう思う	やや そう思う	どちらとも いえない	あまり そう思わない	まったく そう思わない
1. 海外生活で、日本にいては得られなかった知識を得ることができた	5	4	3	2	1
2. 海外生活で、日本にいてはできなかった経験をすることができた	5	4	3	2	1
3. 海外生活ができてよかったと感じることが多かった	5	4	3	2	1
4. 海外の学校ではたくさん友達ができた	5	4	3	2	1
5. 海外の学校で、外国人であることで損をしたことがある	5	4	3	2	1
6. 外国人であることで、友達にからかわれたり、仲間外れにされたりした	5	4	3	2	1
7. 外国人であることで、クラスで注目されていやな思いをしたことがあった	5	4	3	2	1
8. 海外の学校では、外国人であることでクラスに居場所がないと感じていた	5	4	3	2	1
9. 海外の学校でのできごとは、なるべく思い出したくない	5	4	3	2	1

Q3：あなたは、自分が帰国生であることや、海外生活で得た知識や経験を活かすことなどについて、どのように考えていますか。1〜5で当てはまるところに○をつけてください。

		とても そう思う	やや そう思う	どちらとも いえない	あまり そう思わない	まったく そう思わない
1.	自分が帰国生であることは、特別なことではないと思う	5	4	3	2	1
2.	自分が帰国生であることについて、何の抵抗もなく友達に話すことができる	5	4	3	2	1
3.	帰国生であることは自分の一部であり、切り離すことはできない。	5	4	3	2	1
4.	海外で得た知識や経験を、特に意識することなく日常生活に活かしている	5	4	3	2	1
5.	帰国生でない自分のことを想像できない	5	4	3	2	1
6.	海外生活や帰国後の学校生活で得た知識や経験を、帰国生の後輩に伝えたい	5	4	3	2	1
7.	クラスの友達などに、自分の帰国経験について積極的に話している	5	4	3	2	1
8.	学校説明会などの機会があれば、自分の帰国経験を大勢の前で話したい	5	4	3	2	1
9.	帰国生であることで、クラス分けでよいクラスに入れた教科がある	5	4	3	2	1
10.	海外生活で得た知識や経験を、社会科などの教科の授業の中で活かしたい	5	4	3	2	1
11.	海外生活で得た語学力を、英語などの語学の授業で活かしたい	5	4	3	2	1
12.	帰国生は、海外生活で得た知識や経験を、社会のために役立てるべきだ	5	4	3	2	1
13.	海外生活で得た語学力を活かして、地域の外国人の役に立ちたい	5	4	3	2	1
14.	海外生活で得た語学力などを活かして、資格試験や検定試験を受験したい	5	4	3	2	1
15.	海外生活で得た知識や経験を、将来のキャリアに役立てたい	5	4	3	2	1
16.	海外生活で得た知識や経験は、自分の人生にとって必ず役に立つ	5	4	3	2	1
17.	自分が帰国生であることで、周りに期待されるのがいやだ	5	4	3	2	1
18.	大学受験では、帰国枠を使うつもりはない	5	4	3	2	1
19.	クラスで帰国経験を話す機会があっても、断るようにしている	5	4	3	2	1
20.	私は海外生活を通して、特に活かすべき能力を獲得していない	5	4	3	2	1

巻末資料

Q4：あなたは海外生活を通して、どんなことを得たと思いますか。当てはまるところに○をつけてください。

		とても そう思う	やや そう思う	どちらとも いえない	あまり そう思わない	まったく そう思わない
1.	日常生活に困らない英語などの外国語能力を得た	5	4	3	2	1
2.	現地の友達とのｺﾐｭﾆｹｰｼｮﾝに困らない英語などの外国語能力を得た	5	4	3	2	1
3.	現地校の授業についていくのに困らない英語などの外国語能力を得た	5	4	3	2	1
4.	将来のキャリアに活かせるような英語などの外国語能力を得た	5	4	3	2	1
5.	説得力のあるプレゼンテーション能力を得た	5	4	3	2	1
6.	大勢の前で話すスピーチ能力を得た	5	4	3	2	1
7.	ディベートやディスカッションの能力を得た	5	4	3	2	1
8.	パワーポイントでの資料作成などの、コンピューター関連の技術を得た	5	4	3	2	1
9.	誰とでも仲よくできる協調性を得た	5	4	3	2	1
10.	誰にでもためらわずに話しかけられる積極性を得た	5	4	3	2	1
11.	授業中にためらわずに発言できる積極性を得た	5	4	3	2	1
12.	豊かな日本人の友人関係を得た	5	4	3	2	1
13.	豊かな外国人の友人関係を得た	5	4	3	2	1
14.	滞在国のマナーやエチケットを得た	5	4	3	2	1
15.	クラスや学校でリーダーシップをとれる統率力を得た	5	4	3	2	1
16.	自分のことを人に理解してもらうための自己開示能力を得た	5	4	3	2	1
17.	国際的な視野にたって物事を考える力を得た	5	4	3	2	1
18.	多角的なものの見方を得た	5	4	3	2	1
19.	多様性を受け入れる寛容性を得た	5	4	3	2	1
20.	世界で起こっている出来事に目を向ける姿勢を得た	5	4	3	2	1
21.	過去の日本と他の国々との関係を、客観的に判断する力を得た	5	4	3	2	1
22.	さまざまな国の人と、人種偏見を持たずに接する態度を得た	5	4	3	2	1
23.	日本のよいところや悪いところを、客観的に評価する力を得た	5	4	3	2	1
24.	日本独自の文化や価値観を、大切に思う心を得た	5	4	3	2	1
25.	日本人であることへの、誇りを得た	5	4	3	2	1
26.	よく勉強する習慣を得た	5	4	3	2	1
27.	日本に住む外国人の役に立てるような知識や経験を得た	5	4	3	2	1
28.	ボランティア活動に役に立つ知識や経験を得た	5	4	3	2	1
29.	将来、国際社会で活躍するために必要な知識や経験を得た	5	4	3	2	1
30.	大学での専攻に活かせるような知識や経験を得た	5	4	3	2	1

Q5．大学進学や将来のキャリアなどに対する考えについて、1～5であてはまるところに○をつけてください。

	とても そう思う	やや そう思う	どちらとも いえない	あまり そう思わない	まったく そう思わない
1. 大学進学では、海外の大学を受験したい	5	4	3	2	1
2. 大学進学では、帰国枠を使って日本の大学を受験したい	5	4	3	2	1
3. 大学進学では、帰国枠を使わないで日本の大学を受験したい	5	4	3	2	1
4. 大学進学では、海外経験を活用できる専攻に進みたい	5	4	3	2	1
5. 大学進学では、外国語能力を活用できる専攻に進みたい	5	4	3	2	1
6. 大学進学では、海外経験とは関係なく自分の好きな分野の専攻に進みたい	5	4	3	2	1
7. 将来は、海外の企業に就職したい	5	4	3	2	1
8. 将来は、日本の企業に就職して、国内で仕事をしたい	5	4	3	2	1
9. 将来は、日本の企業に就職して、海外に関係する仕事をしたい	5	4	3	2	1
10. 将来は、国際協力に関係する仕事に就きたい	5	4	3	2	1
11. 将来は、国連など国際的な仕事にかかわる公務員になりたい。	5	4	3	2	1
12. 将来は、日本で公務員や教員になりたい	5	4	3	2	1
13. 将来は、自分で起業したい	5	4	3	2	1
14. 将来は、国内や海外にこだわらずに、自由に好きなことをしたい	5	4	3	2	1
15. 将来については、まだ具体的には考えていない	5	4	3	2	1

Q6：あなたのご家庭や在籍している（していた）学校について、1～5で当てはまるところに○をつけてください。

【日本に帰ってきてから】	とても そう思う	やや そう思う	どちらとも いえない	あまり そう思わない	まったく そう思わない
1. 私の親は、私が海外生活で得た知識や経験を活かすための援助をしてくれた	5	4	3	2	1
2. 私の親は、早く日本社会や学校に慣れるよう、援助してくれた	5	4	3	2	1
3. 私の親は、私が帰国枠を使ってよい高校に入れるよう、援助してくれた	5	4	3	2	1
4. 私の親は、私が帰国枠を使ってよい大学に入ることを期待している	5	4	3	2	1
5. 私の親は、将来私が海外経験を活かした仕事に就くことを期待している	5	4	3	2	1
6. 私の親は、私が将来海外に留学することを期待している	5	4	3	2	1
7. 私の親は、私が将来、仕事で海外赴任することを期待している	5	4	3	2	1
8. 私の高校では、学校や学年の集まりで、帰国経験について話す機会がある	5	4	3	2	1

		5	4	3	2	1
9.	私の高校では、クラスの授業中に、帰国経験について話す機会がある	5	4	3	2	1
10.	高校の授業中に、自分の滞在した国について情報提供することがある	5	4	3	2	1
11.	高校の授業中に、英語など現地で獲得した語学の力を発揮する機会がある	5	4	3	2	1
12.	高校では、海外で得た英語などの語学力を伸ばすことができる	5	4	3	2	1
13.	私の高校は、私の帰国経験を活かす上でよい環境である	5	4	3	2	1
14.	私の高校の先生は、私の帰国経験を認め、評価してくれる	5	4	3	2	1
15.	私の高校の友人は、私の帰国経験を認め、評価してくれる	5	4	3	2	1
【海外にいた時】						
→→→ 帰国後、高校入学前に日本の中学校に通った方のみお答えください。	a.中学時代、学校や学年の集まりで帰国経験を話す機会があった	5	4	3	2	1
	b.中学時代、クラスの授業中に、帰国経験について話す機会があった	5	4	3	2	1
	c.休み時間など、クラスの友達に、帰国経験についてよく話していた	5	4	3	2	1
	d.授業中に、自分の滞在した国について情報提供することがあった	5	4	3	2	1
	e.授業中に、英語など現地で獲得した語学力を発揮する機会があった	5	4	3	2	1
	f.中学校で、海外で得た英語などの語学力を伸ばすことができた	5	4	3	2	1
	g.私の中学校は、私の帰国経験を活かす上でよい環境であった	5	4	3	2	1
	h.中学校で、教科学習や日本語のサポートを受けることができた	5	4	3	2	1
	i.中学時代の先生は、私の帰国経験を認め、評価してくれた	5	4	3	2	1
	j.中学時代の友人は、私の帰国経験を認め、評価してくれた	5	4	3	2	1
1.	私の親は、海外にいても日本と同じような生活ができるよう配慮してくれた	5	4	3	2	1
2.	私の親は、私の日本語力を保持するための援助をしてくれた	5	4	3	2	1
3.	私の親は、私が現地の言葉を獲得するための援助をしてくれた	5	4	3	2	1
4.	私の親は、私が現地の学校の授業についていけるための、援助をしてくれた	5	4	3	2	1
5.	私の親は、現地でなければできない経験ができるように、配慮してくれた	5	4	3	2	1

6.	私の親は、私の帰国後の受験について積極的に考えてくれた	5	4	3	2	1
7.	海外で在籍した学校で、現地の言葉を獲得するための援助をしてくれた	5	4	3	2	1
8.	海外で在籍した学校で、教科や現地に慣れるための援助をしてくれた	5	4	3	2	1
9.	海外の学校の友達は、私が日本人であることを認め、評価してくれた	5	4	3	2	1

Ｑ７：その他、帰国生として感じていること・考えていること・学校や日本社会に対するリクエスト等、自由に書いてください。

＊＊＊質問は以上です。長時間のご協力、どうもありがとうございました＊＊＊

【稿末資料4】 各研究の所収について
本研究（第2部）の各章を構成する研究の初出は、以下のとおりである。

＜第5章＞
岡村郁子「帰国生の受け入れクラスに対する意識―受け入れ形態の差異に着目
して―」（2008）『異文化間教育』第28号 pp.100-113

＜第6章＞
岡村郁子「海外経験によって得られた帰国高校生の特性とその関連要因―属性
と家庭および在籍校によるサポートとの関連から―」（2013）『異文化間教育』
第38号 pp.117-130

＜第7章・第8章＞
岡村郁子「帰国高校生の『帰国経験を活かす』ことに対する意識とその関連要
因―キャリアとしての帰国経験の検討―」（2013）お茶の水女子大学『人文科
学研究』第9号 pp.145-156

＜第9章＞
岡村郁子「『帰国体験を活かす』ことに対する意識とその形成要因について―
帰国体験をもつ大学生へのインタビュー調査の分析から―」（2011）東京学芸
大学国際教育センター『国際教育評論』8号 pp.27-43

あとがき

　「帰国生」と聞いて思い描くイメージには、どのようなものがあるでしょうか。堪能な語学力やクラスでの積極的な発言、リーダーシップや自己主張の強さ、テレビで活躍するバイリンガルのアナウンサーやタレントの華やかな姿を思い浮かべるかもしれません。それとも、日本語が苦手でおとなし目な子、日本の学校の集団主義になじめずに苦労している姿でしょうか。こうしたすべてのイメージが、すなわち過去のものでもあり、そして現在のものでもあります。その現実の姿は刻々と変化しながら、「救済の対象」としての帰国生も、「憧れのかっこいい帰国生」も、「グローバル人材の卵」も、一つのクラスの中に、あるいは、一人の帰国生の中に混在しているというべきかもしれません。こうしたすべての帰国生の皆さんに、本研究の成果を捧げます。

　最後に、2013年9月に「グローバル人材を活かす産学連携」をテーマに開催された、経済団体連合会による「第4回グローバル30 産学連携フォーラム」で感じたことについて、触れたいと思います。政府、大学、企業や諸団体等からの関係者が集まり、グローバル人材の育成に向けた取り組みと産学連携に関する講演や議論が行われる中で、日本企業の喫緊の経営課題として、資源国や新興国の成長を取り込み「海外ビジネスで活躍できる人材」を育成・確保・強化することが、繰り返し述べられました。このフォーラムの後まもなく2014年には、文部科学省により「トップ型」と「グローバル化牽引型」2種類の「スーパーグローバル大学」が選定され、現在、世界水準の研究推進と国際教育による世界に通用する人材の育成が目指されています。これらの施策は、いずれも「海外で」ビジネスを行うためのグローバル人材に特化されたもので、国内におけるグローバル化、すなわち共生社会の構築という視点が置き去りにされている感が否めませんでした。

　経済団体連合会が経済界のグローバル化を志向するのは当然のことですが、産学連携により大学が企業の海外進出のためのグローバル人材育成の予備校化

あとがき

することについては賛否があるでしょう。また、海外へ渡るグローバル人材育成の一方で、多文化化が進む日本国内の共生社会を担う人材の育成も、同時に進める必要があります。本研究で明らかになった帰国生の考える将来のキャリアは、必ずしも国外を志向するものではありません。幼少時より異文化下で生活し「多文化的自己」を持つと想定される帰国生や在日外国人児童生徒の存在は、学校や家庭、社会からの適切なサポートにより、海外のみならず日本国内にも、広くグローバルマインドを根付かせる手がかりとなることでしょう。

フォーラムの総括を担った一人である上智大学副学長（当時）ユー・アンジェラ氏が、日本から海外へ留学する学生に向けた「グローバル人材とはどのようなものか、帰国したら私たちに教えてください」という言葉が、深く心に残りました。グローバル人材育成はまだ緒に就いたばかりです。本当の「グローバル人材」がどのようなものなのか、現在の国家戦略の成否が明らかになる時に、初めて答えがわかるのかもしれません。本研究が、そのプロセスの一助に資することができれば幸甚です。

本書は、2013年度にお茶の水女子大学へ提出した博士論文「帰国生の異文化体験の活用に対する意識とその関連要因―受け入れ形態に着目して―」を基に加筆修正したものです。執筆にあたり、たいへん多くの方々にお世話になりました。ここに心からの感謝の意を捧げます。

博士論文の主指導にあたってくださった加賀美常美代先生は、1992年にお茶の水女子大学大学院博士課程を単位取得中退して以来遠ざかっていた研究の世界に再び私を招き入れ、二つ目の修士論文と、長年の懸案であったこの博士論文の執筆をご指導くださいました。先生のご指導と温かい激励のお言葉なくしては、決してこの長い道のりを進むことはできませんでした。誠にありがとうございました。

拙論の審査にあたり、厳しくも温かいご指導を賜りました森山新先生、大森美香先生、浜野隆先生、西川朋美先生に、心より御礼申し上げます。また、お茶の水女子大学の学部在籍時代からお世話になり、このたびの副指導をご担当くださった内藤俊史先生、日本語教育コースにてご指導いただきました岡崎眸先生、佐々木泰子先生、故・佐々貴義式先生、統計分析に関しまして貴重なア

ドバイスを賜りました東京電機大学の黒沢学先生にも、深謝申し上げます。

　本分野の第一人者であらせられるお茶の水女子大学名誉教授・箕浦康子先生には、貴重なご助言を頂戴するばかりか、拙論の進捗をお心にかけてくださり、この上ない名誉に存じました。厚く御礼申し上げます。

　本研究は帰国生に寄り添い、その生の声を聞くことを徹底するために、中学校321名、高校487名、大学生16名、合計824名の帰国生の方々にご協力をいただきました。データの分析は、まさに皆さんの異文化世界とじかに向き合う作業でありました。貴重な宝物ともいうべき経験を共有してくださった皆さん、そしてお力添え賜りました各学校の先生方、誠にありがとうございました。

　第9章の大学生インタビューデータ収集に際しましては、海外子女教育振興財団様よりご協力を頂戴しました。データの使用をご快諾くださった財団理事長の中村雅治様、岩佐三郎様、浅原賢様はじめご関係の皆様に、心より御礼申し上げます。また当時、財団設立40周年記念「帰国児童・生徒教育に関する総合的な調査研究委員会」代表でいらした現・目白大学学長・佐藤郡衛先生はじめ、渋谷真樹先生、稲田素子先生、小澤理恵子先生という、帰国生教育のまさに第一線でご活躍される先生方との貴重なる共同研究の場を賜りましたことは、至上の喜びであり、身に余る幸せでした。改めまして御礼申し上げます。

　本書の出版に際し多大なるご支援を賜りました、明石書店代表取締役社長の大江道雅様、編集・校正をご担当くださった清水聰様に、心より感謝いたします。また本書は、平成28年度JSPS科研費 JP16HP5220 の助成を受け、念願叶って出版の運びとなりました。ご関係各位に深謝申し上げます。

　最後に、私の大切な家族に心からの感謝を捧げます。夫と子どもたちの理解と日々の協力のおかげで、ようやくここまでたどりつくことができました。いつも私たちを温かく見守り、力強くサポートしてくれた双方の両親にも、深く感謝いたします。二人の子どもたちは、生まれて間もなくから中学・高校へ進学するまで、何度もニューヨークと日本を往復しながら育ちました。楽しいこともつらいこともたくさんあったと思います。そんな、世界で頑張ってきたすべての異文化間を移動する子どもたちとご家族のために、本書のささやかな成

あとがき

果が少しでも役に立つことを願ってやみません。

　お一方ずつのお名前を挙げることは叶いませんが、お世話になりましたすべての皆様へ、研究者として、母親として、心からの御礼を申し上げます。誠にありがとうございました。

2017年1月

岡村　郁子

【著者紹介】

岡村　郁子（おかむら　いくこ）

長野県伊那市に生まれる。お茶の水女子大学文教育学部教育学科卒業、同大学院博士課程人文科学研究科および人間文化創成科学研究科修了。博士（人文科学）。コロンビア大学ティーチャーズカレッジにて TESOL Certificate 取得。

1991 年より家族と共にアメリカ合衆国ニューヨーク州に住み、育児のかたわらニューヨーク補習授業校、Sarah Lawrence College（日本語教育）にて教鞭を執る。2004 年に帰国後、東京大学医学教育国際協力研究センター、お茶の水女子大学グローバル教育センター等の勤務を経て、現在、首都大学東京 国際センター准教授。異文化間教育学会常任理事。海外子女教育振興財団 G-ONE プロジェクトメンバー。専門は異文化間教育・心理学、日本語教育学。

異文化間を移動する子どもたち
帰国生の特性とキャリア意識

2017 年 2 月 25 日　初版第 1 刷発行

著　者　　岡　村　郁　子
発行者　　石　井　昭　男
発行所　　株式会社　明石書店
　　　　　〒 101-0021　東京都千代田区外神田 6-9-5
　　　　　電　話　03（5818）1171
　　　　　ＦＡＸ　03（5818）1174
　　　　　振　替　00100-7-24505
　　　　　http://www.akashi.co.jp

装　　　丁　　明石書店デザイン室
印刷／製本　　モリモト印刷株式会社

（定価はカバーに表示してあります）　　　　　ISBN978-4-7503-4472-0

JCOPY 〈（社）出版者著作権管理機構 委託出版物〉
本書の無断複写は著作権法上での例外を除き禁じられています。複写される
場合は、そのつど事前に、（社）出版者著作権管理機構（電話 03-3513-6969、
FAX 03-3513-6979、e-mail:info@jcopy.or.jp）の許諾を得てください。

異文化間教育学大系【全4巻】

異文化間教育学会【企画】

◎A5判／上製／◎各巻3,000円

第1巻 異文化間に学ぶ「ひと」の教育
小島勝、白土悟、齋藤ひろみ【編】

海外子女、帰国児童生徒、留学生、外国人児童生徒など異文化間教育学が対象としてきた「人」とその教育に焦点をあてる。

第2巻 文化接触における場としてのダイナミズム
加賀美常美代、徳井厚子、松尾知明【編】

家族、小・中・高等学校、大学、外国人学校、地域など異文化間教育が展開する場に焦点をあて、これまで蓄積してきた成果をレビュー。

第3巻 異文化間教育のとらえ直し
山本雅代、馬渕仁、塘利枝子【編】

アイデンティティ、差別・偏見、多文化共生、バイリンガルなど異文化間教育学会が主要な研究主題にしてきたもの取り上げる。

第4巻 異文化間教育のフロンティア
佐藤郡衛、横田雅弘、坪井健【編】

異文化間教育学の大系化や学的な自立の試み、新しい方法論や研究の試みなどを取り上げ、新たな異文化間教育学の手がかりを探る。

〈価格は本体価格です〉

多文化共生論
多様性理解のためのヒントとレッスン

加賀美常美代 編著

四六判／並製／352頁　◎2,400円

多文化化が進む日本において、ホスト社会の人々と多様性のある人々の双方が、居心地良く共に生きるために必要なものは何か。問題解決へ向かう新たな協働活動を生み出すための視点と思考を、マイノリティ支援の豊富な事例を踏まえて概説。

◆ 内 容 構 成 ◆

第1章　多文化共生とは何か──コミュニティ心理学的視座から多様性を考える[加賀美常美代]

第2章　日本の外国人の抱える問題　　　　　　　　　　　　　　　[田渕五十生]

第3章　中国帰国者の抱える問題──1世、2世、3世に求められる支援とは[島崎美穂]

第4章　地域社会と多文化共生──新宿の小学校事例を中心として　　[善元幸夫]

第5章　外国につながる子どもたちの困難・サポート・対処行動からみる現状[岡村佳代]

第6章　地域日本語教育とコーディネーターの重要性──共生社会の構築へ向けて[野山広]

第7章　国際結婚家族で母語を身につけるバイリンガル
　　　　──社会言語学と言語発達の視点から捉える　　　　　[藤田ラウンド幸世]

第8章　国際結婚の解消──身近な法律問題　　　　　　　　　　　　[吉野晶]

第9章　難民認定申請者(Asylum seekers)の生活とこころ　　　　　[野田文隆]

第10章　多文化共生と障害の文化モデル──一人ひとりへの合理的配慮[長瀬修]

第11章　企業と研修生──共生に向けた日本語支援の視点から　　　[守谷智美]

第12章　大学コミュニティにおける多文化共生　　　　　[加賀美常美代・小松翠]

第13章　海外の日本人駐在家族と移動する子どもたち　　　　　　　[岡村郁子]

第14章　韓国における多文化化する家族とその子どもたち　　　　　[朴エスター]

〈価格は本体価格です〉

異文化間教育　文化間移動と子どもの教育
佐藤郡衛　◉2500円

多文化共生のためのテキストブック
松尾知明　◉2400円

多文化共生キーワード事典【改訂版】
多文化共生キーワード事典編集委員会編　◉2000円

多文化共生のための異文化コミュニケーション
原沢伊都夫　◉2500円

対話で育む多文化共生入門　ちがいを楽しみ、ともに生きる社会をめざして
倉八順子　◉2200円

多文化社会の偏見・差別　形成のメカニズムと低減のための教育
加賀美常美代、横田雅弘、坪井健、工藤和宏編著　異文化間教育学会企画　◉2000円

多文化教育がわかる事典　ありのままに生きられる社会をめざして
松尾知明　◉2800円

多文化共生政策へのアプローチ
近藤敦編著　◉2400円

異文化間介護と多文化共生　誰が介護を担うのか
川村千鶴子、宣元錫編著　◉2800円

3・11後の多文化家族　未来を拓く人びと
川村千鶴子編著　◉2500円

多文化社会の教育課題　学びの多様性と学習権の保障
川村千鶴子編著　◉2800円

人権と多文化共生の高校　外国につながる生徒たちと鶴見総合高校の実践
坪谷美欧子、小林宏美編著　◉2200円

アメリカ多文化教育の再構築　文化多元主義から多文化主義へ
松尾知明　◉2300円

多文化社会ケベックの挑戦　文化的差異に関する調和の実践　ブシャール＝テイラー報告
ジェラール・ブシャール、チャールズ・テイラー編　竹中豊、飯笹佐代子、矢頭典枝訳　◉2200円

思春期ニューカマーの学校適応と多文化共生教育　実用化教育支援モデルの構築に向けて
潘英峰　◉5200円

ヨーロッパにおける移民第二世代の学校適応　スーパー・ダイバーシティへの教育人類学的アプローチ
山本須美子編著　◉3600円

〈価格は本体価格です〉

高校を生きるニューカマー 大阪府立高校編
大阪府立高校にみる教育支援
志水宏吉編著
●2500円

ニューカマーと教育
[オンデマンド版]
学校文化とエスニシティの葛藤をめぐって
志水宏吉、清水睦美編著
●3500円

多文化ソーシャルワークの理論と実践
外国人支援者に求められるスキルと役割
石河久美子
●2600円

多文化共生の学校づくり
[オンデマンド版] 山脇啓造、横浜市立いちょう小学校編著
横浜市立いちょう小学校の挑戦
●2300円

移民政策の形成と言語教育
日本と台湾の事例から考える
許 之威
●4000円

現代ヨーロッパと移民問題の原点
1970、80年代、開かれたシティズンシップの生成と試練
宮島喬
●3200円

外国人の人権へのアプローチ
近藤 敦編著
●2400円

世界と日本の移民エスニック集団とホスト社会
日本社会の多文化化に向けたエスニック・コンフリクト研究
山下清海編著
●4600円

マルチ・エスニック・ジャパニーズ ○○系日本人の変革力
移民・ディアスポラ研究5 佐々木てる編著
●2800円

「グローバル人材」をめぐる政策と現実
移民・ディアスポラ研究4 駒井洋監修 五十嵐泰正、明石純一編著
●2800円

レイシズムと外国人嫌悪
移民・ディアスポラ研究3 駒井洋監修 小林真生編著
●2800円

グローバル化する世界と「帰属の政治」
移民・シティズンシップ・国民国家
ロジャース・ブルーベイカー著 佐藤成基、髙橋誠一、岩城邦義、吉田公記編訳
●4600円

ブラジルのアジア・中東系移民と国民性の構築
ブラジル人らしさをめぐる葛藤と模索
世界人権問題叢書95 ジェフリー・レッサー著 鈴木茂、佐々木剛二訳
●4800円

自治体がひらく日本の移民政策
人口減少時代の多文化共生への挑戦
毛受敏浩
●2400円

トランスナショナルな「日系人」の教育・言語・文化
過去から未来に向って
森本豊富、根川幸男編著
●3400円

トランスナショナル移民のノンフォーマル教育
女性トルコ移民による内発的な社会参画
丸山英樹
●6000円

〈価格は本体価格です〉

現代アメリカ移民第二世代の研究

世界人権問題叢書 86

移民排斥と同化主義に代わる「第三の道」

アレハンドロ・ポルテス、ルベン・ルンバウト著
村井忠政訳

●8000円

フランスの西アフリカ出身移住女性の日常的実践

「社会・文化的仲介」による「自立」と「連携」の位相

園部裕子

●7200円

日本とアイルランドにおける子どものウェルビーイングへの多面的アプローチ

子どもの幸福を考える　松本真理子編著

●5800円

日本人女性の国際結婚と海外移住

多文化社会オーストラリアの変容する日系コミュニティ

濱野健

●4600円

日系アメリカ移民 二つの帝国のはざまで

忘れられた記憶 1868-1945

東栄一郎著　飯野正子監訳
飯野朋美、小澤智子、北脇実千代、長谷川寿美訳

●4800円

まんが クラスメイトは外国人

多文化共生 20の物語

「外国につながる子どもたちの物語」編集委員会編
みなみななみ まんが

●1200円

まんが クラスメイトは外国人 入門編

はじめて学ぶ多文化共生

「外国につながる子どもたちの物語」編集委員会編
みなみななみ まんが

●1200円

国際理解教育

多文化共生社会の学校づくり

佐藤郡衛

●2300円

学校と博物館でつくる国際理解教育

新しい学びをデザインする

中牧弘允、森茂岳雄、多田孝志編著

●2800円

現代国際理解教育事典

日本国際理解教育学会編著

●4700円

国際理解教育ハンドブック

グローバル・シティズンシップを育む

日本国際理解教育学会編著

●2600円

日韓中でつくる国際理解教育

日本国際理解教育学会
ユネスコ「アジア文化センター（ACCU）」共同企画　大津和子編著

●2500円

教育におけるドラマ技法の探求

「学びの体系化」にむけて

渡部淳＋獲得型教育研究会編

●2500円

未来をつくる教育ESD

持続可能な多文化社会をめざして

五島敦子、関口知子編著

●2000円

ESDコンピテンシー

学校の質の向上と形成能力の育成のための指導指針

トランスファー21編
ト部匡司監訳
高雄綾子、岩村拓哉、由井義通、川田力、小西美紀訳

●1800円

アジア・太平洋地域のESD〈持続可能な開発のための教育〉の新展開

阿部治、田中治彦編著

●4200円

〈価格は本体価格です〉

フィンランドの高等教育 ESDへの挑戦
フィンランド教育省編著　齋藤博次、開龍美監訳
持続可能な社会のために
●2500円

外国人児童生徒のための社会科教育
南浦涼介
文化と文化の間を能動的に生きる子どもを授業で育てるために
●4800円

言語教育における言語・国籍・血統
田中里奈
在韓「在日コリアン」日本語教師のライフストーリー研究
●5000円

グローバル化と言語能力
OECD教育研究革新センター編著　本名信行監訳
徳永優子、稲田智子、来田誠一郎、定延利紀、西村美由起、矢倉美登里訳
自己と他者、そして世界をどうみるか
●6800円

移動する人々と中国にみる多元的社会
日中社会学叢書7　根橋正一、東美晴編著
史的展開と問題状況
●4000円

海の向こうの「移動する子どもたち」と日本語教育
動態性の年少者日本語教育学　川上郁雄編著
●3300円

21世紀型スキルとは何か
松尾知明
コンピテンシーに基づく教育改革の国際比較
●2800円

反転授業が変える教育の未来
反転授業研究会編　中西洋介、芝池宗克著
生徒の主体性を引き出す授業への取り組み
●2000円

社会科アクティブ・ラーニングへの挑戦
風巻浩
社会参画をめざす参加型学習
●2800円

寺島メソッド 英語アクティブ・ラーニング
寺島隆吉監修　山田昇司編著
●2600円

経験資本と学習
岩崎久美子、下村英雄、柳澤光敏、伊藤素江、村田維沙掘一輝著
首都圏大学生949人の大規模調査結果
●3700円

キー・コンピテンシー
ドミニク・S・ライチェン、ローラ・H・サルガニク編著　立田慶裕監訳
佐藤智子ほか訳
国際標準の学力をめざして
●3800円

学習の本質
OECD教育研究革新センター編著　立田慶裕、平沢安政監訳
研究の活用から実践へ
●4600円

教育研究とエビデンス
国立教育政策研究所編　大槻達也、惣脇宏ほか著
国際的動向と日本の現状と課題
●3800円

諸外国の初等中等教育
文部科学省編著
●3600円

諸外国の教育動向 2015年度版
文部科学省編著
●3600円

〈価格は本体価格です〉

21世紀のICT学習環境
生徒・コンピュータ・学習を結び付ける
経済協力開発機構(OECD)編著　国立教育政策研究所監訳
●3700円

21世紀型学習のリーダーシップ
イノベーティブな学習環境をつくる
OECD教育研究革新センター編著　木下江美、布川あゆみ監訳
斎藤里美、本田伊克、大西公恵、三浦綾希子、藤波海訳
●4500円

学びのイノベーション
21世紀型学習の創発モデル
OECD教育研究革新センター編著
有本昌弘監訳　多々納誠子、小熊利江訳
●4500円

多様性を拓く教師教育
多文化時代の各国の取り組み
OECD教育研究革新センター編著　斎藤里美監訳
●4500円

アートの教育学
革新型社会を拓く学びの技
OECD教育研究革新センター編著
篠原康正、篠原真子、袰岩晶訳
●3700円

PISA2012年調査　評価の枠組み
OECD生徒の学習到達度調査
経済協力開発機構(OECD)編著　国立教育政策研究所監訳
●4600円

PISA2015年調査　評価の枠組み
経済協力開発機構(OECD)編著　国立教育政策研究所監訳
●3700円

生きるための知識と技能6
OECD生徒の学習到達度調査(PISA)2015年調査国際結果報告書
国立教育政策研究所編
●3700円

図表でみる教育　OECDインディケータ(2016年版)
経済協力開発機構(OECD)編著
徳永優子、稲田智子、矢倉美登里、大村有里、坂本千佳子、三井理子訳
●8600円

主観的幸福を測る　OECDガイドライン
経済協力開発機構(OECD)編著　桑原進監訳　高橋しのぶ訳
●5400円

OECD幸福度白書3
より良い暮らし指標：生活向上と社会進歩の国際比較
OECD編著　西村美由起訳
●5500円

社会的困難を生きる若者と学習支援
リテラシーを育む基礎教育の保障に向けて
岩槻知也編著
●2800円

難民を知るための基礎知識
政治と人権の葛藤を越えて
滝澤三郎、山田満編著
●2500円

ビッグヒストリー
われわれはどこから来て、どこへ行くのか
宇宙開闢から138億年の「人間史」
デヴィッド・クリスチャンほか著　長沼毅日本語版監修
●3700円

批判的教育学事典
マイケル・W・アップル、ウェイン・アウ、ルイ・アルマンド・ガンディン編
●25000円

世界の学校心理学事典
シェーン・R・ジマーソン、トーマス・D・オークランド、ピーター・T・ファレル編
石隈利紀、松本真理子、飯田順子監訳
●18000円

〈価格は本体価格です〉